Markus Kohm   Jens-Uwe Morawski

KOMA-Script

eine Sammlung von Klassen und Paketen für LaTeX 2$_\varepsilon$

Anleitung zu Version 2.9u
Januar 2006

Bibliografische Information der Deutschen Bibliothek
Die Deutsche Bibliothek verzeichnet diese Publikation in der Deutschen
Nationalbibliografie; detaillierte bibliografische Daten sind im Internet über
http://dnb.ddb.de abrufbar.

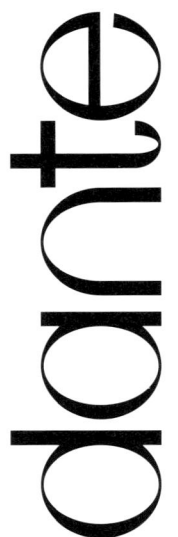

Umschlaggestaltung
Jens-Uwe Morawski

Vertrieb (nur für Mitglieder von DANTE e.V.)
DANTE, Deutschsprachige Anwendervereinigung TeX e.V.
Postfach 10 18 40, 69008 Heidelberg
http://www.dante.de

Verlag und Vertrieb
Lehmanns Fachbuchhandlung
http://www.lob.de

Druck
Konrad Triltsch Print und digitale Medien GmbH
http://www.triltsch.de

2., überarbeitete und erweiterte Auflage
ISBN 3-86541-089-8
Korrigierter Nachdruck 2006

An der Entstehung von KOMA-Script und diesem Buch waren unzählige
Menschen auf unterschiedlichste Art und Weise beteiligt. Die Autoren
bedanken sich bei ihnen allen.

Inhaltsverzeichnis

Tabellenverzeichnis

1. Einleitung

1.1. Vorwort

KOMA-Script ist ein sehr komplexes Paket (engl. *bundle*). Dies ist schon allein darin begründet, dass es nicht nur aus einer einzigen Klasse (engl. *class*) oder einem einzigen Paket (engl. *package*), sondern einer Vielzahl derer besteht. Zwar sind die Klassen als Gegenstücke zu den Standardklassen konzipiert (siehe Kapitel 3), das heißt jedoch insbesondere nicht, dass sie nur über die Befehle, Umgebungen und Einstellmöglichkeiten der Standardklassen verfügen oder deren Aussehen als Standardeinstellung übernehmen. Die Fähigkeiten von KOMA-Script reichen teilweise weit über die Fähigkeiten der Standardklassen hinaus. Manche davon sind auch als Ergänzung zu den Grundfähigkeiten des LaTeX-Kerns zu betrachten.

Allein aus dem Vorgenannten ergibt sich schon zwangsläufig, dass die Dokumentation zu KOMA-Script sehr umfangreich ausfällt. Hinzu kommt, dass KOMA-Script in der Regel nicht gelehrt wird. Das heißt, es gibt keinen Lehrer, der seine Schüler kennt und damit den Unterricht und das Unterrichtsmaterial entsprechend wählen und anpassen kann. Es wäre ein Leichtes, die Dokumentation für irgendeine Zielgruppe zu verfassen. Die Schwierigkeit, der sich die Autoren gegenüber sehen, besteht jedoch darin, dass eine Anleitung für alle möglichen Zielgruppen benötigt wird. Wir haben uns bemüht, eine Anleitung zu erstellen, die für den Informatiker gleichermaßen geeignet ist wie für die Sekretärin des Fischhändlers. Wir haben uns bemüht, obwohl es sich dabei eigentlich um ein unmögliches Unterfangen handelt. Ergebnis sind zahlreiche Kompromisse. Wir bitten jedoch, die Problematik bei eventuellen Beschwerden zu berücksichtigen und bei der Verbesserung unserer derzeitigen Lösung zu helfen.

Trotz des Umfangs der Anleitung bitten wir außerdem darum, im Falle von Problemen zunächst die Dokumentation zu konsultieren. Als erste Anlaufstelle sei auf den mehrteiligen Index am Ende des Buches hingewiesen.

1.2. Dokumentaufbau

Diese Anleitung enthält sehr wenige Informationen, die speziell für den LATEX-Neuling geschrieben wurden. Es wird als zwingend vorausgesetzt, dass Dokumente wie [SKPH99] und [Tea01a] gelesen und verstanden sind. Auch das Studium des einen oder anderen Buches zu LATEX wird empfohlen. Literaturempfehlungen finden sich beispielsweise in [RNH02]. Der Umfang von [RNH02] ist ebenfalls erheblich. Dennoch wird darum gebeten, das Dokument nicht nur irgendwo vorliegen zu haben, sondern es mindestens einmal zu lesen und bei Problemen zu konsultieren.

Im Gegensatz zu tiefgehender Anfängerinformation sind weiterführende Informationen und Begründungen in dieser Dokumentation reichlich vorhanden. Um solche Dokumentteile leichter erkennbar zu machen, sind sie in einer besonderen Schrift hervorgehoben. Damit ist es besonders ungeduldigen und uninteressierten Zeitgenossen möglich, solche Teile zu überspringen. Empfohlen wird dies aber ausdrücklich nicht. Gleichwohl ist es gut zu wissen, dass diese Teile nicht zwingend verstanden werden müssen, um KOMA-Script anzuwenden. Vor der Änderung und Kritisierung der Voreinstellungen von KOMA-Script, ist das Studium und Verständnis dieser Teile jedoch von erheblichem Vorteil.

Die Einteilung der Anleitung in Kapitel und Abschnitte soll ebenfalls dabei helfen, nur die Teile lesen zu müssen, die tatsächlich von Interesse sind. Um dies zu erreichen, sind die Informationen zu den einzelnen Klassen und Paketen nicht über das gesamte Dokument verteilt, sondern jeweils in einem Kapitel konzentriert. Querverweise in ein anderes Kapitel sind damit in der Regel auch Verweise auf einen anderen Teil des Gesamtpakets. Da die drei Hauptklassen in weiten Teilen übereinstimmen, sind sie in einem gemeinsamen Kapitel zusammengefasst. Die Unterschiede werden deutlich hervorgehoben, soweit sinnvoll auch durch eine entsprechende Randnotiz.

scartcl Dies geschieht beispielsweise wie hier, wenn etwas nur die Klasse scrartcl betrifft.

Unterschiedliche Schriftarten werden auch zur Hervorhebung unterschiedlicher Dinge verwendet. So werden die Namen von Paketen und Klassen anders angezeigt als Dateinamen. \Anweisungen, Umgebungen, Optionen, Variablen und Pseudolängen werden einheitlich hervorgehoben. Jedoch wird der Platzhalter für einen Parameter anders dargestellt als ein konkreter Wert eines Parameters. So zeigt etwa \begin{*Umgebungsname*} ganz allgemein wie eine Umgebung eingeleitet wird, während \begin{document} angibt, wie die konkrete Umgebung document beginnt. Dabei ist gleichzeitig document ein konkreter Wert für den Parameter *Umgebungsname* der Anweisung \begin.

Damit sollten Sie nun alles wissen, um diese Anleitung lesen und verstehen zu können. Trotzdem könnte es sich lohnen, den Rest dieses Kapitels gelegentlich auch zu lesen.

1.3. Die Geschichte von KOMA-Script

Anfang der 90er Jahre wurde Frank Neukam damit beauftragt, ein Vorlesungsskript zu setzen. Damals war noch LATEX2.09 aktuell und es gab keine Unterscheidung nach Klassen und Paketen, sondern alles waren Stile (engl. *styles*). Die Standarddokumentstile erschienen ihm für ein Vorlesungsskript nicht optimal und boten auch nicht alle Befehle und Umgebungen, die er benötigte.

Zur selben Zeit beschäftigte sich Frank auch mit Fragen der Typografie, insbesondere mit [Tsc87]. Damit stand für ihn fest, nicht nur irgendeinen Dokumentstil für Skripten zu erstellen, sondern allgemein eine Stilfamilie, die den Regeln der europäischen Typografie folgt. Script war geboren.

Ich, Markus Kohm, traf auf Script ungefähr zum Jahreswechsel 1992/1993. Im Gegensatz zu Frank Neukam hatte ich häufig mit Dokumenten zu tun, für die ich das A5-Format bevorzuge. Zu jenem Zeitpunkt wurde A5 weder von den Standardklassen noch von Script unterstützt. Daher dauerte es nicht lange, bis ich erste Veränderungen an Script vornahm. Diese fanden sich auch in Script-2 wieder, das im Dezember 1993 von Frank veröffentlicht wurde.

Mitte 1994 erschien dann LATEX 2$_\varepsilon$. Die damit einhergehenden Änderungen waren tiefgreifend. Daher blieb dem Anwender von Script-2 nur die Entscheidung, sich entweder auf den Kompatibilitätsmodus von LATEX zu beschränken, oder auf Script zu verzichten. Wie viele andere wollte ich beides nicht. Also machte ich mich daran, einen Script-Nachfolger für LATEX 2$_\varepsilon$ zu entwickeln, der am 7. Juli 1994 unter dem Namen KOMA-Script erschienen ist. Ich will hier nicht näher auf die Wirren eingehen, die es um die offizielle Nachfolge von Script gab und warum mein Paket einen neuen Namen hat. Tatsache ist, dass auch aus Franks Sicht KOMA-Script der Nachfolger von Script-2 ist. Zu erwähnen ist noch, dass KOMA-Script ursprünglich ohne Briefklasse erschienen war. Diese wurde im Dezember 1994 von Axel Kielhorn beigesteuert. Noch etwas später erstellte Axel Sommerfeldt den ersten richtigen scrguide zu KOMA-Script.

Seither ist einiges an Zeit vergangen. LATEX hat sich ein wenig verändert, die LATEX-Landschaft erheblich. KOMA-Script hat sich weiterentwickelt. Es findet nicht mehr allein im deutschsprachigen Raum Anwender, sondern in ganz Europa, Nordamerika, Australien und Asien. Diese Anwender suchen bei KOMA-Script nicht allein nach einem typografisch ansprechenden Ergebnis. Zu beobachten ist vielmehr, dass bei KOMA-Script ein neuer Schwerpunkt entstanden ist: Flexibilisierung durch Variabilisierung. Unter diesem Schlagwort verstehe ich die Möglichkeit, in das Erscheinungsbild an vielen Stellen eingreifen zu können. Dies führte zu vielen neuen Makros, die mehr schlecht als recht in die existierende Anleitung integriert wurden. Irgendwann wurde es damit auch Zeit für eine komplett überarbeitete Anleitung.

1.4. Danksagung

Eine Danksagung in der Einleitung? Gehört sie nicht vielmehr an den Schluss? Richtig! Eigentlich gehört die an das Ende. Mein Dank gilt hier jedoch nicht primär denjenigen, die diese Anleitung möglich gemacht haben. Für den Dank an die Guide-Autoren mache ich den Leser zuständig! Mein persönlicher Dank gilt Frank Neukam, ohne dessen Script-Familie es vermutlich KOMA-Script nie gegeben hätte. Mein Dank gilt denjenigen, die an der Entstehung von KOMA-Script und den Anleitungen mitgewirkt haben. Stellvertretend für andere möchte ich hier Jens-Uwe Morawski und Torsten Krüger nennen. Jens' unermüdlichem Einsatz ist neben vielem Anderen die englische Übersetzung der Anleitung zu verdanken. Torsten ist der beste Betatester, den ich je hatte. Er hat damit insbesondere an der Verwendbarkeit von scrlttr2 und scrpage2 einen erheblichen Anteil. Mein Dank gilt auch allen, die mich immer wieder aufgemuntert haben, weiter zu machen und dieses oder jenes noch besser, weniger fehlerhaft oder schlicht zusätzlich zu implementieren.

Ganz besonderen Dank bin ich den Gründern von DANTE, Deutschsprachige Anwendervereinigung TeX e.V., schuldig, durch die letztlich die Verbreitung von TeX und LaTeX und allen Paketen einschließlich KOMA-Script an einer zentralen Stelle überhaupt ermöglicht wird. In gleicher Weise bedanke ich mich bei den aktiven Helfern auf der Mailingliste TeX–D–L (siehe [RNH02]) und in der Usenet-Gruppe de.comp.text.tex, die mir so manche Antwort auf Fragen zu KOMA-Script abnehmen.

1.5. Rechtliches

KOMA-Script steht unter der LaTeX Project Public Licence. Eine nicht offizielle deutsche Übersetzung ist Bestandteil des KOMA-Script-Pakets. In allen Zweifelsfällen gilt im deutschsprachigen Raum der Text LEGALDE.TXT, während in allen anderen Ländern der Text LEGAL.TXT anzuwenden ist.

Diese gedruckte Ausgabe der Anleitung ist davon und von den in der Datei liesmich.txt des KOMA-Script-Pakets festgeschriebenden rechtlichen Bedingungen ausdrücklich ausgenommen.

1.6. Installation

Die Installation von KOMA-Script wird in den Dateien liesmich.txt und INSTALLDE.TXT beschrieben. Beachten Sie dazu auch die jeweilige Dokumentation zu der installierten TeX-Distribution.

1.7. Fehlermeldungen, Fragen, Probleme

Sollten Sie der Meinung sein, dass Sie einen Fehler in der Anleitung, einer der KOMA-Script-Klassen, einem der KOMA-Script-Pakete oder einem anderen Bestandteil von KOMA-Script gefunden haben, so sollten Sie wie folgt vorgehen. Prüfen Sie zunächst, ob inzwischen eine neue Version von KOMA-Script erschienen ist. Installieren Sie diese neue Version und kontrollieren Sie, ob der Fehler oder das Problem auch dann noch vorhanden ist.

Wenn es sich nicht um einen Fehler in der Dokumentation handelt und der Fehler oder das Problem nach einem Update noch immer auftritt, erstellen Sie bitte wie in [RNH02] angegeben ein minimales Beispiel. Ein solches Beispiel sollte nur einen minimalen Text und nur die Pakete und Definitionen enthalten, die für die Verdeutlichung des Fehlers unbedingt notwendig sind. Auf exotische Pakete sollte möglichst ganz verzichtet werden. Oft lässt sich ein Problem durch ein minimales Beispiel so weit eingrenzen, dass bereits vom Anwender selbst festgestellt werden kann, ob es sich um einen Anwendungsfehler handelt oder nicht. Auch ist so sehr häufig zu erkennen, welche Pakete oder Klassen konkret das Problem verursachen und ob es sich überhaupt um ein KOMA-Script-Problem handelt. Dies können Sie gegebenenfalls zusätzlich überprüfen, indem Sie statt einer KOMA-Script-Klasse einen Test mit der entsprechenden Standardklasse vornehmen. Danach ist dann auch klar, ob der Fehlerbericht an den Autor von KOMA-Script oder an den Autor eines anderen Pakets zu richten ist. Sie sollten spätestens jetzt noch einmal gründlich die Anleitungen der entsprechenden Paket, Klassen und KOMA-Script-Bestandteile studieren sowie [RNH02] konsultieren. Möglicherweise existiert ja bereits eine Lösung für Ihr Problem, so dass sich eine Fehlermeldung erübrigt.

Für die eigentliche Meldung sollte unbedingt das zu KOMA-Script gehörende interaktive LaTeX-Dokument komabug.tex verwendet werden. Dazu sollte das Programm latex in einer Shell – beispielsweise die Eingabeaufforderung von Windows – mit dem Parameter komabug.tex gestartet werden. Es erfolgt dann ein textueller Frage-Antwort-Dialog, bei dem eine Nachricht in die Datei komabug.msg ausgegeben wird, die alle grundlegenden Informationen enthält. Im Dokument ist auch die Adresse angegeben, an die Sie die Meldung schicken können. Bitte beachten Sie unbedingt die Angaben zum Betreff Ihrer E-Mail in der erzeugten Datei komabug.msg. Anfragen, bei denen diese wenigen Punkte beachtet wurden, werden normalerweise zügig bearbeitet.

Häufig werden Sie eine Frage zu KOMA-Script oder im Zusammenhang mit KOMA-Script lieber öffentlich, beispielsweise in de.comp.text.tex stellen wollen, als dem KOMA-Script-Autor zu schreiben. Auch in diesem Fall sollten Sie unbedingt die Version des LaTeX-Kerns, die Version der verwendeten Klassen und Pakete und ein minimales Beispiel angeben. Wenn Sie

in diesem Beispiel noch vor \documentclass die Anweisung \listfiles
verwenden, können Sie die Angaben zu den Versionen anschließend der
log-Datei entnehmen.

1.8. Weitere Informationen

Sobald Sie im Umgang mit KOMA-Script geübt sind, werden Sie sich möglicherweise Beispiele zu schwierigeren Aufgaben wünschen. Solche Beispiele
gehen über die Vermittlung von Grundwissen hinaus und sind daher außer
im Anhang nicht Bestandteil dieser Anleitung. Auf den Internetseiten des
KOMA-Script Documentation Projects [KDP] finden Sie jedoch weiterführende Beispiele. Diese sind für fortgeschrittene LaTeX-Anwender konzipiert.
Für Anfänger sind sie wenig oder nicht geeignet.

2. Satzspiegelberechnung mit typearea.sty

2.1. Grundlagen der Satzspiegelkonstruktion

Betrachtet man eine einzelne Seite eines Buches oder eines anderen Druckwerkes, so besteht diese auf den ersten Blick aus den Rändern[1], einem Kopfbereich, einem Textkörper und einem Fußbereich. Genauer betrachtet kommt noch ein Abstand zwischen Kopfbereich und Textkörper sowie zwischen Textkörper und Fußbereich hinzu. Der Textkörper heißt in der Fachsprache der Typografen und Setzer *Satzspiegel*. Die Aufteilung dieser Bereiche, sowie ihre Anordnung zueinander und auf dem Papier nennen wir *Satzspiegeldefinition* oder *Satzspiegelkonstruktion*.

In der Literatur werden verschiedene Algorithmen und heuristische Verfahren zur Konstruktion eines guten Satzspiegels vorgeschlagen und diskutiert (siehe Anhang A). Häufig findet man dabei ein Verfahren, das mit verschiedenen Diagonalen und Schnittpunkten arbeitet. Das gewünschte Ergebnis dabei ist, dass das Seitenverhältnis des Satzspiegels dem Seitenverhältnis *der Seite* entspricht. Bei einem einseitigen Dokument sollen außerdem der linke und rechte Rand gleich breit sein, während der obere zum unteren Rand im Verhältnis 1:2 stehen sollte. Bei einem doppelseitigen Dokument, beispielsweise einem Buch, ist hingegen zu beachten, dass der gesamte innere Rand genauso groß sein sollte wie jeder der beiden äußeren Ränder. Eine einzelne Seite steuert dabei jeweils nur die Hälfte des inneren Randes bei.

Im vorherigen Abschnitt wurde *die Seite* erwähnt und hervorgehoben. Irrtümlich wird oftmals angenommen, das Format der Seite wäre mit dem Format des Papiers gleichzusetzen. Betrachtet man jedoch ein gebundenes Druckerzeugnis, so ist zu erkennen, dass ein Teil des Papiers in der Bindung

---

[1]Der Autor und der Lektor haben an dieser Stelle überlegt, ob eine Seite nicht nur einen umlaufenden Rand hat und daher von „dem Rand" die Rede sein müsste. Da jedoch LaTeX diesen einen Rand logisch in mehrere Ränder unterteilt, die getrennt bestimmt werden, ist hier auch von „den Rändern" die Rede.

verschwindet und nicht mehr als Seite zu sehen ist. Für den Satzspiegel ist jedoch nicht entscheidend, welches Format das Papier hat, sondern, was der Leser für einen Eindruck vom Format der Seite bekommt. Damit ist klar, dass bei der Berechnung des Satzspiegels der Teil, der durch die Bindung versteckt wird, aus dem Papierformat herausgerechnet und dann zum inneren Rand hinzugefügt werden muss. Wir nennen diesen Teil *Bindekorrektur*. Die Bindekorrektur ist also rechnerischer Bestandteil des *Bundstegs* nicht jedoch des sichtbaren inneren Randes.

Die Bindekorrektur ist vom jeweiligen Produktionsvorgang abhängig und kann nicht allgemein festgelegt werden. Es handelt sich dabei also um einen Parameter, der für jeden Produktionsvorgang neu festzulegen ist. Im professionellen Bereich spielt dieser Wert nur eine geringe Rolle, da ohnehin auf größere Papierbögen gedruckt und entsprechend geschnitten wird. Beim Schneiden wird dann wiederum sichergestellt, dass obige Verhältnisse für die sichtbare Doppelseite eingehalten sind.

Wir wissen nun also, wie die einzelnen Teile zueinander stehen. Wir wissen aber noch nicht, wie breit und hoch der Satzspiegel ist. Kennen wir eines dieser beiden Maße, so ergeben sich zusammen mit dem Papierformat und dem Seitenformat oder der Bindekorrektur alle anderen Maße durch Lösung mehrerer mathematischer Gleichungen.

Satzspiegelhöhe : Satzspiegelbreite = Seitenhöhe : Seitenbreite

oberer Rand : unterer Rand = 1 : 2

linker Rand : rechter Rand = 1 : 1

innerer Randanteil : äußerer Rand = 1 : 2

Seitenbreite = Papierbreite − Bindekorrektur

oberer Rand + unterer Rand = Seitenhöhe − Satzspiegelhöhe

linker Rand + rechter Rand = Seitenbreite − Satzspiegelbreite

innerer Randanteil + äußerer Rand = Seitenbreite − Satzspiegelbreite

innerer Randanteil + Bindekorrektur = Bundsteg

Dabei gibt es *linker Rand* und *rechter Rand* nur im einseitigen Druck. Entsprechend gibt es *innerer Randanteil* und *äußerer Rand* nur im doppelseitigen Druck. In den Gleichungen wird mit *innerer Randanteil* gearbeitet, weil der ganze innere Rand zur Doppelseite gehört. Zu einer Seite gehört also nur die Hälfte des inneren Randes, der *innerer Randanteil*.

Die Frage nach der Breite des Satzspiegels wird in der Literatur ebenfalls diskutiert. Die optimale Satzspiegelbreite ist von verschiedenen Faktoren abhängig:

- Größe, Laufweite und Art der verwendeten Schrift

- Verwendeter Durchschuss

- Länge der Worte

- Verfügbarer Platz

Der Einfluss der Schrift wird deutlich, wenn man sich bewusst macht, wozu Serifen dienen. Serifen sind kleine Striche an den Linienenden der Buchstaben. Buchstaben, die mit vertikalen Linien auf die Grundlinie der Textzeile treffen, lösen diese eher auf, als dass sie das Auge auf der Linie halten. Genau bei diesen Buchstaben liegen die Serifen horizontal auf der Grundlinie und verstärken damit die Zeilenwirkung der Schrift. Das Auge kann der Textzeile nicht nur beim Lesen der Worte, sondern insbesondere auch beim schnellen Zurückspringen an den Anfang der nächsten Zeile besser folgen. Damit darf die Zeile bei einer Schrift mit Serifen genau genommen länger sein als bei einer Schrift ohne Serifen.

Unter dem Durchschuss versteht man den Abstand zwischen Textzeilen. Bei LaTeX ist ein Durchschuss von etwa 20 % der Schriftgröße voreingestellt. Mit Befehlen wie \linespread oder besser mit Hilfe von Paketen wie setspace (siehe [Tob00]) kann der Durchschuss verändert werden. Ein großer Durchschuss erleichtert dem Auge die Verfolgung einer Zeile. Bei sehr großem Durchschuss wird das Lesen aber dadurch gestört, dass das Auge zwischen den Zeilen weite Wege zurücklegen muss. Daneben wird sich der Leser des entstehenden Streifeneffekts sehr deutlich und unangenehm bewusst. Der Graueindruck der Seite ist in diesem Fall gestört. Dennoch dürfen bei großem Durchschuss die Zeilen länger sein.

Auf der Suche nach konkreten Werten für gute Zeilenlängen findet man in der Literatur je nach Autor unterschiedliche Angaben. Teilweise ist dies auch in der Muttersprache des Autors begründet. Das Auge springt nämlich üblicherweise von Wort zu Wort, wobei kurze Worte diese Aufgabe erleichtern. Über alle Sprachen und Schriftarten hinweg kann man sagen, dass eine Zeilenlänge von 60 bis 70 Zeichen, einschließlich Leer- und Satzzeichen, einen brauchbaren Kompromiss darstellen. Ein gut gewählter Durchschuss wird dabei vorausgesetzt. Bei den Voreinstellungen von LATEX braucht man sich über letzteres normalerweise keine Sorgen zu machen. Größere Zeilenlängen darf man nur Gewohnheitslesern zumuten, die täglich viele Stunden lesend zubringen. Aber auch dann sind Zeilenlängen jenseits von 80 Zeichen unzumutbar. In jedem Fall ist dann der Durchschuss anzupassen. 5 % bis 10 % zusätzlich sind als Faustregel dann anzuraten. Bei Schriften wie Palatino, die bereits bei einer normalen Zeilenlänge nach 5 % mehr Durchschuss verlangt, können es auch mehr sein.

Bevor wir uns an die konkrete Konstruktion machen, fehlen jetzt nur noch Kleinigkeiten, die man wissen sollte. LATEX beginnt die erste Zeile des Textbereichs einer Seite nicht am oberen Rand des Textbereichs, sondern setzt die Zeile mit einem definierten Abstand zum oberen Rand des Textbereichs. Desweiteren verfügt LATEX über die beiden Befehle \raggedbottom und \flushbottom. Der erste dieser Befehle legt fest, dass die letzte Zeile einer jeden Seite dort liegen soll, wo sie eben zu liegen kommt. Das kann dazu führen, dass sich die Position der letzten Zeile von Seite zu Seite vertikal um nahezu eine Zeile verändern kann – bei Zusammentreffen des Seitenendes mit Überschriften, Abbildungen, Tabellen oder ähnlichem auch mehr. Im doppelseitigen Druck ist das in der Regel unerwünscht. Mit dem zweiten Befehl, \flushbottom, wird hingegen festgelegt, dass die letzte Zeile immer am unteren Rand des Textbereichs zu liegen kommt. Um diesen vertikalen Ausgleich zu erreichen, muss LATEX gegebenenfalls dehnbare vertikale Abstände über das erlaubte Maß hinaus strecken. Ein solcher Abstand ist beispielsweise der Absatzabstand. Dies gilt in der Regel auch, wenn man gar keinen Absatzabstand verwendet. Um nicht bereits auf normalen Seiten, auf denen der Absatzabstand das einzige dehnbare vertikale Maß darstellt, eine Dehnung zu erzwingen, sollte die Höhe des Textbereichs ein Vielfaches der Textzeilenhöhe zuzüglich des Abstands der ersten Zeile vom oberen Rand des Textbereichs sein.

Damit sind nun alle Grundlagen der Satzspiegelberechnung, die bei KOMA-Script eine Rolle spielen, zusammengetragen. Wir können also mit der konkreten Konstruktion beginnen. In den folgenden beiden Abschnitten werden die zwei von KOMA-Script angebotenen Konstruktionen vorgestellt.

2.2. Satzspiegelkonstruktion durch Teilung

Der einfachste Weg, um zu erreichen, dass der Textbereich dasselbe Verhältnis aufweist wie die Seite, ist folgender. Zunächst zieht man an der Innenseite des Papiers den Teil *BCOR*, der für die Bindekorrektur benötigt wird, ab und teilt die restliche Seite vertikal in eine Anzahl *DIV* gleich hoher Streifen. Dann teilt man die Seite horizontal in die gleiche Anzahl *DIV* gleich breiter Streifen. Nun verwendet man den obersten horizontalen Streifen als oberen und die beiden untersten horizontalen Streifen als unteren Rand. Im doppelseitigen Druck verwendet man außerdem den innersten vertikalen Streifen als inneren und die beiden äußersten vertikalen Streifen als äußeren Rand. Zum inneren Rand gibt man dann noch *BCOR* hinzu. Was nun innerhalb der Seite noch übrig bleibt, ist der Textbereich. Die Breite bzw. Höhe der Ränder und des Textbereichs resultiert damit automatisch aus der Anzahl *DIV* der Streifen. Da für die Ränder insgesamt jeweils drei Streifen benötigt werden, muss *DIV* zwingend größer als drei sein. Damit der Satzspiegel mindestens doppelt so viel Platz wie die Ränder einnimmt, sollte *DIV* sogar mindestens 9 betragen. Mit diesem Wert ist die Konstruktion auch als *klassische Neunteilung* bekannt.

Bei KOMA-Script ist diese Art der Konstruktion im Paket typearea realisiert. Dabei sind für A4-Papier je nach Schriftgröße unterschiedliche Werte voreingestellt, die Tabelle 2.2 zu entnehmen sind. Bei Verzicht auf Bindekorrektur, wenn also *BCOR* = 0 pt gilt, ergeben sich in etwa die Satzspiegelmaße aus Tabelle 2.1.

Neben den voreingestellten Werten kann man *BCOR* und *DIV* direkt beim Laden des Pakets als Option angeben (siehe Abschnitt 2.4). Zusätzlich existiert ein Befehl, mit dem man einen Satzspiegel explizit berechnen kann und dem man die beiden Werte als Parameter übergibt (siehe ebenfalls Abschnitt 2.4).

Das typearea-Paket bietet außerdem die Möglichkeit, den optimalen *DIV*-Wert automatisch zu bestimmen. Dieser ist von der Schrift und dem Durchschuss abhängig, der zum Zeitpunkt der Satzspiegelberechnung eingestellt ist. Siehe hierzu ebenfalls Abschnitt 2.4.

2.3. Satzspiegelkonstruktion durch Kreisschlagen

Neben der zuvor beschriebenen Satzspiegelkonstruktion gibt es in der Literatur noch eine eher klassische oder sogar mittelalterliche Methode. Bei diesem Verfahren will man die gleichen Werte nicht nur in Form des Seitenverhältnisses wiederfinden; man geht außerdem davon aus, dass das Optimum dann erreicht wird, wenn die Höhe des Textbereichs der Breite der Seite entspricht. Das genaue Verfahren ist beispielsweise in [Tsc87] nachzulesen.

Als Nachteil dieses spätmittelalterlichen Buchseitenkanons ergibt sich, dass die Breite des Textbereichs nicht mehr von der Schriftart abhängt. Es wird also nicht mehr der zur Schrift passende Textbereich gewählt, stattdessen muss der Autor oder Setzer die zum Textbereich passende Schrift wählen. Dies ist als zwingend zu betrachten.

Im typearea-Paket wird diese Konstruktion dahingehend abgewandelt, dass durch Auswahl eines ausgezeichneten – normalerweise unsinnigen – *DIV*-Wertes oder eine spezielle Paket-Option derjenige *DIV*-Wert ermittelt wird, bei dem der resultierende Satzspiegel dem spätmittelalterlichen Buchseitenkanon am nächsten kommt.

2.4. Optionen und Makros zur Beeinflussung des Satzspiegels

Das Paket typearea bietet zwei unterschiedliche Benutzerschnittstellen, um auf die Satzspiegelkonstruktion Einfluss zu nehmen. Die erste Möglichkeit ist, beim Laden des Pakets entsprechende Optionen anzugeben. Wie man Pakete lädt und Paketoptionen übergibt, entnehmen Sie bitte der Literatur zu LaTeX, beispielsweise [SKPH99] und [Tea01a], oder den auf den folgenden Seiten aufgeführten Beispielen. Da bei der Verwendung der KOMA-Script-Hauptklassen das Paket typearea automatisch geladen wird, müssen die entsprechenden Paket-Optionen bei diesen Klassen auch direkt als Klassen-Optionen übergeben werden (siehe Abschnitt 3.1).

BCOR*Korrektur*

Mit Hilfe der Option BCOR*Korrektur* geben Sie den absoluten Wert der Bindekorrektur an, also die Breite des Bereichs der durch die Bindung von der Papierbreite verloren geht. Dieser Wert wird in der Satzspiegelkonstruktion automatisch berücksichtigt und bei der Ausgabe wieder dem inneren beziehungsweise linken Rand zugeschlagen. Als *Korrektur* können Sie jede von TEX verstandene Maßeinheit angeben.

Beispiel: Angenommen, Sie erstellen einen Finanzbericht. Das Ganze soll einseitig in A4 gedruckt und anschließend in eine Klemmmappe geheftet werden. Die Klemme der Mappe verdeckt 7,5 mm. Der Papierstapel ist sehr dünn, deshalb gehen beim Knicken und Blättern durchschnittlich höchstens weitere 0,75 mm verloren. Sie schreiben dann also:

```
\documentclass[a4paper]{report}
\usepackage[BCOR8.25mm]{typearea}
```

oder bei Verwendung einer KOMA-Script-Klasse:

```
\documentclass[a4paper,BCOR8.25mm]{scrreprt}
```

Bitte beachten Sie unbedingt, dass diese Option bei Verwendung einer der KOMA-Script-Klassen als Klassenoption übergeben werden muss. Demgegenüber funktioniert dies bei Verwendung einer anderen Klasse nur, wenn diese Klasse **typearea** explizit unterstützt. Bei den Standardklassen ist die Option also direkt beim Laden von **typearea** zu übergeben. Die Verwendung von \PassOptionsToPackage (siehe [Tea99]) vor dem Laden von **typearea** funktioniert hingegen immer.

DIV*Faktor*

Mit Hilfe der Option DIV*Faktor* wird festgelegt, in wieviele Streifen die Seite horizontal und vertikal bei der Satzspiegelkonstruktion eingeteilt wird. Die genaue Konstruktion ist Abschnitt 2.2 zu entnehmen. Wichtig zu wissen ist, dass gilt: Je größer der *Faktor* desto größer wird der Textbereich und desto kleiner die Ränder. Als *Faktor* kann jeder ganzzahlige Wert ab 4 verwendet werden. Bitte beachten Sie jedoch, dass sehr große Werte dazu führen können, dass Randbedingungen der Satzspiegelkonstruktion, je nach Wahl der weiteren Optionen, verletzt werden. So kann die Kopfzeile im Extremfall auch außerhalb der Seite liegen. Bei Verwendung der Option DIV*Faktor* sind

Tabelle 2.1.: Satzspiegelmaße in Abhängigkeit von *DIV* bei A4

	Satzspiegel		Ränder	
DIV	Breite [mm]	Höhe [mm]	oben [mm]	innen [mm]
6	105,00	148,50	49,50	35,00
7	120,00	169,71	42,43	30,00
8	131,25	185,63	37,13	26,25
9	140,00	198,00	33,00	23,33
10	147,00	207,90	29,70	21,00
11	152,73	216,00	27,00	19,09
12	157,50	222,75	24,75	17,50
13	161,54	228,46	22,85	16,15
14	165,00	233,36	21,21	15,00
15	168,00	237,60	19,80	14,00

Sie für die Einhaltung der Randbedingungen sowie eine nach typografischen Gesichtspunkten günstige Zeilenlänge selbst verantwortlich.

In Tabelle 2.1 finden Sie für das Seitenformat A4 ohne Bindekorrektur die aus einigen DIV-Faktoren resultierenden Satzspiegelgrößen. Dabei werden die weiteren von der Schriftgröße abhängigen Nebenbedingungen nicht berücksichtigt.

Beispiel: Angenommen, Sie schreiben ein Sitzungsprotokoll. Sie verwenden dafür die Klasse protokol[2]. Das Ganze soll doppelseitig werden. In Ihrer Firma wird die Schriftart Bookman in 12 pt verwendet. Diese Schriftart, die zu den Standard-PostScript-Schriften gehört, wird in LaTeX mit der Anweisung \usepackage{bookman} aktiviert. Die Schriftart Bookman läuft sehr weit, das heißt, die einzelnen Zeichen sind im Verhältnis zur Höhe relativ breit. Deshalb ist Ihnen die Voreinstellung für den *DIV*-Wert in typearea zu gering. Statt einem Wert von 12 sind Sie nach gründlichem Studium dieses Kapitels einschließlich der weiterführenden Abschnitte überzeugt, dass ein

---

[2]Die Klasse protokol ist eine hypothetische Klasse. Diese Anleitung geht von dem Idealfall aus, dass für jede Aufgabe eine dafür passende Klasse vorhanden ist.

Wert 15 angebracht ist. Das Protokoll wird nicht gebunden, sondern gelocht und in einen Ordner abgeheftet. Eine Bindekorrektur
ist deshalb nicht notwendig. Sie schreiben also:

```
\documentclass[a4paper,twoside]{protokol}
\usepackage{bookman}
\usepackage[DIV15]{typearea}
```

Als Sie fertig sind, macht man Sie darauf aufmerksam, dass die
Protokolle neuerdings gesammelt und am Quartalsende alle zusammen als Buch gebunden werden. Die Bindung erfolgt als einfache
Leimbindung, weil den Band ohnehin nie wieder jemand anschaut
und nur wegen ISO 9000 angefertigt wird. Für die Bindung einschließlich Biegefalz werden durchschnittlich 12 mm benötigt. Sie
ändern die Optionen von typearea also entsprechend ab und verwenden die Klasse für Protokolle nach ISO 9000:

```
\documentclass[a4paper,twoside]{iso9000p}
\usepackage{bookman}
\usepackage[DIV15,BCOR12mm]{typearea}
```

Natürlich können Sie auch hier wieder eine KOMA-Script-Klasse
verwenden:

```
\documentclass[twoside,DIV15,BCOR12mm]{scrartcl}
\usepackage{bookman}
```

Die Option a4paper konnte bei der Klasse scrartl entfallen, da diese
der Voreinstellung bei allen KOMA-Script-Klassen entspricht.

Bitte beachten Sie unbedingt, dass diese Option bei Verwendung einer der
KOMA-Script-Klassen als Klassenoption übergeben werden muss. Demgegenüber funktioniert die Angabe als Klassenoption bei Verwendung einer
anderen Klasse nur, wenn diese Klasse typearea explizit unterstützt. Bei
den Standardklassen ist die Option also direkt beim Laden von typearea zu
übergeben. Die Verwendung von \PassOptionsToPackage (siehe [Tea99])
vor dem Laden von typearea und gegebenenfalls auch vor dem Laden der

Tabelle 2.2.: *DIV*-Voreinstellungen für A4

Grundschriftgröße:	10 pt	11 pt	12 pt
DIV:	8	10	12

Klasse funktioniert hingegen immer.

> `DIVcalc`
> `DIVclassic`

Wie bereits in Abschnitt 2.2 erwähnt, gibt es nur für das Papierformat A4 feste Voreinstellungen für den *DIV*-Wert. Diese sind Tabelle 2.2 zu entnehmen. Wird ein anderes Papierformat gewählt, so berechnet typearea selbst einen guten *DIV*-Wert. Natürlich können Sie diese Berechnung auch für A4 wählen. Hierzu verwenden Sie einfach die Option `DIVcalc` an Stelle von DIV*Faktor*. Selbstverständlich können Sie diese Option auch explizit bei allen anderen Papierformaten angeben. Wenn Sie die automatische Berechnung wünschen, ist diese Angabe sogar sinnvoll, da die Möglichkeit besteht, in einer Konfigurationsdatei andere Voreinstellungen zu setzen (siehe Abschnitt 2.7). Eine explizit angegebene Option `DIVcalc` überschreibt diese Vorkonfiguration aber.

Die in Abschnitt 2.3 erwähnte klassische Konstruktion, der mittelalterliche Buchseitenkanon, ist ebenfalls auswählbar. Verwenden Sie in diesem Fall an Stelle von DIV*Faktor* oder `DIVcalc` einfach die Option `DIVclassic`. Es wird dann ein *DIV*-Wert ermittelt, der dem mitterlalterlichen Buchseitenkanon möglichst nahe kommt.

Beispiel: In dem bei der Option DIV*Faktor* aufgeführten Beispiel mit der Schriftart Bookman gab es ja genau das Problem, dass man einen zur Schriftart besser passenden *DIV*-Wert haben wollte. Man könnte also in Abwandlung des ersten Beispiels auch einfach die Ermittlung dieses Wertes typearea überlassen:

```
\documentclass[a4paper,twoside]{protokol}
\usepackage{bookman}
\usepackage[DIVcalc]{typearea}
```

`\typearea[`*BCOR*`]{`*DIV*`}`

Wenn Sie bis hier die Beispiele aufmerksam verfolgt haben, werden Sie sich fragen, wie man die Berechnung eines *DIV*-Wertes in Abhängigkeit von der gewählten Schrift erreicht, wenn eine KOMA-Script-Klasse verwendet wird, also die Optionen für typearea vor dem Laden beispielsweise des bookman-Pakets erfolgen müsste. In diesem Fall könnte typearea nur einen Satzspiegel für die Standardschrift, nicht jedoch für die dann tatsächlich verwendete Schrift Bookman berechnen. Nach der Auswertung der Optionen berechnet das typearea-Paket den Satzspiegel mit Hilfe des Befehls `\typearea[`*BCOR*`]{`*DIV*`}`. Dabei werden der gewählte *BCOR*-Wert als optionaler Parameter und der *DIV*-Wert als Parameter übergeben. Bei der Option DIVcalc werden dabei als *DIV* der eigentlich ungültige Wert 1 und bei der Option DIVclassic der eigentlich ungültige Wert 3 übergeben. Den Befehl `\typearea` kann man auch explizit in der Präambel aufrufen.

Beispiel: Gehen wir wieder davon aus, dass für die Schriftart Bookman ein Satzspiegel mit guter Zeilenlänge berechnet werden soll. Gleichzeitig wird eine KOMA-Script-Klasse verwendet. Dies ist unter Verwendung des `\typearea`-Befehls mit dem DIVcalc-Wert 1 als *DIV*-Parameter möglich:

```
\documentclass[BCOR12mm,DIVcalc,twoside]{scrartcl}
\usepackage{bookman}
\typearea[12mm]{1}% entspricht obigen Optionen
```

Wiederum wurde darauf verzichtet, mit der Option a4paper die Voreinstellung der KOMA-Script-Klasse scrartcl explizit zu wiederholen.

Nun ist es möglicherweise etwas unpraktisch, wenn man bei der DIV-Option die Möglichkeit hat, DIVcalc und DIVclassic anzuwenden, beim `\typearea`-Befehl aber mit irgendwelchen Pseudowerten jonglieren soll. Deshalb versteht `\typearea` für den Parameter *DIV* auch die symbolischen Angaben aus Tabelle 2.3.

Jetzt wäre es natürlich äußerst unpraktisch, wenn man zwar eine Satzspiegelberechnung mit dem aktuellen *DIV*-Wert erneut durchführen könnte, je-

Tabelle 2.3.: Mögliche symbolische *DIV*-Argumente für \typearea[*BCOR*]{*DIV*}

---

calc
> Satzspiegelberechnung einschließlich Ermittlung eines guten *DIV*-Wertes erneut durchführen.

classic
> Satzspiegelberechnung nach dem mittelalterlichen Buchseitenkanon (Kreisberechnung) erneut durchführen.

current
> Satzspiegelberechnung mit dem aktuell gültigen *DIV*-Wert erneut durchführen.

default
> Satzspiegelberechnung mit dem Standardwert für das aktuelle Seitenformat und die aktuelle Schriftgröße erneut durchführen. Falls kein Standardwert existiert calc anwenden.

last
> Satzspiegelberechnung mit demselben *DIV*-Argument, das beim letzten Aufruf angegeben wurde, erneut durchführen

---

doch dabei den *BCOR*-Wert neu angeben müsste. Deshalb versteht \typearea für den Parameter *BCOR* auch die symbolische Angabe aus Tabelle 2.4

Beispiel: Gehen wir wieder davon aus, dass für die Schriftart Bookman ein Satzspiegel mit guter Zeilenlänge berechnet werden soll. Gleichzeitig wird eine KOMA-Script-Klasse verwendet. Unter Verwendung der symbolischen Parameterwerte für *BCOR* und *DIV* ist dies mit dem \typearea-Befehl einfach möglich:

Tabelle 2.4.: Mögliche symbolische *BCOR*-Argumente für \typearea[*BCOR*]{*DIV*}

---

current
> Satzspiegelberechnung mit dem aktuell gültigen *BCOR*-Wert erneut durchführen.

```
\documentclass[BCOR12mm,DIVcalc,twoside]{scrartcl}
\usepackage{bookman}
\typearea[current]{calc}
```

Soll hingegen die neuerliche Berechnung mit einem festen *DIV*-Wert durchgeführt werden, so gibt es neben der Möglichkeit:

```
\documentclass[BCOR12mm,DIV11,twoside]{scrartcl}
\usepackage{bookman}
\typearea[current]{last}
```

natürlich auch noch die naheliegende Methode:

```
\documentclass[twoside]{scrartcl}
\usepackage{bookman}
\typearea[12mm]{11}
```

Letztlich ist es eine Frage des Geschmacks, welche Lösung man lieber verwendet.

Häufig wird die Satzspiegelneuberechnung im Zusammenhang mit der Veränderung des Zeilenabstandes (*Durchschuss*) benötigt. Da der Satzspiegel unbedingt so berechnet werden sollte, dass eine ganze Anzahl an Zeilen in den Textbereich passt, muss bei Verwendung eines anderen Durchschusses als dem normalen der Satzspiegel für diesen Zeilenabstand neu berechnet werden.

Beispiel: Angenommen, für eine Diplomarbeit wird die Schriftgröße 10 pt bei eineinhalbzeiligem Satz zwingend gefordert. LaTeX setzt normalerweise bei 10 pt mit 2 pt Durchschuss, also 1,2-zeilig. Deshalb muss als zusätzlicher Dehnfaktor der Wert 1,25 verwendet werden. Gehen wir außerdem davon aus, dass eine Bindekorrektur von 12 mm benötigt wird. Dann könnte die Lösung dies Problems wie folgt aussehen:

```
\documentclass[10pt,twoside,%
               BCOR12mm,DIVcalc]{scrreprt}
```

```
\linespread{1.25}
\typearea[current]{last}
```

Da \typearea selbst immer die Anweisung \normalsize ausführt,
ist es nicht notwendig nach \linespread den gewählten Durchschuss mit \selectfont zu aktivieren, damit dieser auch tatsächlich für die Neuberechnung verwendet wird.

Das gleiche Beispiel sähe unter Verwendung des setspace-Pakets
(siehe [Tob00]) wie folgt aus:

```
\documentclass[10pt,twoside,%
              BCOR12mm,DIVcalc]{scrreprt}
\usepackage{setspace}
\onehalfspacing
\typearea[current]{last}
```

Wie man sieht, spart man sich mit dem setspace-Paket das Wissen
um den korrekten Dehnungswert.

An dieser Stelle erscheint es mir angebracht, darauf hinzuweisen,
dass der Zeilenabstand für die Titelseite wieder auf den normalen
Wert zurückgesetzt werden sollte. Ein vollständiges Beispiel wäre
also:

```
\documentclass[10pt,twoside,%
              BCOR12mm,DIVcalc]{scrreprt}
\usepackage{setspace}
\onehalfspacing
\typearea[current]{last}
\begin{document}
\title{Title}
\author{Markus Kohm}
\begin{spacing}{1}
  \maketitle
  \tableofcontents
\end{spacing}
\chapter{Ok}
```

```
\end{document}
```

Siehe hierzu auch die Anmerkungen in Abschnitt 2.8.

Der Befehl \typearea ist derzeit so definiert, dass es theoretisch auch möglich wäre, mitten in einem Dokument den Satzspiegel zu wechseln. Dabei werden allerdings Annahmen über den Aufbau des LATEX-Kerns gemacht und interne Definitionen und Größen des LATEX-Kerns verändert. Es gibt zwar eine gewisse Wahrscheinlichkeit, aber keine Garantie, dass dies in zukünftigen Versionen von LATEX2$_\varepsilon$ noch funktionieren wird. Es ist anzunehmen, dass es bei LATEX3 nicht mehr zu einem korrekten Ergebnis führt. Aber als Autor von KOMA-Script gehe ich derzeit davon aus, dass der Umstieg zu LATEX3 mit sehr viel mehr Inkompatiblilitäten einhergehen wird.

```
headinclude
headexclude
footinclude
footexclude
```

Bisher wurde zwar erklärt, wie die Satzspiegelkonstruktion funktioniert und in welchem Verhältnis die Ränder zueinander und der Textkörper zur Seite steht, aber eine entscheidende Frage blieb ausgeklammert. Es handelt sich dabei um die Frage, was denn eigentlich unter dem Rand zu verstehen ist. Auf den ersten Blick wirkt diese Frage trivial: Der Rand ist der Teil der Seite, der oben, unten, links und rechts frei bleibt. Doch das ist nur die halbe Wahrheit. Der äußere Rand ist keineswegs immer leer. Teilweise findet man darin noch gesetzte Randnotizen (siehe den Befehl \marginpar beispielsweise in [SKPH99] bzw. Abschnitt 3.6.5).

Beim oberen und unteren Rand stellt sich die Frage, wie Kopf- und Fußzeile zu behandeln sind. Gehören diese beiden zum Textkörper oder zum jeweiligen Rand? Die Frage ist nicht einfach zu beantworten. Eindeutig ist, dass ein leerer Fuß und ein leerer Kopf zum Rand zu rechnen sind. Schließlich können sie nicht vom restlichen Rand unterschieden werden. Ein Fuß, der nur die Paginierung[3] enthält, wirkt optisch ebenfalls eher wie Rand und sollte deshalb zu diesem gerechnet werden. Für die optische Wirkung ist dabei

---

[3]Unter der Paginierung versteht man die Angabe der Seitenzahl.

unwesentlich, ob der Fuß beim Lesen oder Überfliegen leicht als Fuß erkannt werden kann oder nicht. Entscheidend ist, wie eine wohlgefüllte Seite bei *unscharfer Betrachtung* wirkt. Dazu bedient man sich beispielsweise seiner altersweitsichtigen Großeltern, denen man die Brille stibitzt und dann die Seite etwa einen halben Meter von der Nasenspitze entfernt hält. In Ermangelung erreichbarer Großeltern kann man sich auch damit behelfen, dass man die eigenen Augen auf Fernsicht stellt, die Seite aber nur mit ausgestreckten Armen hält. Brillenträger sind hier deutlich im Vorteil. Hat man eine Fußzeile, die neben der Paginierung weitere, weitschweifige Angaben enthält, beispielsweise einen Copyright-Hinweis, so wirkt die Fußzeile eher wie ein etwas abgesetzter Teil des Textkörpers. Bei der Berechnung des Satzspiegels sollte das berücksichtigt werden.

Bei der Kopfzeile sieht es noch schwieriger aus. In der Kopfzeile wird häufig der Kolumnentitel[4] gesetzt. Arbeitet man mit einem lebenden Kolumnentitel, also der Wiederholung der ersten bzw. zweiten Gliederungsebene in der Kopfzeile, und hat gleichzeitig sehr lange Überschriften, so erhält man automatisch sehr lange Kopfzeilen. In diesem Fall wirkt der Kopf wiederum wie ein abgesetzter Teil des Textkörpers und weniger wie leerer Rand. Verstärkt wird dieser Effekt noch, wenn neben dem Kolumnentitel auch die Paginierung im Kopf erfolgt. Dadurch erhält man einen links und rechts abgeschlossenen Bereich, der kaum noch als leerer Rand wirkt. Schwieriger ist es bei Paginierung im Fuß und Überschriften, deren Länge sehr stark schwankt. Hier kann der Kopf der einen Seite wie Textkörper wirken, der Kopf der anderen Seite jedoch eher wie Rand. Keinesfalls sollte man die Seiten jedoch unterschiedlich behandeln. Das würde zu vertikal springenden Köpfen führen und ist nicht einmal für ein Daumenkino geeignet. Ich rate in diesem Fall dazu, den Kopf zum Textkörper zu rechnen.

Ganz einfach fällt die Entscheidung, wenn der Kopf oder Fuß durch eine Linie vom eigentlichen Textkörper abgetrennt ist. Dadurch erhält man eine geschlossene Wirkung und der Kopf bzw. Fuß sollte unbedingt zum Textkörper gerechnet werden. Wie gesagt, die durch die Trennlinie verbesserte

---

[4]Unter dem Kolumnentitel versteht man in der Regel die Wiederholung einer Überschrift mit Titelcharakter. Er steht häufig im Seitenkopf, seltener im Seitenfuß.

Erkennung des Kopfes oder Fußes ist hier unerheblich. Entscheidend ist die unscharfe Betrachtung.

Das typearea-Paket trifft die Entscheidung, ob ein Kopf oder Fuß zum Textkörper gehört oder davon getrennt zum Rand gerechnet werden muss, nicht selbst. Stattdessen kann mit der Option headinclude der Kopf und mit der Option footinclude der Fuß explizit zum Textkörper gezählt werden, während mit den Optionen headexclude und footexclude der Kopf bzw. Fuß zum Rand gerechnet wird. Wenn Sie unsicher sind, was die richtige Einstellung ist, lesen Sie bitte obige Erläuterungen. Voreingestellt sind normalerweise headexclude und footexclude. Dies kann sich jedoch bei den KOMA-Script-Klassen je nach Klassenoption oder bei Verwendung anderer KOMA-Script-Pakete generell ändern (siehe Abschnitt 3.1 und Kapitel 4).

| mpinclude |
| mpexclude |

Neben Dokumenten, bei denen der Kopf und der Fuß der Seite eher zum Textbereich als zum Rand gehört, gibt es auch Dokumente, bei denen dies für Randnotizen zutrifft. Mit der Option mpinclude kann genau dies erreicht werden. Der Effekt dabei ist, dass eine Breiteneinheit vom Textbereich weggenommen und als Bereich für die Randnotizen verwendet wird. Mit der Option mpexclude, die der Voreinstellung entspricht, wird hingegen ein Teil des Randes für Randnotizen verwendet. Dies ist, je nachdem, ob einseitig oder doppelseitig gearbeitet wird, ebenfalls eine Breiteneinheit oder auch eineinhalb Breiteneinheiten. In der Regel ist die Verwendung von mpinclude nicht anzuraten beziehungsweise sollte Experten vorbehalten bleiben.

In den meisten Fällen, in denen die Option mpinclude sinnvoll ist, werden außerdem breitere Randnotizen benötigt. In sehr vielen Fällen sollte dabei aber nicht die gesamte Breite, sondern nur ein Teil davon, dem Textbereich zugeordnet werden. Dies ist beispielsweise der Fall, wenn der Rand für Zitate verwendet wird. Solche Zitate werden üblicherweise im Flattersatz gesetzt, wobei die bündige Kante an den Textbereich anschließt. Da sich kein geschlossener optischer Eindruck ergibt, dürfen die flatternden Enden also durchaus teilweise in den Rand ragen. Man kann das einfach erreichen, indem man zum einen die Option mpinclude verwendet. Zum anderen vergrößert man die Länge \marginparwidth nach der Berechnung des Satzspiegels noch mit

Hilfe der \addtolength-Anweisung. Um welchen Wert man vergrößern sollte, hängt vom Einzelfall ab und erfordert einiges Fingerspitzengefühl. Auch
deshalb ist die Option mpinclude eher etwas für Experten. Natürlich kann
man auch festlegen, dass die Randnotizen beispielsweise zu einem Drittel in
den Rand hineinragen sollen. Im Beispiel würde man das mit

```
\setlength{\marginparwidth}{1.5\marginparwidth}
```

erreichen.

Da es derzeit keine Option gibt, um mehr Platz für die Randnotizen innerhalb des Textbereichs vorzusehen, gibt es nur eine Möglichkeit dies zu
erreichen. Man verzichtet auf die Option mpinclude, verringert nach der
Satzspiegelberechnung die Breite des Textbereichs \textwidth und setzt die
Breite des Bereichs der Randnotizen auf den Wert, um den man die Breite
des Textbereichs verringert hat. Leider lässt sich dieses Vorgehen nicht mit der
automatischen Berechnung des *DIV*-Wertes verbinden. Demgegenüber wird
mpinclude bei DIVcalc berücksichtigt.

> *Wert*headlines

Es ist nun also bekannt, wie man Satzspiegel mit dem typearea-Paket berechnet und wie man dabei angibt, ob der Kopf oder Fuß zum Textkörper oder
zum Rand gehört. Insbesondere für den Kopf fehlt aber noch die Angabe,
wie hoch er denn eigentlich sein soll. Hierzu dient die Option headlines,
der man die Anzahl der Kopfzeilen voranstellt. Normalerweise arbeitet das
typearea-Paket mit 1,25 Kopfzeilen. Dieser Wert stellt einen Kompromiss
dar. Zum einen ist er groß genug, um auch für eine unterstrichene Kopfzeile
(siehe Abschnitt 3.1) Platz zu bieten, zum anderen ist er klein genug, um
das Randgewicht nicht zu stark zu verändern, wenn mit einer einfachen,
nicht unterstrichenen Kopfzeile gearbeitet wird. Damit ist der voreingestellte
Wert in den meisten Standardfällen ein guter Wert. In einigen Fällen will
oder muss man aber die Kopfhöhe genauer den tatsächlichen Erfordernissen
anpassen.

Beispiel: Angenommen, es soll ein Text mit einem zweizeiligen Kopf erstellt
werden. Normalerweise würde dies dazu führen, dass auf jeder

Seite eine Warnung „overfull \vbox" von LATEX ausgegeben würde. Um dies zu verhindern, wird das typearea-Paket angewiesen,
einen entsprechenden Satzspiegel zu berechnen:

```
\documentclass[a4paper]{article}
\usepackage[2.1headlines]{typearea}
```

Bei Verwendung einer KOMA-Script-Klasse muss die Option auch
wieder direkt an die Klasse übergeben werden:

```
\documentclass[a4paper,2.1headlines]{scrartcl}
```

Befehle, mit denen dann der Inhalt der zweizeiligen Kopfzeile
definiert werden kann, sind in Kapitel 4 zu finden.

Bitte beachten Sie unbedingt, dass diese Option bei Verwendung einer der
KOMA-Script-Klassen als Klassenoption übergeben werden muss. Demgegenüber funktioniert dies bei Verwendung einer anderen Klasse nur, wenn
diese Klasse typearea explizit unterstützt. Bei den Standardklassen ist die
Option also direkt beim Laden von typearea zu übergeben. Die Verwendung
von \PassOptionsToPackage (siehe [Tea99]) vor dem Laden von typearea
funktioniert hingegen immer.

`\areaset[`*BCOR*`]{`*Breite*`}{`*Höhe*`}`

Bis hier wurde nun eine Menge darüber erzählt, wie man einen guten oder
sogar sehr guten Satzspiegel für Standardanwendungen erstellt bzw. wie
das typearea-Paket dem Anwender diese Arbeit weitgehend abnimmt, ihm
aber gleichzeitig Möglichkeiten der Einflussnahme bietet. Es gibt jedoch
auch Fälle, in denen der Textkörper eine bestimmte Größe exakt einhalten
soll, ohne dass dabei auf gute Satzspiegelkonstruktion oder auf weitere
Nebenbedingungen zu achten ist. Trotzdem sollen die Ränder so gut wie
möglich verteilt und dabei gegebenenfalls auch eine Bindekorrektur berücksichtigt werden. Das typearea-Paket bietet hierfür den Befehl \areaset, dem
man neben der optionalen Bindekorrektur als Parameter die Breite und
Höhe des Textbereichs übergibt. Die Ränder und deren Verteilung werden
dann automatisch berechnet, wobei gegebenenfalls auch die Paketoptionen

`headinclude`, `headexclude`, sowie `footinclude` und `footexclude` berücksichtigt werden.

Beispiel: Angenommen, ein Text auf A4-Papier soll genau die Breite von
60 Zeichen in der Typewriter-Schrift haben und exakt 30 Zeilen
je Seite besitzen. Dann könnte mit folgender Präambel gearbeitet
werden:

```
\documentclass[a4paper,11pt]{article}
\usepackage{typearea}
\newlength{\CharsLX}% Breite von 60 Zeichen
\newlength{\LinesXXX}% Höhe von 30 Zeilen
\settowidth{\CharsLX}{\texttt{1234567890}}
\setlength{\CharsLX}{6\CharsLX}
\setlength{\LinesXXX}{\topskip}
\addtolength{\LinesXXX}{30\baselineskip}
\areaset{\CharsLX}{\LinesXXX}
```

Soll stattdessen ein Gedichtband gesetzt werden, bei dem es nur
darauf ankommt, dass der Textbereich genau quadratisch mit
einer Seitenlänge von 15 cm ist, wobei ein Binderand von 1 cm zu
berücksichtigen ist, so kann dies wie folgt erreicht werden:

```
\documentclass{gedichte}
\usepackage{typearea}
\areaset[1cm]{15cm}{15cm}
```

Wenn Sie konkrete Vorgaben bezüglich der Ränder zu erfüllen haben,
ist typearea nicht geeignet. In diesem Fall ist die Verwendung des Paketes
geometry (siehe [Ume00]) empfehlenswert.

2.5. Optionen und Makros zur Auswahl des Papierformats

Die LATEX-Standardklassen unterstützen mit den Klassenoptionen a4paper,
a5paper, b5paper, letterpaper, legalpaper und executivepaper die Pa-

pierformate A4 und A5 aus der ISO-A-Reihe, B5 aus der ISO-B-Reihe, sowie
die amerikanischen Formate letter, legal und executive.

```
letterpaper
legalpaper
executivepaper
aXpaper
bXpaper
cXpaper
dXpaper
landscape
\isopaper[Reihe]{Formatnummer}
```

Die drei amerikanischen Formate werden vom **typearea**-Paket in gleicher
Weise unterstützt. Darüber hinaus werden jedoch alle Formate der ISO-
A-, ISO-B-, ISO-C- und ISO-D-Reihe durch Ableitung aus den jeweiligen
Grundgrößen A0, B0, C0 und D0 unterstützt. Diese können ebenfalls direkt
durch entsprechende Optionen a0paper, a1paper usw. ausgewählt werden.
Genau wie bei den Standardklassen ist es mit dem **typearea**-Paket möglich,
durch zusätzliche Verwendung der Paketoption landscape das jeweilige
Querformat zu wählen.

Alternativ kann beim **typearea**-Paket die Papiergröße mit Hilfe des Befehls
\isopaper eingestellt werden. Danach muss allerdings der Satzspiegel mit
Hilfe des Befehls \typearea oder \areaset neu berechnet werden. Ich rate
deshalb von der Verwendung des Befehls \isopaper ab.

Beispiel: Angenommen, es soll eine Karteikarte im Format ISO-A8 quer bedruckt werden. Dabei sollen die Ränder sehr klein gewählt werden.
Außerdem wird auf eine Kopf- und eine Fußzeile verzichtet.

```
\documentclass{article}
\usepackage[headexclude,footexclude,%
            a8paper,landscape]{typearea}
\areaset{7cm}{5cm}
\pagestyle{empty}
\begin{document}
\section*{Papieroptionen}
```

```
letterpaper, legalpaper, executivepaper, a0paper,
a1paper \dots\ b0paper, b1paper \dots\ c0paper,
c1paper \dots\ d0paper, d1paper \dots
\end{document}
```

Bitte beachten Sie unbedingt, dass alle a*X*paper-, b*X*paper-, c*X*paper- und d*X*paper-Optionen mit Ausnahme von a4paper und a5paper bei Verwendung einer der KOMA-Script-Klassen als Klassenoption übergeben werden müssen. Demgegenüber funktioniert dies bei Verwendung einer anderen Klasse nur, wenn diese Klasse typearea explizit unterstützt. Bei den Standardklassen sind die Optionen also direkt beim Laden von typearea zu übergeben. Die Verwendung von \PassOptionsToPackage (siehe [Tea99]) vor dem Laden von typearea funktioniert hingegen immer.

| \paperwidth |
| \paperheight |

Für besonders exotische Papierformate, die weder durch die oben angegebenen amerikanischen Formate noch durch eines der Formate der vier ISO-Reihen abgedeckt sind, können direkt die Längen \paperwidth und \paperheight gesetzt werden. Danach muss allerdings der Satzspiegel für dieses Format mit einem der Befehle \typearea oder \areaset neu berechnet werden.

Beispiel: Angenommen, es soll auf Endlospapier mit den Maßen $8\frac{1}{4}$ inch $\times$ 12 inch gedruckt werden. Dieses Papierformat wird von typearea nicht direkt unterstützt. Das Papierformat muss daher vor der Berechnung des Satzspiegels definiert werden:

```
\documentclass{article}
\usepackage{typearea}
\setlength{\paperwidth}{8.25in}
\setlength{\paperheight}{12in}
\typearea{1}
```

```
dvips
pdftex
pagesize
```

Die oben genannten Mechanismen zur Auswahl des Papierformats haben genau genommen nur insofern einen Einfluss auf die Ausgabe, dass gewisse interne LATEX-Maße so gesetzt werden, dass bestimmte Bereiche der Seite, wie Kopf, Textkörper und Fuß so angeordnet und von typearea so berechnet werden, dass sie auf entsprechendes Papier ausgedruckt werden können. Die Spezifikation des DVI-Formats sieht aber an keiner Stelle Angaben zum Papierformat vor. Wird direkt aus dem DVI-Format in eine Low-Level-Druckersprache wie PCL[5] oder ESC/P2[6] ausgegeben, spielt dies normalerweiser keine Rolle, da auch bei diesen Ausgaben der 0-Bezugspunkt wie bei DVI links oben liegt. Wird aber in Sprachen wie PostScript oder PDF übersetzt, bei denen der 0-Bezugspunkt an anderer Stelle liegt und außerdem das Papierformat in der Ausgabedatei angegeben werden kann, so fehlt diese Information in der DVI-Datei. Als Lösung des Problems verwendet der entsprechende Treiber eine voreingestellte Papiergröße, die der Anwender entweder per Option oder durch entsprechende Angabe in der TEX-Quelldatei verändern kann. Bei Verwendung des DVI-Treibers dvips kann diese Angabe in Form einer \special-Anweisung erfolgen. Bei pdfTEX werden stattdessen zwei Längen entsprechend gesetzt.

Mit der Option dvips wird erreicht, dass die Papiergröße als \special in die DVI-Datei geschrieben wird. Dieses \special wird beispielsweise von dvips ausgewertet. Demgegenüber schreibt die Option pdftex die Papiergröße am Anfang des Dokuments in die pdfTEX-Seitenregister, so dass später beim Betrachten der erzeugten PDF-Datei das korrekte Format angegeben wird. Die Option pagesize verhält sich flexibler und verwendet je nachdem, ob eine PDF- oder eine DVI-Datei ausgegeben wird, den Mechanismus der Option dvips oder der Option pdftex.

---

[5]PCL ist die Druckersprache, die HP für seine Tinten- und Laserdrucker verwendet.

[6]ESC/P2 ist die Druckersprache, die EPSON für seine Nadel-, Tinten- und Laserdrucker benutzt.

Beispiel: Angenommen, es soll ein Dokument sowohl als DVI-Datei verwendet werden, als auch eine Online-Version im PDF-Format erstellt werden. Dann könnte die Präambel beispielsweise so beginnen:

```
\documentclass{article}
\usepackage[a4paper,pagesize]{typearea}
```

Wird nun für die Bearbeitung pdfTEX verwendet *und* die PDF-Ausgabe aktiviert, so werden die beiden Größen `\pdfpagewidth` und `\pdfpageheight` entsprechend gesetzt. Wird jedoch eine DVI-Datei erzeugt – egal ob mit LATEX oder pdfLATEX –, so wird ein `\special` an den Anfang dieser Datei geschrieben.

2.6. Kleinigkeiten ohne direkten Bezug zum Satzspiegel

Manchmal ist es wünschenswert, in einem Dokument abhängig vom Ausgabeformat bestimmte Dinge anders zu machen. Normalerweise verwendet TEX das Ausgabeformat DVI. Mit pdfTEX ist aber die Wahlmöglichkeit hinzugekommen, statt einer DVI-Datei eine PDF-Datei direkt zu erzeugen.

```
\ifpdfoutput{Dann-Teil}{Sonst-Teil}
```

Der Befehl `\ifpdfoutput` stellt eine Verzweigung dar. Wurde die PDF-Ausgabe aktiviert, so wird der *Dann-Teil* ausgeführt. Wurde die PDF-Ausgabe nicht aktiviert oder wird überhaupt kein pdfTEX verwendet, so wird der *Sonst-Teil* ausgeführt.

Beispiel: Bekanntlich gibt pdfLATEX ebenfalls eine DVI-Datei an Stelle einer PDF-Datei aus, wenn der Zähler `\pdfoutput` auf 0 gesetzt ist. Nur bei einem von 0 verschiedenen Wert wird eine PDF-Datei ausgegeben. Da andererseits `\pdfoutput` unbekannt ist, wenn LATEX statt pdfLATEX verwendet wird, kann man `\pdfoutput` auch nicht einfach generell auf 0 setzen, um DVI-Ausgabe zu erhalten. Eine einfache Lösung ist folgende Zeile:

```
\ifpdfoutput{\pdfoutput=0}{}
```

Übrigens setzten manche Pakete \pdfoutput einfach auf 1, sobald der Zähler existiert. In einigen Fällen ist das aber gar nicht erwünscht. Auch dann kann obige Zeile nach dem Laden des entsprechenden Pakets hilfreich sein. Selbstverständlich muss dafür das typearea-Paket geladen sein. Eine Kombination mit der Anweisung \AfterPackage des scrlfile-Paketes ist ebenfalls möglich (siehe dazu Kapitel 9).

2.7. Lokale Einstellungen durch die Datei `typearea.cfg`

Noch vor der Abarbeitung der Paketoptionen prüft typearea, ob eine Datei `typearea.cfg` existiert und lädt diese gegebenenfalls. Es ist daher möglich, in dieser Konfigurationsdatei beispielsweise zusätzliche Optionen für weitere Papierformate zu definieren.

`\SetDIVList{`*Liste*`}`

Ebenfalls zur Verwendung in dieser Konfigurationsdatei war ursprünglich der Befehl \SetDIVList vorgesehen. Bevor die Option DIVcalc existierte, war dies die einzige Möglichkeit, für unterschiedliche Schriftgrößen und Papierformate unterschiedliche Voreinstellungen für den *DIV*-Wert zu definieren. Die Liste besteht dabei aus einer Reihe von Werten in geschweiften Klammern. Der Wert ganz links ist für die Schriftgröße 10 pt, der nächste für 11 pt, der dritte für 12 pt usw. vorgesehen. Wird keine Liste mit \SetDIVList gesetzt, so entspricht dies \SetDIVList{{8}{10}{12}}. Ist für eine Schriftgröße kein Standardwert gesetzt, so wird stattdessen 10 verwendet.

Dieser Befehl sollte nicht mehr verwendet werden. Stattdessen wird empfohlen, einen günstigen Satzspiegel automatisch berechnen zu lassen (siehe Abschnitt 2.4).

2.8. Tipps

Insbesondere für die Erstellung von schriftlichen Arbeiten während des Studiums findet man häufig Vorschriften, die einer typografischen Begutachtung nicht nur in keinster Weise standhalten, sondern massiv gegen alle Regeln der Typografie verstoßen. Ursache für solche Regeln ist oft typografische Inkompetenz derjenigen, die sie herausgeben. Manchmal ist die Ursache auch im Ausgangspunkt begründet, nämlich der Schreibmaschine. Mit einer Schreibmaschine oder einer Textverarbeitung von 1980 ist es ohne erheblichen Aufwand kaum möglich, typografisch perfekte Ergebnisse zu erzielen. Also wurden einst Vorschriften erlassen, die leicht erfüllbar schienen und dem Korrektor trotzdem entgegen kommen. Dazu zählen dann Randeinstellungen, die für einseitigen Druck mit einer Schreibmaschine zu brauchbaren Zeilenlängen führen. Um nicht extrem kurze Zeilen zu erhalten, die durch Flattersatz zudem verschlimmert werden, werden die Ränder schmal gehalten und für Korrekturen stattdessen ein großer Durchschuss in Form von eineinhalbzeiligem Satz vorgeschrieben. Bevor moderne Textverarbeitungssysteme verfügbar wurden, wäre – außer mit TₑX – einzeiliger Satz die einzige Alternative gewesen. Dabei wäre dann selbst das Anbringen von Korrekturzeichen schwierig geworden. Als die Verwendung von Computern für die Erstellung schriftlicher Arbeiten üblicher wurde, hat sich manches Mal auch der Spieltrieb des einen oder anderen Studenten gezeigt, der durch Verwendung einer Schmuckschrift seine Arbeit aufpeppen und so eine bessere Note mit weniger Einsatz herausschinden wollte. Nicht bedacht hat er dabei, dass solche Schriften schlechter zu lesen und deshalb für den Zweck ungeeignet sind. Damit hielten zwei Brotschriften Einzug in die Vorschriften, die weder zusammenpassen noch im Falle von Times wirklich gut geeignet sind. Times ist eine relativ enge Schrift, die Anfang des 20. Jahrhunderts speziell für schmale Spalten im englischen Zeitungssatz entworfen wurde. In modernen Schnitten ist dies etwas entschärft. Dennoch passt die häufig vorgeschriebene Times meist nicht zu den gleichzeitig gegebenen Randvorgaben.

LᴬTₑX setzt bereits von sich aus mit ausreichendem Durchschuss. Gleichzeitig sind die Ränder bei sinnvollen Zeilenlängen groß genug, um Platz für Korrekturen zu bieten. Dabei wirkt die Seite trotz einer Fülle von Text großzügig angelegt.

Oft sind die typografisch mehr als fragwürdigen Satzvorschriften mit LᴬTₑX auch außerodentlich schwierig umzusetzen. So kann eine feste Anzahl von „Anschlägen" nur dann eingehalten werden, wenn keine proportionale Schrift verwendet wird. Es gibt nur wenige gute nichtproportionale Schriften. Kaum ein Text, der mit einer derartigen Schrift gesetzt ist, wirkt wirklich gut. So wird

häufig versucht, durch ausladende Serifen beispielsweise beim kleinen „i"
oder „l" die unterschiedliche Breite der Zeichen auszugleichen. Dies kann nicht
funktionieren. Im Ergebnis wirkt der Text unruhig und zerrissen. Außerdem
verträgt sich eine solche Schrift kaum mit dem im deutschen Sprachraum
üblichen und allgemein vorzuziehenden Blocksatz. Gewisse Vorgaben können
daher bei Verwendung von LATEX nur ignoriert oder großzügig ausgelegt
werden, etwa indem man „60 Anschläge pro Zeile" nicht als feste, sondern
als durchschnittliche oder maximale Angabe interpretiert.

Wie ausgeführt, sind Satzvorschriften meist dazu gedacht, ein brauchbares
Ergebnis zu erhalten, auch wenn der Ausführende selbst nicht weiß, was
dabei zu beachten ist. Brauchbar bedeutet häufig: lesbar und korrigierbar.
Nach meiner Auffassung wird ein mit LATEX und dem typearea-Paket gesetzter Text bezüglich des Satzspiegels diesen Anforderungen von vornherein
gerecht. Wenn Sie also mit Vorschriften konfrontiert sind, die offensichtlich
erheblich davon abweichen, so empfehle ich, dem Betreuer einen Textauszug
vorzulegen und nachzufragen, ob es gestattet ist, die Arbeit trotz der Abweichungen in dieser Form zu liefern. Gegebenenfalls kann durch Veränderung
der Option DIV der Satzspiegel moderat angepasst werden. Von der Verwendung von \areaset zu diesem Zweck rate ich jedoch ab. Schlimmstenfalls
verwenden Sie das nicht zu KOMA-Script gehörende geometry-Paket (siehe
[Ume00]) oder verändern Sie die Satzspiegelparameter von LATEX selbst. Die
von typearea ermittelten Werte finden Sie in der log-Datei Ihres Dokuments.
Damit sollten moderate Anpassungen möglich sein. Achten Sie jedoch unbedingt darauf, dass die Proportionen des Textbereichs mit denen der Seite
unter Berücksichtigung der Bindekorrektur annähernd übereinstimmen.

Sollte es unbedingt erforderlich sein, den Text eineinhalbzeilig zu setzen,
so definieren Sie keinesfalls \baselinestretch um. Dieses Vorgehen wird
zwar allzu häufig empfohlen, ist aber seit der Einführung von LATEX 2_ε im Jahre 1994 obsolet. Verwenden Sie schlimmstenfalls den Befehl \linespread.
Ich empfehle das Paket setspace, das nicht zu KOMA-Script gehört (siehe
[Tob00]). Auch sollten Sie typearea nach der Umstellung des Zeilenabstandes den Satzspiegel für diesen Abstand berechnen lassen, jedoch für den
Titel, besser auch für die Verzeichnisse – sowie das Literaturverzeichnis und
den Index – wieder auf normalen Satz umschalten. Das setspace-Paket bietet
dafür eine spezielle Umgebung und eigene Befehle.

Das **typearea**-Paket berechnet auch bei der Option `DIVcalc` einen sehr großzügigen Textbereich. Viele konservative Typografen werden feststellen, dass die resultierende Zeilenlänge noch zu groß ist. Der berechnete *DIV*-Wert ist ebenfalls in der `log`-Datei zum jeweiligen Dokument zu finden. Sie können also leicht nach dem ersten LaTeX-Lauf einen kleineren Wert wählen.

Nicht selten wird mir die Frage gestellt, warum ich eigentlich kapitelweise auf einer Satzspiegelberechnung herumreite, während es sehr viel einfacher wäre, nur ein Paket zur Verfügung zu stellen, mit dem man die Ränder wie bei einer Textverarbeitung einstellen kann. Oft wird auch behauptet, ein solches Paket wäre ohnehin die bessere Lösung, da jeder selbst wisse, wie gute Ränder zu wählen seien, und die Ränder von KOMA-Script wären ohnehin nicht gut. Ich erlaube mir zum Abschluss dieses Kapitels ein passendes Zitat aus [WF00]:

> *Das Selbermachen ist längst üblich, die Ergebnisse oft fragwürdig, weil Laien-Typografen nicht sehen, was nicht stimmt und nicht wissen können, worauf es ankommt. So gewöhnt man sich an falsche und schlechte Typografie. [. . .] Jetzt könnte der Einwand kommen, Typografie sei doch Geschmackssache. Wenn es um Dekoration ginge, könnte man das Argument vielleicht gelten lassen, da es aber bei Typografie in erster Linie um Information geht, können Fehler nicht nur stören, sondern sogar Schaden anrichten.*

3. Die Hauptklassen scrbook, scrreprt, scrartcl

Die Hauptklassen des KOMA-Script-Pakets sind als Äquivalent zu den LATEX-Standardklassen angelegt. Das bedeutet, dass zu den drei Standardklassen book, report und article im KOMA-Script-Paket Entsprechungen zu finden sind. Daneben ist auch für die Standardklasse letter eine Entsprechung vorhanden. Der Briefklasse in KOMA-Script ist jedoch ein eigenes Kapitel gewidmet, da sie sich von den drei Hauptklassen grundsätzlich unterscheidet (siehe Kapitel 6).

Die Namen der KOMA-Script-Klassen sind aus dem Präfix „scr" und den gekürzten Namen der Standardklassen zusammengesetzt. Um die Länge des Namens auf acht Buchstaben zu beschränken, werden dabei notfalls von hinten her die Vokale weggelassen. Eine Gegenüberstellung der Standardklassen und der korrespondierenden KOMA-Script-Klassen zeigt Tabelle 3.1.

Die einfachste Möglichkeit, an Stelle einer Standardklasse eine KOMA-Script-Klasse zu verwenden, ist die Ersetzung des Klassennamens in der Anweisung \documentclass entsprechend Tabelle 3.1, also beispielsweise \documentclass{book} durch \documentclass{scrbook}. Der anschließende LATEX-Lauf sollte lediglich einige Layoutänderungen mit sich bringen. Ein großer Teil der in den nachfolgenden Abschnitten beschriebenen vielfältigen Möglichkeiten und Optionen werden von den KOMA-Script-Klassen zusätzlich geboten.

Tabelle 3.1.: Gegenüberstellung der Standardklassen und der KOMA-Script-Klassen

Standard-Klasse	KOMA-Script-Klasse
article	scrartcl
report	scrreprt
book	scrbook
letter	scrlettr

3.1. Die Optionen

Dieser Abschnitt behandelt alle Klassenoptionen der drei Hauptklassen. Die Mehrzahl der Optionen ist in genau der gleichen Form auch in den Standardklassen zu finden. Da die Erfahrung jedoch zeigt, dass viele Optionen der Standardklassen unbekannt sind, wurde deren Beschreibung hier aufgenommen.

In Tabelle 3.2 finden Sie diejenigen Optionen aufgeführt, die bei mindestens einer KOMA-Script-Klasse voreingestellt sind. Dabei ist für jede der drei KOMA-Script-Hauptklassen angegeben, ob die Option voreingestellt ist oder nicht, oder ob sie für die jeweilige Klasse überhaupt nicht definiert ist. Eine nicht definierte Option kann natürlich weder voreingestellt sein, noch vom Anwender gewählt werden.

Lassen Sie mich der Erläuterung der Optionen noch eine Bemerkung vorausschicken. Oft ist man sich am Anfang eines Dokuments unsicher, welche Einstellungen konkret zu wählen sind. Bei einigen Optionen, wie der Auswahl des Papierformats, mögen sie bereits vorab feststehen. Aber schon die Frage nach dem *DIV*-Wert für den Satzspiegel könnte im Voraus schwer zu beantworten sein. Andererseits sollten diese Angaben für die Haupttätigkeiten des Autors: Entwurf der Gliederung, Schreiben des Textes, Zusammenstellen von Abbildungen, Tabellen und Verzeichnissen zunächst auch unerheblich sein. Konzentrieren Sie sich als Autor erst einmal auf den Inhalt. Wenn der dann steht, können Sie sich um die Feinheiten der Form kümmern. Neben der Auswahl der Optionen gehören dazu dann auch Dinge wie die Korrektur der Trennung und möglicherweise dezente Eingriffe in den Seitenumbruch oder die Verteilung von Abbildungen und Tabellen. Als Beispiel hierfür sei Tabelle 3.2 genannt, die ich mehrfach vom Anfang des Abschnitts an das Ende verschoben habe und umgekehrt. Die Wahl der tatsächlichen Position wird erst bei Fertigstellung des Dokuments feststehen.

3.1.1. Optionen für den Satzspiegel

Während bei den Standardklassen der Satzspiegel im Wesentlichen durch das Laden der Optionendateien size10.clo, size11.clo, size12.clo beziehungsweise bk10.clo, bk11.clo, bk12.clo und den Standardschriften

Tabelle 3.2.: Voreingestellte Optionen der KOMA-Script-Klassen

Option	scrbook	scrreprt	scrartcl
11pt	Voreinstellung	Voreinstellung	Voreinstellung
a4paper	Voreinstellung	Voreinstellung	Voreinstellung
abstractoff	*nicht definiert*	Voreinstellung	Voreinstellung
bigheadings	Voreinstellung	Voreinstellung	Voreinstellung
final	Voreinstellung	Voreinstellung	Voreinstellung
footnosepline	Voreinstellung	Voreinstellung	Voreinstellung
headnosepline	Voreinstellung	Voreinstellung	Voreinstellung
listsindent	Voreinstellung	Voreinstellung	Voreinstellung
nochapterprefix	Voreinstellung	Voreinstellung	*nicht definiert*
onelinecaption	Voreinstellung	Voreinstellung	Voreinstellung
notitlepage			Voreinstellung
onecolumn	Voreinstellung	Voreinstellung	Voreinstellung
oneside		Voreinstellung	Voreinstellung
openany		Voreinstellung	Voreinstellung
openright	Voreinstellung		
parindent	Voreinstellung	Voreinstellung	Voreinstellung
tablecaptionbelow	Voreinstellung	Voreinstellung	Voreinstellung
titlepage	Voreinstellung	Voreinstellung	
tocindent	Voreinstellung	Voreinstellung	Voreinstellung
twoside	Voreinstellung		

bestimmt wird, verwenden die KOMA-Script-Klassen keinen festen Satzspiegel, sondern einen, der von Papierformat und Schriftgröße abhängt. Dazu stützen sich alle drei Hauptklassen auf das typearea-Paket (siehe Kapitel 2). Das Paket wird von den Klassen automatisch geladen. Es ist also nicht notwendig, es mit \usepackage{typearea} selbst einzuladen. Es ist auch nicht sinnvoll bei Verwendung einer KOMA-Script-Klasse das Paket typearea noch einmal explizit zu laden. Sollten Sie beim LaTeX-Lauf die Fehlermeldung „Option clash for package typearea" erhalten, so liegt das mit größter Wahrscheinlichkeit an einer expliziten Anweisung \usepackage[*Paketoptionen*]{typearea}.

```
letterpaper
legalpaper
executivepaper
aXpaper
bXpaper
cXpaper
dXpaper
landscape
```

Die grundlegenden Optionen zur Auswahl des Papierformats werden nicht direkt von den Klassen ausgeführt. Stattdessen werden diese als globale Optionen automatisch vom **typearea**-Paket behandelt (siehe Abschnitt 2.5, Seite 41). Dabei entsprechen die Optionen a5paper, a4paper, letterpaper, legalpaper und executivepaper den gleichnamigen Optionen der Standardklassen und ergeben die gleichen Papierformate. Der aus dem jeweiligen Format berechnete Satzspiegel ist dann jedoch ein anderer.

Tatsächlich werden die Optionen für das A-, B-, C- oder D-Format vom typearea-Paket nicht deshalb ausgewertet, weil es sich um globale Optionen handelt, sondern nur weil die KOMA-Script-Klassen sie explizit an das typearea-Paket weiterreichen. Dies hat seine Gründe in der Implementierung der Optionen im typearea-Paket beziehungsweise in der Funktion des Mechanismus zur Weiterleitung und Auswertung von Optionen, der von LaTeX zur Verfügung gestellt wird.

Dies gilt in gleicher Weise für die nachfolgend aufgeführten Optionen zur Einstellung der Bindekorrektur, des Divisors und der Anzahl der Kopfzeilen.

```
BCORKorrektur
DIVFaktor
DIVcalc
DIVclassic
Wertheadlines
```

Die Optionen für den Divisor und die Bindekorrektur werden direkt an das **typearea**-Paket weitergeleitet (siehe Abschnitt 2.4, Seite 26 bis Seite 38). Dies geschieht in Abweichung zu den Standardklassen, bei denen eine entsprechende Weiterleitung nicht stattfindet. Das gilt ebenfalls für die Option zur Einstellung der Anzahl der Kopfzeilen.

3.1.2. Optionen für das Layout

In diesem Unterabschnitt werden alle Optionen zusammengefasst, die sich im erweiterten Sinne auf das Layout und nicht nur auf den Satzspiegel auswirken. Genau genommen sind natürlich alle Satzspiegeloptionen (siehe Abschnitt 3.1.1) Layoutoptionen. Teilweise gilt dies auch umgekehrt.

```
oneside
twoside
```

Diese beiden Optionen funktionieren genau wie bei den Standardklassen. Bei der Option oneside wird ein einseitiges Layout mit einem einseitigen Satzspiegel gewählt. Dies bedeutet insbesondere auch, dass normalweise mit einem flatternden unteren Rand gearbeitet wird.

Bei der Option twoside wird ein doppelseitiges Layout mit einem doppelseitigen Satzspiegel gewählt. Dazu wird der LaTeX-Befehl \flushbottom ausgeführt, der dafür sorgt, dass am Seitenende umbrochener Seiten kein variabler Leerraum zu finden ist. Will man stattdessen einen flatternden unteren Rand, so kann man dies mit Hilfe des LaTeX-Befehls \raggedbottom erreichen.

```
onecolumn
twocolumn
```

Diese beiden Optionen funktionieren genau wie bei den Standardklassen. Mit ihrer Hilfe wird zwischen einem einspaltigen und einem zweispaltigen Layout umgeschaltet. Die in LaTeX eingebauten Möglichkeiten für mehrspaltigen Satz reichen oft nur für einfache Aufgaben aus. Es gibt jedoch das Standardpaket multicol, mit dem sehr viel flexiblerer Mehrspaltensatz möglich ist (siehe [Mit00]).

```
openany
openright
```

Diese beiden Optionen funktionieren genau wie bei den Standardklassen. Sie haben Auswirkungen auf die Auswahl der Seite, auf der ein Kapitel beginnen kann und existieren daher bei scrartcl nicht, da dort die oberste Gliederungsebene unter dem Teil der Abschnitt ist. Die Gliederungsebene Kapitel gibt es bei scrartcl nicht.

scrbook, scrreprt

Ein Kapitel beginnt immer auf einer neuen Seite. Mit der Option `openany` kann dies jede neue Seite sein. Bei Wahl der Einstellung `openright` wird jedoch zwingend eine neue rechte Seite vorgeschrieben, wie es bei Büchern allgemein üblich ist. Dazu wird gegebenenfalls eine linke Seite eingefügt. Diese leeren Seiten werden durch implizite Ausführung des LaTeX-Befehls `\cleardoublepage` erzeugt.

Da zwischen rechten und linken Seiten nur im doppelseitigen Layout unterschieden wird, hat die Option `openright` im einseitigen Layout keinerlei Auswirkungen. Sie sollten sie deshalb zusammen mit der Option `twoside` einsetzen.

```
cleardoublestandard
cleardoubleplain
cleardoubleempty
```

Will man, dass mit der `\cleardoublepage`-Anweisung eingefügte Leerseiten keinen Kolumnentitel, sondern nur eine Seitenzahl oder auch weder Kolumnentitel noch Seitenzahl enthalten, so bleibt bei den Standardklassen nur, die Anweisung entsprechend umzudefinieren. KOMA-Script bietet Optionen, um dem Anwender dies abzunehmen. Mit der Option `cleardoublestandard` hat man das Standardverhalten von `\cleardoublepage`. Bei Verwendung der Option `cleardoubleplain` wird die leere, linke Seite hingegen mit dem Seitenstil `plain` ausgegeben. Bei Verwendung der Option `cleardoubleempty` findet entsprechend der Seitenstil `empty` Anwendung. Die Seitenstile werden in Abschnitt 3.2.2 näher erläutert.

```
titlepage
notitlepage
```

Die beiden Optionen funktionieren genau wie bei den Standardklassen. Mit der Option `titlepage` wird erreicht, dass für die gesamte Titelei eigene Seiten verwendet werden. Diese Seiten werden innerhalb von `titlepage`-Umgebungen gesetzt und erhalten somit normalerweise weder Seitenkopf noch Seitenfuß. Bei KOMA-Script wurde die Titelei gegenüber den Standardklassen stark erweitert (siehe dazu Abschnitt 3.3).

Demgegenüber wird mit der Option `notitlepage` erreicht, dass ein sogenannter *in-page* Titel gesetzt wird. Das heißt, die Titelei wird lediglich speziell hervorgehoben, auf der Titelseite kann aber nachfolgend weiteres Material, beispielsweise eine Zusammenfassung oder ein Abschnitt gesetzt werden.

```
parskip
parskip*
parskip+
parskip-
halfparskip
halfparskip*
halfparskip+
halfparskip-
parindent
```

Die Standardklassen setzen Absätze normalerweise mit Absatzeinzug und ohne Absatzabstand. Bei Verwendung eines normalen Satzspiegels, wie ihn typearea bietet, ist dies die vorteilhafteste Absatzauszeichnung. Würde man ohne Einzug und Abstand arbeiten, hätte der Leser als Anhaltspunkt nur die Länge der letzten Zeile. Im Extremfall kann es sehr schwer sein, zu erkennen, ob eine Zeile voll ist oder nicht. Des Weiteren stellt der Typograf fest, dass die Auszeichnung des Absatzendes am Anfang der nächsten Zeile leicht vergessen ist. Demgegenüber ist eine Auszeichnung am Absatzanfang einprägsamer. Der Absatzabstand hat den Nachteil, dass er in verschiedenem Zusammenhang leicht verloren geht. So wäre nach einer abgesetzten Formel nicht mehr festzustellen, ob der Absatz fortgesetzt wird oder ein neuer beginnt. Auch am Seitenanfang müsste zurückgeblättert werden, um feststellen zu können, ob mit der Seite auch ein neuer Absatz beginnt. All diese Probleme sind beim Absatzeinzug nicht gegeben. Eine Kombination von Absatzeinzug und Absatzabstand ist wegen der übertriebenen Redundanz abzulehnen. Der Einzug alleine ist deutlich genug. Der einzige Nachteil des Absatzeinzuges liegt in der Verkürzung der Zeile. Damit gewinnt der Absatzabstand bei ohnehin kurzen Zeilen, etwa im Zeitungssatz, seine Berechtigung.

Unabhängig von obigen Erläuterungen wird hin und wieder ein Layout mit Absatzabstand an Stelle des Absatzeinzugs gefordert. KOMA-Script bietet hierfür mit parskip, parskip-, parskip*, parskip+ sowie halfparskip, halfparskip-, halfparskip* und halfparskip+ eine ganze Reihe von Optionen.

Die vier `parskip`-Optionen setzen jeweils einen Absatzabstand von einer Zeile. Die vier `halfparskip`-Optionen verwenden nur eine halbe Zeile. Um zu verhindern, dass beispielsweise beim Seitenwechsel ein Absatzwechsel unerkannt bleibt, wird bei jeweils drei Varianten dafür gesorgt, dass die letzte Zeile eines Absatzes nicht komplett gefüllt wird. Bei der Variante ohne Plus und Stern bleibt mindestens ein Leeraum von 1 em. Bei der Plus-Variante bleibt mindestens ein Drittel einer normalen Zeile und bei der Stern-Variante mindestens ein Viertel einer normalen Zeile frei. Bei der Minus-Variante werden keine Vorkehrungen für die letzte Zeile eines Absatzes getroffen.

Alle acht Optionen zur Auswahl eines Absatzabstandes verändern außerdem den Abstand vor, nach und innerhalb von Listenumgebungen. Dadurch wird verhindert, dass diese Umgebungen oder Absätze innerhalb dieser Umgebungen stärker vom Text abgesetzt werden als die Absätze des normalen Textes voneinander. Darüber hinaus wird dafür gesorgt, dass im Inhalts-, Abbildungs- und Tabellenverzeichnis ohne zusätzlichem Absatzabstand gearbeitet wird.

Voreingestellt ist bei KOMA-Script das Verhalten der Option `parindent`. Hierbei gibt es keinen Absatzabstand, sondern einen Absatzeinzug von 1 em.

```
headsepline
headnosepline
footsepline
footnosepline
```

Wird unter Kolumnentiteln eine horizontale Linie gewünscht, so lässt sich diese mit der Option `headsepline` einschalten. Die Option `headnosepline` stellt die Umkehrung dar. Bei den Seitenstilen `empty` und `plain` hat dies selbstverständlich keine Auswirkung, da hier auf einen Seitenkopf ausdrücklich verzichtet werden soll. Typografisch betrachtet hat eine solche Linie immer die Auswirkung, dass der Kopf optisch näher an den Text heranrückt. Dies bedeutet nun nicht, dass der Kopf räumlich weiter vom Textkörper weggerückt werden müsste. Stattdessen sollte der Kopf dann bei der Berechnung des Satzspiegels als zum Textkörper gehörend betrachtet werden. Dies wird bei KOMA-Script dadurch erreicht, dass bei Verwendung der Klassenoption `headsepline` automatisch die Paketoption `headinclude` an das `typearea`-Paket weitergereicht wird.

Für eine Trennlinie über dem Seitenfuß gibt es die analog funktionierenden Optionen footsepline und footnosepline. Bei Aktivierung der Trennlinie mit footsepline wird automatisch die Option footinclude an das **typearea**-Paket weitergereicht. Im Gegensatz zu headsepline wirkt sich die Option footsepline auch beim Seitenstil plain aus, da plain eine Seitenzahl im Fuß ausgibt.

| chapterprefix |
| nochapterprefix |

Bei den Standardklassen **book** und report werden Kapitelüberschriften in der Form ausgegeben, dass zunächst in einer Zeile „Kapitel"[1] gefolgt von der Kapitelnummer steht. Erst ab der nächsten Zeile wird dann die Überschrift in linksbündigem Flattersatz ausgegeben. Bei KOMA-Script kann dieses Verhalten mit der Klassenoption chapterprefix ebenfalls erreicht werden. Voreingestellt ist jedoch das Verhalten der Option nochapterprefix. Die Optionen wirken sich außerdem auf das Aussehen der automatischen Kolumnentitel für Kapitel aus (siehe Abschnitt 3.2.2).

scrbook,
scrreprt

| appendixprefix |
| noappendixprefix |

Zuweilen kommt es vor, dass man die Kapitelüberschriften im Hauptteil durchaus in der einfachen Form von nochapterprefix setzten möchte. Gleichzeitig sollen die Überschriften im Anhang jedoch davon abweichend mit einer Präfixzeile, „Anhang" gefolgt vom Buchstaben des Anhangs, versehen werden. Dies ist mit der Klassenoption appendixprefix möglich. Da sich jedoch dadurch ein inkonsistentes Layout ergibt, rate ich von der Verwendung ab.

scrbook,
scrreprt

Lediglich aus Gründen der symmetrischen Vollständigkeit gibt es auch die Umkehrungsoption noappendixprefix. Mir ist jedoch keine sinnvolle Anwendung dieser Option bekannt.

---

[1] Bei Verwendung einer anderen Sprache als Deutsch wird „Kapitel" selbstverständlich in der jeweiligen Sprache gesetzt.

```
onelinecaption
noonelinecaption
```

Bei den Standardklassen wird generell zwischen einzeiligen und mehrzeiligen Über- oder Unterschriften von Tabellen und Abbildungen unterschieden. Einzeilige Texte werden dabei grundsätzlich zentriert, während mehrzeilige Texte linksbündig im Blocksatz gesetzt werden. Dieses Verhalten, das auch bei KOMA-Script voreingestellt ist, entspricht der Option onelinecaption. Bei Verwendung der Option noonelinecaption findet hingegen keine Sonderbehandlung für einzeilige Texte statt.

Der Verzicht auf die Sonderbehandlung wird auch gerne als Lösung für einen weiteren Nebeneffekt beschrieben, der manchmal höchst erwünscht ist. Werden Fußnoten innerhalb von \caption gesetzt, so werden diese in der Regel falsch nummeriert. Dies liegt daran, dass bereits beim Ausmessen, ob ein einzeiliger Text vorliegt, der Fußnotenzähler für jede Fußnote einmal erhöht wird. Bei Verwendung der Option noonelinecaption findet dieses Ausmessen jedoch gar nicht erst statt. Die Nummern der Fußnoten sind damit korrekt.

Bei KOMA-Script ist ab Version 2.8q jedoch ohnehin eine Umgehung dieses Problems eingebaut. Damit kann man Fußnoten auch mit onelinecaption in Über- oder Unterschriften von Tabellen und Abbildungen verwenden. Allerdings sollte bei Verwendung von Fußnoten in Gleitumgebungen der Inhalt der Gleitumgebung immer in eine minipage-Umgebung verpackt werden. So bleiben Gleitumgebung und Fußnote garantiert zusammen.

3.1.3. Optionen für die Schriftwahl

Schriftoptionen wirken sich auf die Größe der Grundschrift oder der Schrift einzelner Teile aus.

```
10pt
11pt
12pt
Xpt
```

Die Optionen 10pt, 11pt und 12pt entsprechen den Standardoptionen. Im Gegensatz zu den Standardklassen kann bei KOMA-Script jedoch auch eine

andere Schriftgröße eingestellt werden. Da bei LaTeX jedoch nur Klassenopti-
onsdateien für 10 pt, 11 pt und 12 pt mitgeliefert werden und KOMA-Script
keine entsprechenden Dateien bereit stellt, müssen Sie selbst für diese Dateien sorgen. Das Paket extsizes (siehe [Kil99]) stellt beispielsweise mit
size14.clo solche Dateien zur Verfügung. Diese können bei KOMA-Script
direkt verwendet werden, indem die entsprechende Größe, beispielsweise
14pt, als Klassenoption angegeben wird. Bei sehr großen Schriften kann es
jedoch zu einem arithmetischen Überlauf bei der Satzspiegelberechnung im
typearea-Paket kommen.

```
smallheadings
normalheadings
bigheadings
```

Die Überschriften werden sowohl bei den Standardklassen als auch bei
KOMA-Script normalerweise recht groß gesetzt. Dies gefällt nicht jedem und
wirkt insbesondere bei kleinen Papiergrößen oft störend. Daher stehen bei
KOMA-Script neben den mit der Option bigheadings sehr groß eingestellen
Überschriften die beiden Optionen normalheadings und smallheadings
zur Verfügung, mit denen man insgesamt kleinere Überschriften erhält. Die
Abstände vor und nach Kapitelüberschriften werden von diesen Optionen
ebenfalls beeinflusst. Auf Kapitelüberschriften wirken sich außerdem die
Layoutoptionen chapterprefix und nochapterprefix sowie im Anhang
appendixprefix und noappendixprefix aus, die in Abschnitt 3.1.2, Seite 57 beschrieben worden sind.

*scrbook,
scrreprt*

3.1.4. Optionen für das Inhaltsverzeichnis

Bei KOMA-Script gibt es mehrere Optionen, die sich auf den Inhalt des
Inhaltsverzeichnisses auswirken. Die Form des Inhaltsverzeichnisses ist zwar
fest, es kann jedoch durch Optionen zwischen unterschiedlichen Varianten
gewählt werden.

```
liststotoc
idxtotoc
bibtotoc
bibtotocnumbered
liststotocnumbered
```

Normalerweise erscheinen Tabellen- und Abbildungsverzeichnis, Index und Literaturverzeichnis nicht im Inhaltsverzeichnis. Im klassischen Buchdruck wird auf entsprechende Einträge bewusst verzichtet. Das ist unter anderem deshalb so, weil stillschweigend von einer ganz bestimmten Verteilung dieser Verzeichnisse ausgegangen wird, wenn die entsprechenden Teile überhaupt verwendet werden:

- Inhaltsverzeichnis nach der Titelei,

- Tabellen- und Abbildungsverzeichnis nach dem Inhaltsverzeichnis,

- Index ganz am Ende,

- Literaturverzeichnis vor dem Index.

Bücher, die all diese Verzeichnisse aufweisen, sind außerdem häufig mit diesen praktischen Bändern gebunden, die man an den entsprechenden Stellen ins Buch legen kann, so dass besagte Verzeichnisse höchstens einmal gesucht werden müssen.

Neuerdings ist es üblich geworden, dass Tabellen- und Abbildungsverzeichnis sowie das Literaturverzeichnis, seltener der Index im Inhaltsverzeichnis zu finden sind. Dies hat sicher auch mit der neuen Mode zu tun, Abbildungs- und Tabellenverzeichnis ans Buchende zu stellen. Beide Verzeichnisse haben von Aufbau und Intention eine deutliche Ähnlichkeit mit dem Inhaltsverzeichnis. Daher betrachte ich die Entwicklung skeptisch. Da es keinen Sinn hat, nur das Tabellen- oder nur das Abbildungsverzeichnis ohne das jeweils andere ins Inhaltsverzeichnis aufzunehmen, gibt es nur eine Option liststotoc, mit der beide Verzeichnisse gemeinsam ins Inhaltsverzeichnis aufgenommen werden. Dabei werden auch Verzeichnisse berücksichtigt, die mit Hilfe des float-Pakets ab Version 1.2e erstellt werden (siehe [Lin01]). Als Verzeichnisse, die den Inhalt anderer Abschnitte des Werks aufführen, erhalten Tabellen-, Abbildungs- und die mit dem float-Paket erzeugten Verzeichnisse grundsätzlich keine Kapitelnummer.

Der Index erhält mit der Option `idxtotoc` einen Eintrag ins Inhaltsverzeichnis. Da der Index ebenfalls nur Verweise auf den Inhalt anderer Abschnitte enthält, wird auch er grundsätzlich nicht nummeriert.

Das Literaturverzeichnis stellt eine etwas andere Art von Verzeichnis dar. Hier wird nicht der Inhalt des vorliegenden Werks aufgelistet, sondern auf externe Inhalte verwiesen. Mit dieser Begründung könnte man argumentieren, dass das Literaturverzeichnis ein eigenes Kapitel bzw. einen eigenen Abschnitt darstellt, und somit eine Nummer verdient. Die Option `bibtotocnumbered` führt genau dazu, einschließlich des dann fälligen Eintrags in das Inhaltsverzeichnis. Ich selbst bin der Meinung, dass bei dieser Argumentation auch ein klassisches, kommentiertes Quellenverzeichnis ein eigenes Kapitel wäre. Außerdem ist das Literaturverzeichnis letztlich nichts, was man selbst geschrieben hat. Deshalb verdient es allenfalls einen nicht nummerierten Eintrag ins Inhaltsverzeichnis, was mit der Option `bibtotoc` erreicht wird.

Nachdem ich bereits der Option `liststotoc` recht skeptisch und der Option `bibtotocnumbered` ablehnend gegenüberstehe, sollte es nicht wundern, dass ich die Option `liststotocnumbered` nur zähneknirschend implementiert habe. Als nächstes will noch jemand, dass das Inhaltsverzeichnis nummeriert und im Inhaltsverzeichnis aufgeführt wird. Wer daher eine Erklärung zur Option `liststotoc` erwartet, sucht in dieser Anleitung vergeblich danach. Eine entsprechende Option für das Stichwortverzeichnis wäre ebenfalls derart unsinnig, dass ich ihre Implementierung bisher standhaft abgelehnt habe.

```
tocindent
tocleft
```

Normalerweise wird das Inhaltsverzeichnis so formatiert, dass die Gliederungsebenen unterschiedlich weit eingezogen werden. Dabei wird für die Gliederungsnummer jeder Ebene ein Raum fester Breite vorgesehen, in dem die Nummer linksbündig gesetzt wird. Dies entspricht der Verwendung der Option `tocindent`.

Werden sehr viele Gliederungspunkte verwendet, so werden die Gliederungsnummern sehr breit. Damit reicht der vorgesehene Platz nicht aus. In [RNH02] wird für solche Fälle vorgeschlagen, die Erzeugung des Inhaltsverzeichnisses umzudefinieren. KOMA-Script bietet jedoch eine alternative Formatierung an, bei der das Problem nicht auftritt. Bei Verwendung der Option tocleft werden die unterschiedlichen Gliederungsebenen nicht unterschiedlich weit eingezogen. Stattdessen wird eine tabellenartige Form gewählt, in der alle Gliederungsnummern und alle Gliederungstexte jeweils in einer Spalte linksbündig untereinander stehen. Der für die Gliederungsnummern benötigte Platz wird dabei automatisch ermittelt.

Damit der Platz, der für die Gliederungsnummern benötigt wird, bei Option tocleft automatisch ermittelt werden kann, müssen einige Makros umdefiniert werden. Es ist zwar unwahrscheinlich, aber nicht ausgeschlossen, dass dies zu Problemen bei Verwendung anderer Pakete führt. Sollten Sie diesen Verdacht haben, probieren Sie alternativ die Option tocindent, die ohne solche Umdefinierungen auskommt. Bei Verwendung von Paketen, die ebenfalls in die Formatierung des Inhaltsverzeichnisses eingreifen, ist außerdem damit zu rechnen, dass die Optionen tocleft und tocindent nicht funktionieren. Sicherheitshalber sollte man bei Verwendung solcher Pakete keine der beiden Optionen als globale Optionen, also nicht als Klassenoptionen, angeben.

Bei Option tocleft erfolgt die Ermittlung der für die Gliederungsnummern benötigten Breite während der Ausgabe des Inhaltsverzeichnisses. Nach einer Änderung, die sich auf das Inhaltsverzeichnis auswirkt, werden maximal drei LATEX-Durchläufe benötigt, bis das Inhaltsverzeichnis mit korrektem Wert dargestellt wird.

3.1.5. Optionen für die Verzeichnisse der Gleitumgebungen

Die bekanntesten Verzeichnisse von Gleitumgebungen sind das Abbildungs- und das Tabellenverzeichnis. Beispielsweise mit Hilfe des float-Pakets (siehe [Lin01]) können jedoch eigene Gleitumgebungen erstellt werden, die ebenfalls in Verzeichnissen erfasst werden.

Ob sich KOMA-Script-Optionen auf Verzeichnisse auswirken, die mit Hilfe von anderen Paketen erstellt werden, hängt maßgeblich von diesen Paketen ab. Bei den Verzeichnissen des float-Pakets ist dies normalerweise der Fall.

Neben den hier angegebenen Optionen gibt es weitere, die sich zwar auf die Verzeichnisse der Gleitumgebungen, nicht jedoch auf deren Formatierung oder Inhalt auswirken. Stattdessen haben sie Auswirkungen auf den Inhalt des

Inhaltsverzeichnisses. Deshalb finden sich die entsprechenden Erläuterungen in Abschnitt 3.1.4.

`listsindent`
`listsleft`

Normalerweise werden die Verzeichnisse der Gleitumgebungen so formatiert, dass für die Nummer ein Raum fester Breite verwendet wird. Dies entspricht der Verwendung der Option `listsindent`.

Werden die Nummern sehr breit, weil beispielsweise sehr viele Tabellen verwendet werden, so reicht der vorgesehene Platz irgendwann nicht mehr aus. Vergleichbar zur Option `tocleft` bietet KOMA-Script daher die Option `listsleft`. Dabei wird die Breite der Nummern automatisch ermittelt und der Platz entsprechend angepasst. Bezüglich der Nebenwirkungen und Funktionsweise gilt, was in Abschnitt 3.1.4, Seite 61 für die Option `tocleft` erklärt wurde. Es sei an dieser Stelle jedoch nochmals darauf hingewiesen, dass mit der Option `listsleft` mehrere LaTeX-Durchläufe benötigt werden, bis die Verzeichnisse ihre endgültige Form erhalten haben.

3.1.6. Optionen für die Formatierung

Formatierungsoptionen sind alle Optionen, welche die Form oder Formatierung einer Ausgabe beeinflussen und nicht in einen anderen Abschnitt eingeordnet werden können. Es sind also sozusagen die *sonstigen Optionen*.

`abstracton`
`abstractoff`

Bei den Standardklassen setzt die `abstract`-Umgebung noch den zentrierten Titel „Zusammenfassung" vor die Zusammenfassung. Früher war dies durchaus üblich. Inzwischen sind wir durch das Zeitunglesen darin geübt, einen entsprechend hervorgehobenen Text am Anfang eines Artikels oder Berichts als Zusammenfassung zu erkennen. Dies gilt umso mehr, wenn dieser Text noch vor dem Inhaltsverzeichnis steht. Zudem verwundert es, wenn ausgerechnet diese Überschrift klein und zentriert ist. KOMA-Script bietet mit den Optionen `abstracton` und `abstractoff` die Möglichkeit, die Überschrift über der Zusammenfassung ein- oder auszuschalten. `scrreprt, scrartcl`

Bei Büchern wird in der Regel eine andere Art der Zusammenfassung verwendet. Dort setzt man ein entsprechendes Kapitel an den Anfang oder Ende des Werks. Oft wird diese Zusammenfassung entweder mit der Einleitung oder einem weiteren Ausblick verknüpft. Daher gibt es bei scrbook überhaupt keine abstract-Umgebung. Bei Berichten im weiteren Sinne, etwa einer Studien- oder Diplomarbeit, ist ebenfalls eine Zusammenfassung in dieser Form zu empfehlen.

> pointednumbers
> pointlessnumbers

Nach DUDEN steht in Gliederungen, in denen ausschließlich arabische Ziffern für die Nummerierung verwendet werden, am Ende der Gliederungsnummern kein abschließender Punkt (siehe [DUD96, R 3]). Wird hingegen innerhalb der Gliederung auch mit römischen Zahlen oder Groß- oder Kleinbuchstaben gearbeitet, so steht am Ende aller Gliederungsnummer ein abschließender Punkt (siehe [DUD96, R 4]). In KOMA-Script ist ein Automatismus eingebaut, der diese etwas komplexe Regel zu erfüllen versucht. Der Automatismus wirkt sich so aus, dass normalerweise bei Verwendung des Gliederungsbefehls \part oder eines Anhangs (\appendix) auf Gliederungsnummer mit abschließendem Punkt umgeschaltet wird. Diese Information wird in der aux-Datei gespeichert und wirkt sich dann beim nächsten LATEX-Lauf auf das gesamte Dokument aus.

Manchmal versagt der Automatismus zum Setzen oder Weglassen des abschließenden Punktes in der Gliederungsnummer oder andere Sprachen sehen andere Regeln vor. Deshalb ist es mit der Option pointednumbers möglich, den Punkt manuell einzuschalten oder mit pointlessnumbers zu verbieten.

Es ist zu beachten, dass der Automatismus immer erst für den nächsten LATEX-Lauf die Verwendung des abschließenden Punktes ein- oder ausschaltet. Bevor also versucht wird, die korrekte Darstellung über Verwendung einer der Optionen zu erzwingen, sollte grundsätzlich ein weiterer LATEX-Lauf ohne Dokumentänderung durchgeführt werden.

Richtig, die korrekten Namen für diese Optionen wären beispielsweise dottednumbers und dotlessnumbers. Die Bedeutung der statt dessen gewählten Namen war mir vor Jahren bei der Implementierung nicht klar.

`leqno`

Gleichungen werden normalerweise auf der rechten Seite nummeriert. Mit Hilfe der Standardoption `leqno` wird die Standardoptionsdatei `leqno.clo` geladen. Dadurch erfolgt die Nummerierung von Gleichungen links.

`fleqn`

Gleichungen werden normalerweise horizontal zentriert ausgegeben. Mit Hilfe der Standardoption `fleqn` wird die Standardoptionsdatei `fleqn.clo` geladen. Dadurch erfolgt die Ausgabe von Gleichungen linksbündig.

`tablecaptionbelow`
`tablecaptionabove`

Wie in Abschnitt 3.6.6, Seite 124 erläutert wird, verhält sich \caption bei Abbildungen immer wie \captionbelow. Bei Tabellen ist das Verhalten hingegen von diesen beiden Optionen abhängig. In der Voreinstellung, `tablecaptionbelow`, verhält sich \caption auch bei Tabellen wie \captionbelow. Mit der Option `tablecaptionabove` verhält sich \caption jedoch wie \captionabove.

Es sei auch hier explizit darauf hingewiesen, dass die Optionen keinen Einfluss darauf haben, ob mit \caption Tabellenüberschriften oder Tabellenunterschriften gesetzt werden. Sie haben lediglich einen Einfluss darauf, ob der entsprechende Text als Tabellenüberschrift oder Tabellenunterschrift formatiert wird. Ob der Text über oder unter der Tabelle steht, wird jedoch durch die Position der \caption-Anweisung innerhalb der `table`-Umgebung bestimmt.

Bitte beachten Sie, dass bei Verwendung des float-Pakets die Optionen `tablecaptionbelow` und `tablecaptionabove` nicht mehr funktionieren, sobald Sie \refloatstyle auf Tabellen anwenden. Näheres zum float-Paket und \refloatstyle entnehmen Sie bitte [Lin01]. Die zusätzliche Unterstützung, die KOMA-Script bei Verwendung des float-Pakets bietet, finden Sie bei der Erklärung zu komaabove in Abschnitt 3.6.6, Seite 130. *float*

`origlongtable`

Beim Paket longtable (siehe [Car98]) werden Tabellenüberschriften intern mit *longtable* dem Befehl \LT@makecaption gesetzt. Damit diese Tabellenüberschriften zu denen normaler Tabellen passen, definieren die KOMA-Script-Klassen diese Anweisung normalerweise um. Siehe hierzu auch Abschnitt 3.6.6, Seite 126. Diese Umdefinierung erfolgt mit Hilfe von \AfterPackage unmittelbar nach dem Laden von longtable. Ist das Paket caption2 (siehe [Som04]) geladen, unterbleibt die Umdefinierung in KOMA-Script, um caption2 nicht in die Quere zu kommen.

Falls die Tabellenüberschriften des longtable-Pakets von den KOMA-Script-Klassen nicht umdefiniert werden sollen, kann die Option origlongtable gesetzt werden.

> openbib

Die Standardoption openbib schaltet auf eine alternative Formatierung des Literaturverzeichnisses um. Dabei wird zum einen die erste Zeile der Literaturangabe, die normalerweise den Autor enthält, weniger stark eingerückt. Zum anderen wird der Befehl \newblock so umdefiniert, dass er einen Absatz einfügt. Ohne die Option fügt \newblock lediglich einen dehnbaren horizontalen Abstand ein.

> draft
> final

Die beiden Standardoptionen draft und final werden normalerweise verwendet, um zwischen Dokumenten im Entwurfsstadium und fertigen Dokumenten zu unterscheiden. Insbesondere werden mit der Option draft kleine schwarze Kästchen aktiviert, die im Falle von überlangen Zeilen am Zeilenende ausgegeben werden. Diese Kästchen erleichtern dem ungeübten Auge, Absätze ausfindig zu machen, die manueller Nachbearbeitung bedürfen. Demgegenüber erscheinen mit der Option final keine solchen Kästchen.

Die beiden Optionen werden übrigens auch von anderen Paketen ausgewertet und beeinflussen deren Eigenschaften. So verzichtet das Paket graphics oder graphicx bei Verwendung der Option draft auf die Ausgabe der Grafiken. Stattdessen werden lediglich Rahmen in der entsprechenden Größe und die Dateinamen der Grafiken ausgegeben (siehe [Car99b]).

3.2. Generelle Dokumenteigenschaften

Einige Dokumenteigenschaften sind keinem speziellen Abschnitt des Dokuments wie der Titelei, dem Text oder dem Literaturverzeichnis zuzuordnen, sondern betreffen das Dokument insgesamt. Ein Teil dieser Eigenschaften wurde bereits im Abschnitt 3.1 erläutert.

3.2.1. Änderung der verwendeten Schriftart

KOMA-Script verwendet für verschiedene Elemente des Textes zum Zwecke der Hervorhebung keine fest eingestellten Schriften und Schriftauszeichnungen. Stattdessen existieren Schriftvariablen in Form von Anweisungen, in denen die Befehle zur Schriftumschaltung abgelegt sind. In früheren Versionen von KOMA-Script musste der Anwender zur Änderung der Auszeichnung eines Elements die entsprechende Anweisung mit Hilfe von \renewcommand umdefinieren. Manchmal war es auch nicht einfach, aus dem Namen des Elements auf die zugehörige Anweisung zu schließen. Außerdem musste zur Umdefinierung häufig erst einmal festgestellt werden, wie die ursprüngliche Definition lautete.

Genau genommen waren all diese Erschwernisse durchaus beabsichtigt. Denn eigentlich sollte es sich dabei nicht um eine Benutzerschnittstelle, sondern um eine Schnittstelle für Paketautoren handeln, die eigene Klassen oder Pakete um KOMA-Script herum bauen. Über die Jahre hat sich aber gezeigt, dass die Schnittstelle trotzdem hauptsächlich von Anwendern verwendet wird. Also wurde eine neue, einfachere Schnittstelle geschaffen. Dennoch rät der Autor dem typografischen Laien ausdrücklich davon ab, Schriftgrößen und andere -auszeichnungen nach eigenem Geschmack zu ändern. Wissen und Fingerspitzengefühl sind Grundvoraussetzungen für die Auswahl und die Mischung unterschiedlicher Schriftgrößen, -attribute und -familien.

```
\setkomafont{Element}{Befehle}
\addtokomafont{Element}{Befehle}
\usekomafont{Element}
```

Mit Hilfe der beiden Anweisungen \setkomafont und \addtokomafont ist es möglich, die *Befehle* festzulegen, mit denen die Schrift eines bestimmten

Elements umgeschaltet wird. Theoretisch könnten als *Befehle* alle möglichen Anweisungen einschließlich Textausgaben verwendet werden. Sie sollten sich jedoch unbedingt auf solche Anweisungen beschränken, mit denen wirklich nur ein Schriftattribut umgeschaltet wird. In der Regel werden dies die Befehle \normalfont, \rmfamily, \sffamily, \ttfamily, \mdseries, \bfseries, \upshape, \itshape, \slshape, \scshape sowie die Größenbefehle \Huge, \huge, \LARGE etc. sein. Die Erklärung zu diesen Befehlen entnehmen Sie bitte [SKPH99], [Tea01a] oder [Tea00]. Auch Farbumschaltungen wie \normalcolor sind möglich (siehe [Car99b]). Das Verhalten bei Verwendung anderer Anweisungen, insbesondere solcher, die zu Umdefinierungen führen oder Ausgaben tätigen, ist nicht definiert. Seltsames Verhalten ist möglich und stellt keinen Fehler dar.

Mit \setkomafont wird die Schriftumschaltung eines Elements mit einer völlig neuen Definition versehen. Demgegenüber wird mit \addtokomafont die existierende Definition lediglich erweitert. Es wird empfohlen, beide Anweisungen nicht innerhalb des Dokuments zu verwenden. Beispiele für die Verwendung entnehmen Sie bitte den Abschnitten zu den jeweiligen Elementen. Namen und Bedeutung der einzelnen Elemente sind in Tabelle 3.3 aufgelistet. Die Voreinstellungen sind den jeweiligen Abschnitten zu entnehmen.

Mit der Anweisung \usekomafont kann die aktuelle Schriftart auf diejenige umgeschaltet werden, die für das angegebene *Element* definiert ist.

Beispiel: Angenommen, Sie wollen, dass für das Element captionlabel dieselbe Schriftart wie für das Element descriptionlabel verwendet wird. Das erreichen Sie einfach mit:

```
\setkomafont{captionlabel}{%
  \usekomafont{descriptionlabel}}
```

Weitere Beispiele finden Sie in den Abschnitten zu den jeweiligen Elementen.

Tabelle 3.3.: Elemente, deren Schrift bei KOMA-Script mit \setkomafont und
\addtokomafont verändert werden kann

caption
> Text einer Abbildungs- oder Tabellenunter- oder -überschrift

captionlabel
> Label einer Abbildungs- oder Tabellenunter- oder -überschrift;
> Anwendung erfolgt nach dem Element caption

chapter
> Überschrift der Ebene \chapter

descriptionlabel
> Labels, also das optionale Argument der \item-Anweisung, in einer
> description-Umgebung

dictumauthor
> Urheber eines schlauen Spruchs; Anwendung erfolgt nach dem
> Element dictumtext

dictumtext
> Text eines schlauen Spruchs (siehe Anweisung \dictum)

footnote
> Marke und Text einer Fußnote

footnotelabel
> Marke einer Fußnote; Anwendung erfolgt nach dem Element
> footnote

footnotereference
> Referenzierung der Fußnotenmarke im Text

pagefoot
> eigentlich der Fuß einer Seite, jedoch auch der Kopf der Seite

pagehead
> eigentlich der Kopf einer Seite, jedoch auch der Fuß der Seite

. . .

Tabelle 3.3.: Elemente, deren Schrift verändert werden kann (*Fortsetzung*)

pagenumber
: Seitenzahl im Kopf oder Fuß der Seite

paragraph
: Überschrift der Ebene \paragraph

part
: Überschrift der Ebene \part jedoch ohne die Zeile mit der Nummer des Teils

partnumber
: Zeile mit der Nummer des Teils in Überschrift der Ebene \part

section
: Überschrift der Ebene \section

sectioning
: alle Gliederungsüberschriften, also die Argumente von \part bis \subparagraph und \minisec sowie die Überschrift der Zusammenfassung; die Anwendung erfolgt vor dem Element der jeweiligen Gliederungebene

subparagraph
: Überschrift der Ebene \subparagraph

subsection
: Überschrift der Ebene \subsection

subsubsection
: Überschrift der Ebene \subsubsection

title
: Haupttitel des Dokuments, also das Argument von \title (bezüglich der Größe des Haupttitels siehe die ergänzenden Bemerkungen im Text ab Seite 83)

3.2.2. Seitenstil

Eine der allgemeinen Eigenschaften eines Dokuments ist der Seitenstil. Bei LATEX versteht man unter dem Seitenstil in erster Linie den Inhalt der Kopf- und Fußzeilen.

```
\pagestyle{empty}
\pagestyle{plain}
\pagestyle{headings}
\pagestyle{myheadings}
\thispagestyle{lokaler Seitenstil}
```

Üblicherweise wird zwischen vier verschiedenen Seitenstilen unterschieden.

empty ist der Seitenstil, bei dem Kopf- und Fußzeile vollständig leer bleiben. Dies ist bei KOMA-Script vollkommen identisch zu den Standardklassen.

plain ist der Seitenstil, bei dem keinerlei Kolumnentitel verwendet, sondern nur eine Seitenzahl ausgegeben wird. Bei den Standardklassen wird diese Seitenzahl immer mittig im Fuß ausgegeben. Bei KOMA-Script erfolgt die Ausgabe stattdessen im doppelseitigen Layout außen im Fuß. Der einseitige Seitenstil entspricht bei KOMA-Script dem der Standardklassen.

headings ist der Seitenstil für lebende Kolumnentitel. Das sind Kolumnenti- tel, bei denen Überschriften automatisch in den Seitenkopf übernom- men werden. Im Internet oder in Beschreibungen zu LATEX-Paketen fin- det man auch häufig die englische Bezeichnung *„running headline“*. Bei scrbook, den Klassen scrbook und scrreprt werden dabei im doppelseitigen Lay- scrreprt out die Überschriften der Kapitel und der Abschnitte in der Kopfzeile wiederholt – bei KOMA-Script jeweils außen, bei den Standardklassen innen. Die Seitenzahl wird bei KOMA-Script im Fuß außen, bei den Standardklassen im Kopf außen gesetzt. Im einseitigen Layout werden nur die Überschriften der Kapitel verwendet und bei KOMA-Script zentriert im Kopf ausgegeben. Die Seitenzahlen werden bei KOMA- Script dann zentriert im Fuß gesetzt. Bei scrartcl wird entsprechend scrartcl verfahren, jedoch eine Ebene tiefer bei Abschnitt und Unterabschnitt angesetzt, da die Gliederungsebene Kapitel hier nicht existiert.

Während die Standardklassen automatische Kolumnentitel immer in Versalien – also Großbuchstaben – setzen, verwendet KOMA-Script die Schreibweise, die in der Überschrift vorgefunden wurde. Dies hat verschiedene typografische Gründe. So sind Versalien als Auszeichnung eigentlich viel zu mächtig. Verwendet man sie trotzdem, sollten sie um einen Punkt kleiner gesetzt und leicht gesperrt werden. All dies findet bei den Standardklassen keine Beachtung.

myheadings entspricht weitgehend dem Seitenstil headings, allerdings werden die Kolumnentitel nicht automatisch erzeugt, sondern liegen in der Verantwortung des Anwenders. Er verwendet dazu die Anweisungen \markboth und \markright.

Die Form der Seitenstile headings und myheadings wird außerdem durch jede der vier Klassenoptionen headsepline, headnosepline, footsepline und footnosepline (siehe Abschnitt 3.1.2, Seite 56) beeinflusst. Der Seitenstil ab der aktuellen Seite wird mit der Anweisung \pagestyle umgeschaltet. Demgegenüber verändert \thispagestyle nur den Seitenstil der aktuellen Seite.

Der Seitenstil kann jederzeit mit Hilfe der \pagestyle-Anweisung gesetzt werden und gilt dann ab der nächsten Seite, die ausgegeben wird. Üblicherweise setzt man den Seitenstil jedoch nur einmal zu Beginn des Dokuments oder in der Präambel. Für eine Änderung des Seitenstils nur der aktuellen Seite verwendet man stattdessen die Anweisung \thispagestyle. Dies geschieht auch an einigen Stellen im Dokument automatisch. Beispielsweise wird bei allen Kapitelanfangsseiten implizit die Anweisung \thispagestyle{plain} ausgeführt.

Bitte beachten Sie auch, dass die Umschaltung zwischen automatischen und manuellen Kolumnentiteln bei Verwendung des scrpage2-Pakets nicht mehr über den Seitenstil, sondern mit speziellen Anweisungen erfolgt. Die Seitenstile headings und myheadings sollten zusammen mit diesem Paket nicht verwendet werden (siehe Kapitel 4, Seite 150).

Tabelle 3.4.: Schriftvoreinstellungen für die Elemente des Seitenstils

Element	Voreinstellung
pagefoot	\normalfont\normalcolor\slshape
pagehead	\normalfont\normalcolor\slshape
pagenumber	\normalfont\normalcolor

Um die Schriftarten von Kopf und Fuß der Seite oder der Seitenzahl zu ändern, verwenden Sie die Benutzerschnittstelle, die in Abschnitt 3.2.1 beschrieben ist. Für den Kopf und den Fuß ist dabei das gleiche Element zuständig, das Sie wahlweise mit pagehead oder pagefoot benennen kön-nen. Das Element für die Seitenzahl innerhalb des Kopfes oder Fußes heißt pagenumber. Die Voreinstellungen sind in Tabelle 3.4 zu finden.

Beispiel: Angenommen, Sie wollen Kopf und Fuß einen Schriftgrad kleiner und kursiv setzen. Die Seitenzahl soll jedoch nicht kursiv, son-dern fett gesetzt werden. Davon abgesehen, dass das Ergebnis grauenvoll aussehen wird, können Sie dies wie folgt erreichen:

```
\setkomafont{pagehead}{%
  \normalfont\normalcolor\itshape\small
}
\setkomafont{pagenumber}{\normalfont\bfseries}
```

Wollen Sie hingegen lediglich, dass zusätzlich zur bereits voreinge-stellten schrägen Variante ebenfalls eine kleinere Schrift verwendet wird, so genügt:

```
\addtokomafont{pagefoot}{\small}
```

Wie Sie sehen, ist im letzten Beispiel das Element pagefoot ver-wendet. Das gleiche Ergebnis erhalten Sie auch, wenn Sie stattdes-sen pagehead verwenden (siehe Tabelle 3.3 auf Seite 69).

Es ist an dieser Stelle nicht möglich, Versalien für die automatischen Kolum-nentitel zu erzwingen. Wenn Sie dies wünschen, verwenden Sie bitte das scrpage2-Paket (siehe Kapitel 4, Seite 162).

Tabelle 3.5.: Makros zur Festlegung des Seitenstils besonderer Seiten

---

\titlepagestyle
> Seitenstil der Seite mit der Titelei bei *in-page*-Titeln

\partpagestyle
> Seitenstil der Seiten mit \part-Titeln

\chapterpagestyle
> Seitenstil auf Kapitelanfangsseiten

\indexpagestyle
> Seitenstil der ersten Indexseite

Eine sinnvolle Verwendung können die Befehle \usekomafont{pagehead} und \usekomafont{pagenumber} finden, wenn Sie eigene Seitenstile definieren. Falls Sie dafür nicht das KOMA-Script-Paket scrpage2 (siehe Kapitel 4), sondern beispielsweise das Paket fancyhdr (siehe [Oos00]) einsetzen, können Sie diese Befehle in Ihren Definitionen verwenden. Dadurch bleiben Sie zu KOMA-Script möglichst kompatibel. Verwenden Sie diese Befehle in Ihren eigenen Definitionen nicht, so bleiben Schriftänderungen wie in den vorangehenden Beispielen unbeachtet. Die Pakete scrpage und scrpage2 sorgen selbst für maximale Kompatibilität.

```
\titlepagestyle
\partpagestyle
\chapterpagestyle
\indexpagestyle
```

Auf einigen Seiten wird mit Hilfe von \thispagestyle automatisch ein anderer Seitenstil gewählt. Welcher Seitenstil dies ist, wird diesen vier Makros entnommen. In der Voreinstellung ist der Seitenstil in allen vier Fällen plain. Die Bedeutung der einzelnen Makros entnehmen Sie bitte Tabelle 3.5. Die Seitenstile können mit Hilfe von \renewcommand umdefiniert werden.

Beispiel: Angenommen, Sie wollen nicht, dass die Seiten mit der \part-Überschrift mit einer Nummer versehen werden. Dann setzen Sie folgende Anweisung beispielsweise in der Präambel Ihres Dokuments:

```
\renewcommand*{\partpagestyle}{empty}
```

Wie Sie auf Seite 71 erfahren haben, ist der Seitenstil empty genau das, was in diesem Beispiel verlangt wird. Natürlich können Sie auch einen selbstdefinierten Seitenstil verwenden.

Angenommen, Sie haben mit dem Paket scrpage2 (siehe Kapitel 4) einen eigenen Seitenstil für Kapitelanfangsseiten definiert. Diesem Seitenstil haben Sie den passenden Namen chapter gegeben. Um diesen nun auch tatsächlich zu verwenden, definieren Sie das Makro \chapterpagestyle entsprechend um:

```
\renewcommand*{\chapterpagestyle}{chapter}
```

Angenommen, Sie wollen das Inhaltsverzeichnis eines Buches insgesamt nicht mit Seitenzahlen versehen. Danach soll aber wieder mit dem Seitenstil headings gearbeitet werden, sowie mit plain auf den Kapitelanfangsseiten. Dann verwenden Sie beispielsweise:

```
\clearpage
\pagestyle{empty}
\renewcommand*{\chapterpagestyle}{empty}
\tableofcontents
\clearpage
\pagestyle{headings}
\renewcommand*{\chapterpagestyle}{plain}
```

Sie können die Umdefinierung des Seitenstils für Kapitelanfangsseiten aber auch lokal halten. Das hat den Vorteil, dass Sie dann keine Annahmen über die vor der Änderung gültige Einstellung treffen müssen. Die Änderung des Seitenstils selbst können Sie gleichmaßen lokal halten:

```
\clearpage
\begingroup
```

```
            \pagestyle{empty}
            \renewcommand*{\chapterpagestyle}{empty}
            \tableofcontents
            \clearpage
         \endgroup
```

Beachten Sie jedoch, dass Sie niemals eine nummerierte Gliederungsüberschrift in eine Gruppe packen sollten. Anderenfalls
können Anweisungen wie \label rasch zu unvorhergesehenen
Ergebnissen führen.

Wer nun glaubt, er könne auf Kapitelanfangsseiten ebenfalls mit lebenden
Kolumnentiteln arbeiten indem er einfach eine Definition wie

```
\renewcommand*{\chapterpagestyle}{headings}
```

verwendet, wird sich möglicherweise wundern. Zwar wird dadurch tatsächlich
auch auf Kapitelanfangsseiten der Seitenstil headings verwendet. Allerdings
erscheint bei Verwendung der Option openright trotzdem kein Kolumnentitel. Die Ursache dafür ist im LaTeX-Kern zu finden. Dort ist \rightmark, die
Marke für rechte Seiten, mit:

```
\let\@rightmark\@secondoftwo
\def\rightmark{\expandafter\@rightmark
  \firstmark\@empty\@empty}
```

definiert. Es wird also die rechte Marke von \firstmark gesetzt. \firstmark
beinhaltet die erste linke und rechte Marke, die auf einer Seite gesetzt wurde.
Innerhalb von \chapter wird mit \markboth die linke Marke auf die Kapitelüberschrift und die rechte Marke auf einen leeren Inhalt gesetzt. Damit ist
also die erste rechte Marke auf einer rechten Kapitelanfangsseite leer. Daher
ist auf diesen Seiten auch der Kolumnentitel leer.

Nun könnte man natürlich in der Dokumentpräambel \rightmark so umdefinieren, dass statt der ersten, die letzte rechte Marke einer Seite verwendet
wird:

```
\makeatother
\renewcommand*{\rightmark}{%
```

```
    \expandafter\@rightmark\botmark\@empty\@empty
}
\makeatletter
```

Damit würde man aber auf rechten Kapitelanfangsseiten als Kolumnentitel den Titel der letzten Abschnittsüberschrift (\section) dieser Seite erhalten. Das wäre verwirrend und ist grundsätzlich abzulehnen.

Ebenso verwirrend und damit abzulehnen wäre, wenn auf rechten Kapitelanfangsseiten plötzlich als Kolumnentitel nicht die Abschnittsüberschrift, sondern die Kapitelüberschrift erscheinen würde. Das voreingestellte Verhalten ist also korrekt.

```
\clearpage
\cleardoublepage
\cleardoublestandardpage
\cleardoubleplainpage
\cleardoubleemptypage
```

Im LaTeX-Kern existiert die Anweisung \clearpage, die dafür sorgt, dass alle noch nicht ausgegebenen Fließumgebungen ausgegeben werden und anschließend eine neue Seite begonnen wird. Außerdem existiert die Anweisung \cleardoublepage, die wie \clearpage arbeitet, durch die aber im doppelseitigen Layout (siehe Layoutoption twoside in Abschnitt 3.1.2, Seite 53) eine neue rechte Seite begonnen wird. Dazu wird gegebenenfalls eine leere linke Seite im aktuellen Seitenstil ausgegeben.

Bei KOMA-Script arbeitet \cleardoublestandardpage genau in der soeben beschriebene Art und Weise. Die Anweisung \cleardoubleplainpage ändert demgegenüber den Seitenstil der leeren linken Seite zusätzlich auf plain, um den Kolumnentitel zu unterdrücken. Analog dazu wird bei der Anweisung \cleardoubleemptypage der Seitenstil empty verwendet, um sowohl Kolumnentitel als auch Seitenzahl auf der leeren linken Seite zu unterdrücken. Die Seite ist damit vollständig leer. Die Arbeitsweise der \cleardoublepage-Anweisung ist hingegen von den in Abschnitt 3.1.2, Seite 54 erklärten Layoutoptionen cleardoublestandard, cleardoubleplain und cleardoubleempty abhängig und entspricht je nach Option einer der drei Anweisungen.

```
\ifthispageodd{Wahr}{Falsch}
\ifthispagewasodd Wahr\else Falsch\fi
```

Eine Besonderheit von LaTeX besteht darin, dass es nicht einfach möglich ist, festzustellen, auf welcher Seite man sich gerade befindet. Damit ist auch schwer zu sagen, ob die aktuelle Seite eine gerade oder eine ungerade Seitenzahl besitzt. Einige werden nun einwenden, dass es doch die TeX-Verzweigung \ifodd gibt, die man nur auf den aktuellen Seitenzähler anwenden muss. Dies ist jedoch ein Irrtum. Zum Zeitpunkt der Auswertung einer solchen Verzweigung weiß LaTeX nämlich gar nicht, ob der gerade bearbeitete Text noch auf dieser Seite oder erst auf der nächsten gesetzt wird. Der Seitenumbruch findet nämlich nicht bereits beim Einlesen des Absatzes, sondern erst in der *output*-Routine von LaTeX statt. Zu dem Zeitpunkt wäre aber eine Eingabe der Form \ifodd\value{page} bereits vollständig ausgewertet.

Um zuverlässig festzustellen, ob ein Text auf einer geraden oder einer ungeraden Seite ausgegeben wird, muss man normalerweise mit einem Label und einer Seitenreferenz auf dieses Label arbeiten. Dabei muss man auch noch spezielle Vorkehrungen für den ersten LaTeX-Durchlauf treffen, bei dem das Label noch nicht bekannt ist.

Will man bei KOMA-Script feststellen, ob ein Text auf einer geraden oder einer ungeraden Seite ausgegeben wird, so verwendet man die Anweisung \ifthispageodd. Dabei wird das *Wahr*-Argument nur dann ausgeführt, wenn man sich gerade auf einer ungeraden Seite befindet. Anderenfalls wird das *Falsch*-Argument ausgeführt.

Genau genommen geht es natürlich nicht darum, wo man sich gerade befindet, sondern entscheidend ist, ob eine Seitenreferenz auf ein Label, das an dieser Stelle gesetzt würde, eine gerade oder eine ungerade Seite referenzieren würde.

Beispiel: Angenommen, Sie wollen einfach nur ausgeben, ob ein Text auf einer geraden oder ungeraden Seite ausgegeben wird. Sie könnten dann beispielsweise mit der Eingabe

```
Dies ist eine Seite mit \ifthispageodd{un}{}gerader
Seitenzahl.
```

die Ausgabe

Dies ist eine Seite mit ungerader Seitenzahl.

erhalten. Beachten Sie, dass in diesem Beispiel das Argument *Falsch* leer geblieben ist.

Da die Anweisung \ifthispageodd mit einem Mechanismus arbeitet, der einem Label und einer Referenz darauf sehr ähnlich ist, werden nach jeder Textänderung mindestens zwei LATEX-Durchläufe benötigt. Erst dann ist die Entscheidung korrekt. Im ersten Durchlauf wird eine Heuristik für die Entscheidung verwendet.

Es sind Fälle denkbar, in denen die Anweisung \ifthispageodd nie zum korrekten Ergebnis führt. Nehmen wir an, dass die Anweisung innerhalb einer Box verwendet wird. Eine Box wird von LATEX immer im Ganzen gesetzt. In ihr findet kein Seitenumbruch statt. Nehmen wir weiter an, der *Wahr*-Teil wäre sehr groß, der *Falsch*-Teil aber leer. Nehmen wir außerdem an, dass die Box mit dem *Falsch*-Teil noch auf die aktuelle, gerade Seite passt, mit dem *Wahr*-Teil jedoch nicht. Nehmen wir weiter an, KOMA-Script entscheidet beim ersten Durchlauf heuristisch, dass der *Wahr*-Teil zutrifft. Die Entscheidung war damit falsch und wird im nächsten Durchlauf revidiert. Dadurch wird aber der *Falsch*-Teil statt dem *Wahr*-Teil abgearbeitet. Die Entscheidung wird also im nächsten Durchlauf wieder revidiert und immer so weiter.

Diese Fälle sind zwar selten. Trotzdem soll niemand sagen, ich habe nicht darauf hingewiesen, dass sie möglich sind.

Manchmal ist es auch notwendig nochmals festzustellen, wie die letzte Entscheidung lautete. Dies ist mit der Expertenanweisung \ifthispagewasodd möglich. Diese ist entweder mit \iftrue oder \iffalse identisch und entsprechend anzuwenden.

`\pagenumbering{`*Nummerierungsstil*`}`

Diese Anweisung funktioniert bei KOMA-Script genau in der gleichen Weise wie bei den Standardklassen. Genau genommen handelt es sich dabei weder um eine Fähigkeit der Standardklassen noch der KOMA-Script-Klassen, sondern um eine Anweisung des LATEX-Kerns. Sie wird verwendet, um den *Nummerierungsstil* für die Seitenzahlen umzuschalten.

Die Umschaltung gilt ab sofort, also ab der Seite, auf der diese Anweisung aufgerufen wird. Gegebenfalls sollte also zuvor mit \clearpage oder

Tabelle 3.6.: Verfügbare Nummerierungsstile für Seitenzahlen

Nummerierungsstil	Beispiel	Bedeutung
arabic	8	arabische Zahlen
roman	viii	kleine römische Zahlen
Roman	VIII	große römische Zahlen
alph	h	Kleinbuchstaben
Alph	H	Großbuchstaben

\cleardoublepage diese Seite erst beendet werden. Mögliche Angaben für den *Nummerierungsstil* sind Tabelle 3.6 zu entnehmen.

Der Aufruf von \pagenumbering setzt immer die Seitenzahl zurück. Die aktuelle Seite bekommt also die Nummer 1 im gewählten *Nummerierungsstil*.

3.3. Die Titelei

Nachdem die Optionen und einige allgemeine Dinge nun bekannt sind, beginnen wir das Dokument, wo es normalerweise beginnt: mit der Titelei. Unter der Titelei versteht man alles, was im weitesten Sinne zum Titel eines Dokuments gehört. Wie bei den Optionen titlepage und notitlepage in Abschnitt 3.1.2, Seite 54 bereits erwähnt, wird grundsätzlich zwischen Titelseiten und *in-page*-Titeln unterschieden. Artikelklassen wie article oder scrartcl haben *in-page*-Titel voreingestellt, während bei Klassen wie report, book, scrreprt und scrbook Titelseiten voreingestellt sind.

> titlepage

Grundsätzlich werden bei den Standardklassen und bei KOMA-Script alle Titelseiten in einer speziellen Umgebung, der titlepage-Umgebung, gesetzt. Diese Umgebung startet immer mit einer neuen Seite – im zweiseitigen Layout sogar mit einer neuen rechten Seite – im einspaltigen Modus. Für eine Seite wird der Seitenstil mit \thispagestyle{empty} geändert, so dass weder Seitenzahl noch Kolumnentitel ausgegeben werden. Am Ende der Umgebung wird die Seite automatisch beendet. Sollten Sie nicht das automatische Layout der Titelei verwenden können, ist zu empfehlen, eine eigene Titelei mit Hilfe dieser Umgebung zu entwerfen.

Beispiel: Angenommen, Sie wollen eine Titelseite, auf der lediglich oben links möglichst groß und fett das Wort „Me" steht – kein Autor, kein Datum, nichts weiter. Folgendes Dokument ermöglicht das:

```
\documentclass{scrbook}
\begin{document}
  \begin{titlepage}
    \textbf{\Huge Me}
  \end{titlepage}
\end{document}
```

Einfach? Stimmt.

`\maketitle[`*Seitenzahl*`]`

Während bei den Standardklassen nur maximal eine Titelseite mit den drei Angaben Titel, Autor und Datum existiert, können bei KOMA-Script mit \maketitle bis zu sechs Titelseiten gesetzt werden. Im Gegensatz zu den Standardklassen kennt \maketitle bei KOMA-Script außerdem noch ein optionales nummerisches Argument. Findet es Verwendung, so wird die Nummer als Seitenzahl der ersten Titelseite benutzt. Diese Seitenzahl wird jedoch nicht ausgegeben, sondern beeinflusst lediglich die Zählung. Sie sollten hier unbedingt eine ungerade Zahl wählen, da sonst die gesamte Zählung durcheinander gerät. Meiner Auffassung nach gibt es nur zwei sinnvolle Anwendungen für das optionale Argument. Zum einen könnte man dem Schmutztitel die logische Seitenzahl -1 geben, um so die Seitenzählung erst ab der Haupttitelseite mit 1 zu beginnen. Zum anderen könnte man mit einer höhere Seitenzahl beginnen, beispielsweise 3, 5 oder 7, um so weitere Titelseiten zu berücksichtigen, die erst vom Verlag hinzugefügt werden. Wird eine *in-page*-Titelei verwendet, wird das optionale Argument ignoriert. Dafür kann der Seitenstil einer solchen Titelei durch Umdefinierung des Makros \titlepagestyle verändert werden. Siehe hierzu Abschnitt 3.2.2, Seite 74.

Die folgenden Anweisungen führen nicht unmittelbar zum Setzen der Titelei. Das Setzen der Titelei erfolgt immer mit \maketitle. Mit den nachfolgend erklärten Anweisungen werden lediglich die Inhalte der Titelei festgelegt. Sie müssen daher auch unbedingt vor `\maketitle` verwendet werden. Es ist jedoch nicht notwendig und bei Verwendung des babel-Pakets (siehe [Bra01]) auch nicht empfehlenswert, diese Anweisungen in der Dokumentpräambel vor `\begin{document}` zu verwenden. Beispieldokumente finden Sie am Ende des Abschnitts.

`\extratitle{`*Schmutztitel*`}`

Früher war der Buchblock oftmals nicht durch einen Buchdeckel vor Verschmutzung geschützt. Diese Aufgabe übernahm dann die erste Seite des Buches, die meist einen Kurztitel, eben den *Schmutztitel* trug. Auch heute noch wird diese Extraseite vor dem eigentlichen Haupttitel gerne verwendet und enthält dann Verlagsangaben, Buchreihennummer und ähnliche Angaben.

Bei KOMA-Script ist es möglich, vor der eigentlichen Titelseite eine weitere Seite zu setzen. Als *Schmutztitel* kann dabei beliebiger Text – auch mehrere Absätze – gesetzt werden. Der Inhalt von *Schmutztitel* wird von KOMA-Script ohne zusätzliche Beeinflussung der Formatierung ausgegeben. Dadurch ist dessen Gestaltung völlig dem Anwender überlassen. Die Rückseite des Schmutztitels bleibt leer. Der Schmutztitel ergibt auch dann eine eigene Titelseite, wenn mit *in-page*-Titeln gearbeitet wird. Die Ausgabe des mit `\extratitle` definierten Schmutztitels erfolgt als Bestandteil der Titelei mit `\maketitle`.

Beispiel: Kommen wir auf das Beispiel von oben zurück und gehen davon aus, dass das spartanische „Me" nur den Schmutztitel darstellt. Nach dem Schmutztitel soll noch der Haupttitel folgen. Dann kann wie folgt verfahren werden:

```
\documentclass{scrbook}
\begin{document}
  \extratitle{\textbf{\Huge Me}}
  \title{It's me}
  \maketitle
\end{document}
```

Sie können den Schmutztitel aber auch horizontal zentriert und etwas tiefer setzen:

```
\documentclass{scrbook}
\begin{document}
  \extratitle{\vspace*{4\baselineskip}
    \begin{center}\textbf{\Huge Me}\end{center}}
  \title{It's me}
  \maketitle
\end{document}
```

Die Anweisung \title ist grundsätzlich notwendig, damit die Beispiele fehlerfrei sind. Sie wird nachfolgend erklärt.

```
\titlehead{Titelkopf}
\subject{Typisierung}
\title{Titel}
\author{Autor}
\date{Datum}
\publishers{Herausgeber}
\and
\thanks{Fußnote}
```

Für den Inhalt der Haupttitelseite stehen sechs Elemente zur Verfügung. Der *Titelkopf* wird mit der Anweisung \titlehead definiert. Er wird über die gesamte Textbreite in normalem Blocksatz am Anfang der Seite ausgegeben. Er kann vom Anwender frei gestaltet werden.

Die *Typisierung* wird unmittelbar über dem *Titel* ausgegeben. Dabei wird eine gegenüber der Grundschrift leicht vergößerte Schrift verwendet.

Der *Titel* wird in einer sehr großen Schrift ausgegeben. Dabei findet abgesehen von der Größe auch die Schriftumschaltung für das Element title Anwendung. Voreingestellt ist die gleiche Schrift, die für das Element sectioning verwendet wird (siehe Tabelle 3.3, Seite 69). Die Voreinstellungen können mit Hilfe der Anweisungen aus Abschnitt 3.2.1 verändert werden. Die Größe ist jedoch davon unabhängig (siehe Tabelle 3.7, Seite 84).

Unter dem *Titel* folgt der *Autor*. Es kann auch durchaus mehr als ein Autor innerhalb des Arguments von \author angegeben werden. Die Autoren

Tabelle 3.7.: Schriftgröße und horizontale Ausrichtung der Elemente der Haupttitelseite in der Reihenfolge ihrer vertikalen Position von oben nach unten
bei Verwendung von \maketitle

Element	Anweisung	Schrift	Ausrichtung
Seitenkopf	\titlehead	\normalsize	Blocksatz
Typisierung	\subject	\Large	zentriert
Titel	\title	\huge	zentriert
Autoren	\author	\Large	zentriert
Datum	\date	\Large	zentriert
Herausgeber	\publishers	\Large	zentriert

sind dann mit \and voneinander zu trennen.

Unter dem Autor oder den Autoren folgt das Datum. Dabei ist das aktuelle Datum, \today, voreingestellt. Es kann jedoch mit \date eine beliebige Angabe – auch ein leere – erreicht werden.

Als Letztes folgt schließlich der *Herausgeber*. Selbstverständlich kann diese Anweisung auch für andere Angaben geringer Wichtigkeit verwendet werden. Notfalls kann durch Verwendung einer \parbox über die gesamte Seitenbreite auch erreicht werden, dass diese Angabe nicht zentriert, sondern im Blocksatz gesetzt wird. Sie ist dann als Äquivalent zum Titelkopf zu betrachten. Dabei ist jedoch zu beachten, dass sie oberhalb von eventuell vorhandenen Fußnoten ausgegeben wird.

Fußnoten werden auf der Titelseite nicht mit \footnote, sondern mit der Anweisung \thanks erzeugt. Sie dienen in der Regel für Anmerkungen bei den Autoren. Als Fußnotenzeichen werden dabei Symbole statt Zahlen verwendet.

Bis auf den *Titelkopf* und eventuelle Fußnoten werden alle Ausgaben horinzontal zentriert. Diese Angaben sind noch einmal kurz zusammengefasst in Tabelle 3.7 zu finden.

Beispiel: Nehmen wir nun einmal an, Sie schreiben eine Diplomarbeit. Dabei sei vorgegeben, dass die Titelseite oben linksbündig das Institut einschließlich Adresse und rechtsbündig das Semester wiedergibt. Wie üblich ist ein Titel einschließlich Autor und Abgabedatum zu setzen. Außerdem soll der Betreuer angegeben und zu erkennen sein, dass es sich um eine Diplomarbeit handelt. Sie könnten das wie folgt erreichen:

```
\documentclass{scrbook}
\usepackage{ngerman}
\begin{document}
\titlehead{{\Large Universit"at Schlauenheim
    \hfill SS~2001\\}
  Institut f"ur Raumkr"ummung\\
  Hochschulstra"se~12\\
  34567 Schlauenheim}
\subject{Diplomarbeit}
\title{Digitale Raumsimulation mit dem DSP\,56004}
\author{cand. stup. Uli Ungenau}
\date{30. Februar 2001}
\publishers{Betreut durch Prof. Dr. rer. stup.
  Naseweis}
\maketitle
\end{document}
```

Ein häufiges Missverständnis betrifft die Bedeutung der Haupttitelseite. Irrtümlich wird oft angenommen, es handle sich dabei um den Buchumschlag oder Buchdeckel. Daher wird häufig erwartet, dass die Titelseite nicht den Randvorgaben für doppelseitige Satzspiegel gehorcht, sondern rechts und links gleich große Ränder besitzt. Nimmt man jedoch einmal ein Buch zur Hand und klappt es auf, trifft man sehr schnell auf mindestens eine Titelseite unter dem Buchdeckel innerhalb des sogenannten Buchblocks. Genau diese Titelseiten werden mit \maketitle gesetzt. Wie beim Schmutztitel handelt es sich also auch bei der Haupttitelseite um eine Seite innerhalb des Buchblocks, die deshalb dem Satzspiegel des gesamten Dokuments gehorcht. Überhaupt ist ein Buchdeckel, das *Cover*, etwas, was man in einem getrennten Dokument erstellt. Schließlich hat er oft eine sehr individuelle Gestalt. Es spricht auch nichts dagegen, hierfür ein Grafik- oder DTP-Programm zu Hilfe zu nehmen. Ein getrenntes Dokument sollte auch deshalb verwendet werden, weil es später auf ein anderes Druckmedium, etwa Karton, und möglicherweise mit einem anderen Drucker ausgegeben werden soll.

`\uppertitleback{`*Titelrückseitenkopf*`}`
`\lowertitleback{`*Titelrückseitenfuß*`}`

Im doppelseitigen Druck bleibt bei den Standardklassen die Rückseite des Blatts mit der Titelseite leer. Bei KOMA-Script lässt sich die Rückseite der Haupttitelseite hingegen für weitere Angaben nutzen. Dabei wird zwischen genau zwei Elementen unterschieden, die der Anwender frei gestalten kann: dem *Titelrückseitenkopf* und dem *Titelrückseitenfuß*. Dabei kann der Kopf bis zum Fuß reichen und umgekehrt. Nimmt man diese Anleitung als Beispiel, so wurde der Haftungsausschluss mit Hilfe von \uppertitleback gesetzt.

`\dedication{`*Widmung*`}`

KOMA-Script bietet eine eigene Widmungsseite. Diese Widmung wird zentriert und in etwas größerer Schrift gesetzt. Die Rückseite ist wie bei der Seite mit dem Schmutztitel grundsätzlich leer. Die Widmungsseite wird zusammen mit der restlichen Titelei mit \maketitle ausgegeben und muss daher vor dieser Anweisung definiert sein.

Beispiel: Nehmen wir dieses Mal an, dass Sie einen Gedichtband schreiben, den Sie Ihrer Frau widmen wollen. Das könnte wie folgt aussehen:

```
\documentclass{scrbook}
\usepackage{ngerman}
\begin{document}
\extratitle{\textbf{\Huge In Liebe}}
\title{In Liebe}
\author{Prinz Eisenherz}
\date{1412}
\lowertitleback{Dieser Gedichtband wurde mit Hilfe
  von {\KOMAScript} und {\LaTeX} gesetzt.}
\uppertitleback{Selbstverlach\par
  Auf"|lage: 1 Exemplar}
```

```
\dedication{Meinem Schnuckelchen\\
   in ewiger Liebe\\
   von Deinem Hasenboppelchen.}
\maketitle
\end{document}
```

Ich bitte die Kosenamen entsprechend Ihren Vorlieben zu ersetzen.

| abstract |

Insbesondere bei Artikeln, seltener bei Berichten findet man unmittelbar unter der Titelei und noch vor dem Inhaltsverzeichnis eine Zusammenfassung. Diese wird daher oftmals als Bestandteil der Titelei betrachtet. Einige LaTeX-Klassen bieten eine spezielle Umgebung für diese Zusammenfassung, die abstract-Umgebung. Diese wird unmittelbar ausgegeben, ist also nicht Bestandteil der mit \maketitle gesetzten Titelei. Bitte beachten Sie unbedingt, dass es sich bei abstract um eine Umgebung und nicht um eine Anweisung handelt. Ob die Zusammenfassung mit einer Überschrift versehen wird oder nicht, wird über die Optionen abstracton und abstractoff gesteuert (siehe Abschnitt 3.1.6, Seite 63). scrartcl, scrreprt

Bei Büchern (scrbook) ist die Zusammenfassung häufig Bestandteil der Einleitung oder eines gesonderten Kapitels am Ende des Dokuments. Daher gibt es hier keine abstract-Umgebung. Bei Verwendung der Klasse scrreprt ist es sicher eine Überlegung wert, ob man nicht genauso verfahren sollte.

3.4. Das Inhaltsverzeichnis

Auf die Titelei folgt normalerweise das Inhaltsverzeichnis. Häufig findet man nach dem Inhaltsverzeichnis auch noch die Verzeichnisse der Gleitumgebungen, beispielsweise von Tabellen und Abbildungen (siehe Abschnitt 3.6.6).

| \tableofcontents
\contentsname |

Die Ausgabe des Inhaltsverzeichnisses erreicht man mit \tableofcontents. Um ein korrektes Inhaltsverzeichnis zu erhalten, sind nach jeder Änderung mindestens zwei LATEX-Läufe notwendig. Mit der Option `liststotoc` kann erreicht werden, dass das Abbildungs- und das Tabellenverzeichnis im Inhaltsverzeichnis aufgeführt werden. Mit `idxtotoc` existiert auch eine entsprechende Option für den Index. Im klassischen Buchdruck ist dies eher unüblich. Das Literaturverzeichnis findet man etwas häufiger im Inhaltsverzeichnis aufgeführt. Auch hierfür gibt es mit `bibtotoc` und `bibtotocnumbered` Optionen. Diese Optionen sind in Abschnitt 3.1.4, Seite 60 näher erläutert.

Das Inhaltsverzeichnis wird als nicht nummeriertes Kapitel gesetzt und unterliegt damit den Seiteneffekten der \chapter*-Anweisung, die in Abschnitt 3.6.2, Seite 95 genannt sind. Allerdings werden bei Verwendung automatischer Kolumnentitel diese sowohl für linke als auch rechte Seiten korrekt mit der Überschrift des Inhaltsverzeichnisses belegt.

Der Text der Überschrift ist im Makro \contentsname abgelegt. Wenn Sie ein Sprachpaket wie babel verwenden, beachten Sie vor der Umdefinierung dieses Makros bitte die Anleitung des Sprachpakets.

Für den Aufbau des Inhaltsverzeichnisses gibt es zwei Varianten. Bei der Standardvariante werden die Gliederungsebenen so eingerückt, dass die Gliederungsnummer jeweils linksbündig mit dem Text der nächst höheren Ebene abschließt. Der Platz für die Gliederungsnummer ist dadurch jedoch limitiert und reicht für etwas mehr als 1,5 Stellen je Gliederungsebene. Sollte dies zu einem Problem werden, lässt sich über die Option `tocleft` ein Verhalten einstellen, bei dem alle Einträge des Inhaltsverzeichnisses linksbündig untereinander gesetzt werden. Wie in Abschnitt 3.1.4, Seite 61) erläutert wird, werden dafür mehrere LATEX-Durchläufe benötigt.

Der Eintrag für die oberste Gliederungsebene unter \part, also \chapter bei scrbook und scrreprt beziehungsweise \section bei scrartcl wird nicht eingerückt. Dafür findet auf ihn die Schriftart für das Element `sectioning` (siehe Tabelle 3.3, Seite 69) Anwendung. Gleichzeitig befinden sich zwischen dem Text der Gliederungsebene und der Seitenzahl keine Pünktchen. Die typografischen Gründe dafür liegen in der normalerweise anderen Schriftart sowie der erwünschten Hervorhebung. Das Inhaltsverzeichnis dieser Anleitung ist mit den Voreinstellungen gesetzt und dient als Beispiel.

`tocdepth`

Normalerweise werden bei den Klassen scrbook und scrreprt die Gliederungsebenen \part bis \subsection und bei der Klasse scrartcl die Ebenen \part bis \subsubsection in das Inhaltsverzeichnis aufgenommen. Gesteuert wird dies über den Zähler tocdepth. Dabei steht der Wert -1 für \part, 0 für \chapter und so weiter. Da bei scrartcl die Ebene \chapter nicht existiert, beginnt bei dieser Klasse die Zählung mit \part bei 0. Durch Setzen oder Erhöhen oder Verringern des Zählers kann bestimmt werden, bis zu welcher Gliederungsebene Einträge in das Inhaltsverzeichnis erfolgen sollen. Dies ist übrigens bei den Standardklassen ganz genauso.

Bei Verwendung des scrpage2-Pakets (siehe Kapitel 4) muss man sich nicht die nummerischen Werte der einzelnen Gliederungsebenen merken. Dann stehen dafür die Makros \chapterlevel, \sectionlevel und so weiter bis hinunter zu \subparagraphlevel zur Verfügung.

Beispiel: Angenommen, Sie setzen einen Artikel, bei dem die Gliederungsebene \subsubsection verwendet wird. Gehen wir weiter davon aus, dass Sie diese Gliederungsebene aber nicht im Inhaltsverzeichnis haben wollen. Dann könnte die Präambel Ihres Dokuments wie folgt aussehen:

```
\documentclass{scrartcl}
\setcounter{tocdepth}{2}
```

Sie setzen den Zähler tocdepth also auf 2, weil Sie wissen, dass dies der Wert für \subsection ist. Wissen Sie stattdessen nur, dass normalerweise bei scrartcl Einträge in das Inhaltsverzeichnis bis zur Ebene \subsubsection erfolgen, können Sie auch einfach vom voreingestellten Wert des Zählers tocdepth eins abziehen:

```
\documentclass{scrartcl}
\addtocounter{tocdepth}{-1}
```

Wieviel Sie von tocdepth subtrahieren oder dazu addieren müssen, können Sie natürlich auch einfach nach einem ersten LATEX-Lauf im Inhaltsverzeichnis abzählen.

Ein kleiner Tipp, damit Sie sich nicht merken müssen, welche Gliederungsebene welche Nummer hat: Einfach im Inhaltsverzeichnis abzählen wieviele

Ebenen mehr oder weniger Sie benötigen und dann wie in obigem Beispiel mit \addtocounter zu tocdepth addieren oder davon subtrahieren.

3.5. Die Verzeichnisse der Gleitumgebungen

In der Regel findet man die Verzeichnisse der Gleitumgebungen, also das Tabellen- und das Abbildungsverzeichnis, unmittelbar nach dem Inhaltsverzeichnis. In einigen Dokumenten wandern diese auch in den Anhang. Der Autor bevorzugt jedoch die Platzierung unmittelbar nach dem Inhaltsverzeichnis. Daher erfolgt die Erklärung auch in diesem Abschnitt.

```
\listoftables
\listoffigures
\listtablename
\listfigurename
```

Mit diesen Anweisungen kann ein Verzeichnis der Tabellen beziehungsweise der Abbildungen ausgegeben werden. Änderungen, die Auswirkungen auf diese Verzeichnisse haben, werden erst nach zwei LaTeX-Läufen sichtbar. Die Form der Verzeichnisse kann durch die Optionen listsindent und listsleft beeinflusst werden (siehe Abschnitt 3.1.5, Seite 63). Darüber hinaus wirken sich indirekt die Optionen liststotoc und liststotocnumbered aus (siehe Abschnitt 3.1.4, Seite 60).

Der Text der Überschriften der beiden Verzeichnisse ist in den Makros \listtablename und \listfigurename abgelegt. Wenn Sie ein Sprachpaket wie babel verwenden, beachten Sie vor der Umdefinierung dieser Makros bitte die Anleitung des Sprachpakets.

3.6. Der Text

In diesem Abschnitt finden Sie alles, was KOMA-Script für die Erstellung des eigentlichen Textes bereitstellt. Dies ist der Teil, auf den Sie sich bei einem Dokument zunächst konzentrieren sollten. Selbstverständlich gehören dazu auch Tabellen, Abbildungen und vergleichbares Material.

3.6.1. Abgrenzung

Bevor wir tatsächlich zum Text kommen, sind noch drei Anweisungen kurz anzusprechen, die es bei der Standardklasse book und der KOMA-Script-Klasse scrbook gibt. Sie können bei einem Buch zur Abgrenzung des *Vorspanns*, des *Hauptteils* und des *Nachspanns* verwendet werden.

```
\frontmatter
\mainmatter
\backmatter
```

Mit \frontmatter wird der Vorspann eingeleitet. Im Vorspann werden die nummerierten Seiten mit römischen Seitenzahlen versehen. Kapitelüberschriften sind im Vorspann nicht nummeriert. Abschnittsüberschriften wären jedoch nummeriert, gingen von Kapitelnummer 0 aus und wären außerdem über Kapitelgrenzen hinweg durchgehend nummeriert. Dies spielt jedoch keine Rolle, da der Vorspann allenfalls für die Titelei, das Inhalts-, Abbildungs- und Tabellenverzeichnis und ein Vorwort verwendet wird. Das Vorwort kann also als normales Kapitel gesetzt werden. Ein Vorwort sollte niemals in Abschnitte unterteilt, sondern möglichst kurz gefasst werden. Im Vorwort wird also keine tiefere Gliederungsebene als Kapitel benötigt.

Mit \mainmatter wird der Hauptteil eingeleitet. Existiert kein Vorspann, so kann diese Anweisung auch entfallen. Im Hauptteil sind arabische Seitenzahlen voreingestellt. Die Seitenzählung beginnt im Hauptteil neu mit 1.

Mit \backmatter wird der Nachspann eingeleitet. Was zum Nachspann gehört, ist unterschiedlich. Manchmal wird im Nachspann nur das Literaturverzeichnis, manchmal nur der Index gesetzt. Manchmal erscheint der gesamte Anhang im Nachspann. Der Nachspann gleicht bezüglich der Gliederungsüberschriften dem Vorspann. Eine getrennte Seitennummerierung ist jedoch nicht vorgesehen. Falls Sie dies ebenfalls benötigen, bedienen Sie sich bitte der Anweisung \pagenumbering aus Abschnitt 3.2.2, Seite 79.

3.6.2. Gliederung

Unter der Gliederung versteht man die Einteilung eines Dokuments in Teile, Kapitel, Abschnitte und weitere Gliederungsebenen.

```
\part[Kurzform]{Überschrift}
\chapter[Kurzform]{Überschrift}
\section[Kurzform]{Überschrift}
\subsection[Kurzform]{Überschrift}
\subsubsection[Kurzform]{Überschrift}
\paragraph[Kurzform]{Überschrift}
\subparagraph[Kurzform]{Überschrift}
```

Die Standardgliederungsbefehle funktionieren bei KOMA-Script beinahe genau wie bei den Standardklassen. So kann ganz normal über ein optionales Argument ein abweichender Text für den Kolumnentitel und das Inhaltsverzeichnis vorgegeben werden. \chapter existiert nur bei Buch- und Berichtklassen, also bei book, scrbook, report und scrreport, nicht jedoch bei den Artikelklassen article und scrartcl. \chapter unterscheidet sich bei KOMA-Script außerdem gravierend von der Version der Standardklassen. Bei den Standardklassen wird die Kapitelnummer mit dem Präfix „Kapitel" beziehungsweise dem Kapitelnamen in der gewählten Sprache in einer Zeile vor dem eigentlichen Text der Überschrift ausgegeben. Diese sehr mächtige Form wird bei KOMA-Script durch eine einfache Nummer vor dem Text abgelöst, lässt sich aber durch die Option chapterprefix wieder einstellen (siehe Abschnitt 3.1.2, Seite 57).

Bitte beachten Sie, dass \part und \chapter den Seitenstil für eine Seite umschaltet. Der jeweilige Seitenstil ist bei KOMA-Script in den Makros \partpagestyle und \chapterpagestyle abgelegt (siehe Abschnitt 3.2.2, Seite 74).

Die Schriftart aller Gliederungsebenen kann mit der in Abschnitt 3.2.1 beschriebenen Anweisungen \setkomafont und \addtokomafont bestimmt werden. Dabei wird zunächst generell das Element sectioning und anschließend zusätzlich je Gliederungsebene ein spezifisches Element verwendet (siehe Tabelle 3.3, Seite 69). Die Schriftart für das Element sectioning ist als \normalcolor\sffamily\bfseries vordefiniert. Die Voreinstellungen für die spezifischen Elemente sind mit einer Schriftgröße vorbelegt und daher von den Klassenoptionen bigheadings, normalheadings und smallheadings (siehe Abschnitt 3.1.3, Seite 59) abhängig. Sie finden die Voreinstellungen in Tabelle 3.8.

Beispiel: Angenommen, Sie verwenden die Klassenoption bigheadings und

Tabelle 3.8.: Schriftvoreinstellungen für die Elemente der Gliederung bei scrbook und scrreprt

Klassenoption	Element	Voreinstellung
bigheadings	part	\Huge
	partnumber	\huge
	chapter	\huge
	section	\Large
	subsection	\large
	subsubsection	\normalsize
	paragraph	\normalsize
	subparagraph	\normalsize
normalheadings	part	\huge
	partnumber	\huge
	chapter	\LARGE
	section	\Large
	subsection	\large
	subsubsection	\normalsize
	paragraph	\normalsize
	subparagraph	\normalsize
smallheadings	part	\LARGE
	partnumber	\LARGE
	chapter	\Large
	section	\large
	subsection	\normalsize
	subsubsection	\normalsize
	paragraph	\normalsize
	subparagraph	\normalsize

stellen fest, dass die sehr großen Überschriften von Teildokumenten zu fett wirken. Nun könnten Sie natürlich wie folgt verfahren:

```
\setkomafont{sectioning}{\normalcolor\sffamily}
\part{\appendixname}
\addtokomafont{sectioning}{\bfseries}
```

Auf diese Weise würden Sie nur für die eine Überschrift „Anhang" das Schriftattribut **Fett** abschalten. Sehr viel komfortabler und eleganter ist es aber, stattdessen generell für \part-Überschriften eine entsprechende Änderung vorzunehmen. Das ist wahlweise mit:

```
\addtokomafont{part}{\normalfont\sffamily}
\addtokomafont{partnumber}{\normalfont\sffamily}
```

oder einfach mit:

```
\addtokomafont{part}{\mdseries}
\addtokomafont{partnumber}{\mdseries}
```

möglich. Die letzte Version ist vorzuziehen, da diese auch dann noch zum gewünschten Ergebnis führt, wenn Sie später das Element sectioning wie folgt ändern:

```
\setkomafont{sectioning}{\normalcolor\bfseries}
```

Mit dieser Änderung verzichten Sie darauf, für alle Gliederungsebenen serifenlose Schrift voreinzustellen.

Ich möchte Sie eindringlich davor warnen, die Möglichkeit zur Schriftumschaltung zu missbrauchen, um wild Schriften, Schriftgrößen und Schriftattribute miteinander zu mischen. Die Auswahl der richtigen Schrift für die richtige Aufgabe ist eine Sache für Experten und hat sehr, sehr wenig mit dem persönlichem Geschmack eines Laien zu tun. Siehe hierzu auch das Zitat am Ende von Abschnitt 2.8, Seite 48 und die folgende Erklärung.

Unterschiedliche Schriften für unterschiedliche Gliederungsebenen sind mit KOMA-Script-Mitteln möglich. Der Laie sollte sie aber meiden wie der Teufel das Weihwasser. Dies hat typografische Gründe.

Eine Regel der Typografie besagt, dass man möglichst wenig Schriften miteinander mischen soll. Serifenlose für die Überschriften scheinen bereits ein Verstoß gegen diese Regel zu sein. Allerdings muss man wissen, dass fette, große, serifenbehaftete Buchstaben oft viel zu mächtig für eine Überschrift sind. Man müsste dann strenggenommen zumindest auf eine normale statt eine fette oder halbfette Schrift ausweichen. In tiefen Gliederungsebenen kann das aber wieder zu schwach sein. Andererseits haben Serifenlose in Überschriften eine sehr angenehme Wirkung und fast nur für Überschriften eine Berechtigung. Daher wurde diese Voreinstellung für KOMA-Script mit gutem Grund gewählt.

Größere Vielfalt sollte aber vermieden werden. Schriftenmischung ist etwas für Profis. Aus den genannten Gründen sollten Sie bei Verwendung anderer als der Standard-TeX-Fonts – egal ob CM-, EC- oder LM-Fonts – bezüglich der Verträglichkeit der serifenlosen und serifenbehafteten Schrift einen Experten zu Rate ziehen oder die Schrift für das Element `sectioning` vorsichtshalber wie in obigem Beispiel umdefinieren. Die häufig anzutreffenden Kombinationen Times mit Helvetica oder Palatino mit Helvetica werden vom Autor als ungünstig betrachtet.

```
\part*{Überschrift}
\chapter*{Überschrift}
\section*{Überschrift}
\subsection*{Überschrift}
\subsubsection*{Überschrift}
\paragraph*{Überschrift}
\subparagraph*{Überschrift}
```

Ebenso existieren die Sternvarianten der Gliederungsbefehle, bei denen keine Nummerierung erfolgt, kein Kolumnentitel gesetzt wird und kein Eintrag ins Inhaltsverzeichnis stattfindet. Der Verzicht auf den Kolumnentitel hat übrigens einen oftmals unerwünschten Effekt. Geht beispielsweise ein mit \chapter* gesetztes Kapitel über mehrere Seiten, so taucht plötzlich der Kolumnentitel des letzen Kapitels wieder auf. KOMA-Script bietet dafür aber eine Lösung, die im Folgenden beschrieben wird. \chapter* existiert **scrbook, scrreprt** selbstverständlich nur bei Buch- und Berichtklassen, also bei book, scrbook, report und scrreport, nicht jedoch bei den Artikelklassen article und scrartcl.

95

Bitte beachten Sie, dass \part* und \chapter* den Seitenstil für eine Seite umschaltet. Der jeweilige Seitenstil ist bei KOMA-Script in den Makros \partpagestyle und \chapterpagestyle abgelegt (siehe Abschnitt 3.2.2, Seite 74).

Bezüglich der Möglichkeiten der Schriftumschaltung gilt das Gleiche wie zuvor in der Erklärung zu den sternlosen Varianten geschrieben. Die Elemente tragen die gleichen Namen, da sie nicht Varianten, sondern Gliederungsebenen bezeichnen.

\addpart[*Kurzform*]{*Überschrift*}
\addpart*{*Überschrift*}
\addchap[*Kurzform*]{*Überschrift*}
\addchap*{*Überschrift*}
\addsec[*Kurzform*]{*Überschrift*}
\addsec*{*Überschrift*}

KOMA-Script bietet über die Gliederungsbefehle der Standardklassen hinaus die Anweisungen \addchap und \addsec. Diese ähneln bis auf die fehlende Nummerierung sehr den Standardanweisungen \chapter und \section. Sie erzeugen also sowohl einen automatischen Kolumnentitel als auch einen Eintrag ins Inhaltsverzeichnis. Die Sternvarianten \addchap* und \addsec* gleichen hingegen den Standardanweisungen \chapter* und \section* mit einem winzigen aber wichtigen Unterschied: Die Kolumnentitel werden gelöscht. Dadurch wird der oben erwähnte Effekt veralteter Kolumnentitel ausgeschlossen. Stattdessen bleibt der Kolumnentitel auf Folgeseiten leer.

scrartcl \addchap und \addchap* existieren selbstverständlich nur bei Buch- und Berichtklassen, also bei book, scrbook, report und scrreport, nicht jedoch bei den Artikelklassen article und scrartcl.

Die Anweisung \addpart erstellt entsprechend einen nicht nummerierten Dokumentteil mit einem Eintrag ins Inhaltsverzeichnis. Da bereits \part und \part* den Kolumnentitel löschen, ergibt sich hier nicht das oben genannte Problem mit veralteten Kolumnentiteln. Die Sternvariante \addpart* ist daher identisch mit der Sternvariante \part* und wurde nur aus Konsistenzgründen definiert.

Bitte beachten Sie, dass \addpart und \addchap und deren Sternvarianten den Seitenstil für eine Seite umschaltet. Der jeweilige Seitenstil ist in den Makros \partpagestyle und \chapterpagestyle abgelegt (siehe Abschnitt 3.2.2, Seite 74).

Bezüglich der Möglichkeiten der Schriftumschaltung gilt das gleiche wie zuvor in der Erklärung zu \part*, \chapter* und \section* geschrieben. Die Elemente tragen die gleichen Namen, da sie nicht Varianten, sondern Gliederungsebenen bezeichnen.

\minisec{*Überschrift*}

Manchmal ist eine Art Überschrift wünschenswert, die zwar hervorgehoben wird, ansonsten aber eng mit dem nachfolgenden Text zusammenhängt. Eine solche Überschrift soll dann ohne große Abstände gesetzt werden.

Der Befehl \minisec bewirkt genau eine derartige Überschrift. Diese Überschrift ist keiner Gliederungsebene zugeordnet. Eine solche *Mini-section* wird nicht in das Inhaltsverzeichnis aufgenommen und erhält auch keine Nummerierung.

Beispiel: Sie haben einen Bausatz für eine Mausefalle entwickelt und wollen diesen getrennt nach den benötigen Materialien und der Anleitung für die Montage beschreiben. Das könnte so gemacht werden:

```
\minisec{Bauteile}

\begin{flushleft}
  1 Brett ($100\times 50 \times 12$)\\
  1 Bierflaschenschnappverschluss\\
  1 Kugelschreiberfeder\\
  1 Reißzwecke\\
  2 Schrauben\\
  1 Hammer\\
  1 Messer
\end{flushleft}

\minisec{Montage}

Zunächst suche man das Mauseloch. Dann lege man die
Reißzwecke innen unmittelbar hinter das Loch, damit
```

bei den folgenden Aktionen die Maus nicht
entschlüpfen kann.
Anschließend klopfe man mit dem Hammer den
Bierflaschenschnappverschluss in das Mauseloch.
Sollte der Verschluss nicht groß genug sein, um das
Loch vollständig und dauerhaft zu verschließen,
nehme man stattdessen das Brett und schraube es
unter Zuhilfenahme der beiden Schrauben und des
Messers vor das Loch. Statt des Messers kann
selbstverständlich auch ein Schraubendreher
verwendet werden.

Die Kugelschreiberfeder ist dem Tierschutz zum
Opfer gefallen.

Das Ganze sieht anschließend so aus:

> **Bauteile**
> 1 Brett ($100 \times 50 \times 12$)
> 1 Bierflaschenschnappverschluss
> 1 Kugelschreiberfeder
> 1 Reißzwecke
> 2 Schrauben
> 1 Hammer
> 1 Messer
>
> **Montage**
> Zunächst suche man das Mauseloch. Dann lege man die
> Reißzwecke innen unmittelbar hinter das Loch, damit bei
> den folgenden Aktionen die Maus nicht entschlüpfen kann.
> Anschließend klopfe man mit dem Hammer den Bierfla-
> schenschnappverschluss in das Mauseloch. Sollte der Ver-
> schluss nicht groß genug sein, um das Loch vollständig und
> dauerhaft zu verschließen, nehme man stattdessen das Brett
> und schraube es unter Zuhilfenahme der beiden Schrauben
> und des Messers vor das Loch. Statt des Messers kann selbst-
> verständlich auch ein Schraubendreher verwendet werden.
>   Die Kugelschreiberfeder ist dem Tierschutz zum Opfer
> gefallen.

Die Schriftart des Gliederungsbefehls \minisec kann nur über das Element sectioning beeinflusst werden (siehe Tabelle 3.3, Seite 69). Ein spezifisches Element nur für \minisec existiert nicht. Damit kann auch die voreingestellte Größe nicht verändert werden.

\raggedsection

Bei den Standardklassen werden die Überschriften ganz normal im Blocksatz ausgegeben. Dadurch können in den Überschriften Trennungen auftreten und mehrzeilige Überschriften werden auf Textbreite gedehnt. Dieses Vorgehen ist in der Typografie eher unüblich. KOMA-Script setzt Überschriften daher in linksbündigem Flattersatz mit hängendem Einzug. Verantwortlich ist dafür die Anweisung \raggedsection, die vordefiniert ist als:

```
\newcommand*{\raggedsection}{\raggedright}
```

Diese Anweisung kann mit \renewcommand umdefiniert werden.

Beispiel: Sie wollen auch für Überschriften Blocksatz. Dazu schreiben Sie in die Präambel Ihres Dokuments:

```
\renewcommand*{\raggedsection}{}
```

oder kürzer:

```
\let\raggedsection\relax
```

Sie erreichen somit eine ähnliche Formatierung der Überschriften wie bei den Standardklassen. Noch ähnlicher wird es, wenn sie diese Änderung mit der oben vorgestellten Änderung für das Element sectioning kombinieren.

\partformat
\chapterformat
\othersectionlevelsformat{*Gliederungsname*}
\autodot

Bekanntlich gibt es bei LATEX zu jedem mit \newcounter definierten Zähler eine Anweisung \the*Zählername*, mit welcher der Zähler ausgegeben werden kann. Die Darstellung der Zähler für die einzelnen Gliederungsebenen setzt sich dabei je nach Klasse ab \section (book, scrbook, report, screprt) oder ab \subsection (article, scrartcl) aus der Darstellung des Zählers für die übergeordnete Ebene, gefolgt von einem Punkt und der arabischen Zahl des *Zählername*ns der jeweiligen Ebene zusammen.

KOMA-Script hat der Ausgabe der Gliederungsnummern eine weitere logische Ebene zugefügt. Die Zähler werden für die jeweilige Überschrift nicht einfach nur ausgegeben. Sie werden mit Hilfe der Anweisungen \partformat, \chapterformat und \othersectionlevelsformat formatiert. Die Anweisung \chapterformat existiert wie auch \thechapter selbstverständlich nicht in der Klasse scrartcl, sondern nur in den Klassen scrbook und scrreprt.

scrbook,
scrreprt

Wie bereits in Abschnitt 3.1.6, Seite 64 erläutert wurde, müssen gemäß [DUD96] die Gliederungsnummern je nach Gliederung mit einem nachfolgenden Punkt versehen werden oder dieser hat zu entfallen. Die Anweisung \autodot ist bei KOMA-Script für die Einhaltung dieser Regel verantwortlich. Auf den Punkt folgt bei allen Gliederungsebenen außer \part noch ein \enskip. Dies entspricht einem Leerraum von 0,5 em.

Die Anweisung \othersectionlevelsformat erwartet als Parameter den Namen der Gliederungsebene, also „*section*", „*subsection*" ... In der Voreinstellung gibt es also nur für die Ebenen \part und \chapter eigene Formatieranweisungen, während alle anderen Gliederungsebenen mit Hilfe einer einzigen Formatieranweisung abgedeckt werden. Dies ist allein historisch begründet. Als Werner Lemberg für sein CJK-Paket eine entsprechende Erweiterung von KOMA-Script angeregt hat, wurde nur diese Unterscheidung benötigt.

Die Formatierungsanweisungen können mit Hilfe von \renewcommand umdefiniert werden, um sie eigenen Anforderungen anzupassen. Nachfolgend finden Sie die Originaldefinitionen aus den KOMA-Script-Klassen:

```
\newcommand*{\partformat}{\partname~\thepart\autodot}
\newcommand*{\chapterformat}{%
  \chapappifchapterprefix{\ }\thechapter\autodot\enskip}
\newcommand*{\othersectionlevelsformat}[1]{%
  \csname the#1\endcsname\autodot\enskip}
```

Beispiel: Angenommen, Sie wollen, dass bei \part das Wort „Teil" vor der

Nummer nicht ausgegeben wird. Dann können Sie beispielsweise folgende Anweisung in die Präambel Ihres Dokuments schreiben:

```
\renewcommand*{\partformat}{\thepart\autodot}
```

Genau genommen könnten Sie an dieser Stelle auch auf `\autodot` verzichten und stattdessen einen festen Punkt setzen. Da `\part` mit römischen Zahlen nummeriert wird, muss der Punkt laut [DUD96] folgen. Allerdings bringen Sie sich dann um die Möglichkeit, eine der Optionen `pointednumbers` und `pointlessnumbers` einzusetzen und so von der Regel abzuweichen. Näheres zu den Klassenoptionen siehe Abschnitt 3.1.6, Seite 64.

Eine weitere Möglichkeit wäre, die Nummerierung der Abschnitte so in den Rand zu platzieren, dass der Überschriftentext links mit dem umgebenden Text abschließt. Dies erreicht man mit:

```
\renewcommand*{\othersectionlevelsformat}[1]{%
    \llap{\csname the#1\endcsname\autodot\enskip}}
```

Die wenig bekannte TEX-Anweisung `\llap` sorgt dabei dafür, dass das Argument links von der aktuellen Position ausgegeben wird, ohne dass dabei die Position verändert wird. Eine bessere LATEX-Lösung für dieses Problem wäre:

```
\renewcommand*{\othersectionlevelsformat}[1]{%
    \makebox[0pt][r]{%
        \csname the#1\endcsname\autodot\enskip}}
```

Näheres zu den optionalen Argument von `\makebox` ist [Tea01a] zu entnehmen.

```
\chapappifchapterprefix{Zusatztext}
\chapapp
```
---

scrbook,
scrreprt

Diese beiden Anweisungen werden nicht nur intern von KOMA-Script verwendet, sondern stehen auch dem Anwender zur Verfügung. Nachfolgend werden sie beispielsweise für die Umdefinierung anderer Anweisungen verwendet. Bei Verwendung der Layoutoption chapterprefix (siehe

Abschnitt 3.1.2, Seite 57) setzt \chapappifchapterprefix im Hauptteil des Dokuments das Wort „Kapitel" in der aktuellen Sprache gefolgt vom *Zusatztext*. Im Anhang wird stattdessen das Wort „Anhang" in der aktuellen Sprache, ebenfalls gefolgt vom *Zusatztext*, ausgegeben. Bei der Einstellung nochapterprefix wird hingegen nichts ausgegeben.

Die Anweisung \chapapp setzt immer das Wort „Kapitel" beziehungsweise „Anhang". Dabei spielen die beiden Optionen chapterprefix und nochapterprefix keine Rolle.

Da es Kapitel nur bei den Klassen scrbook und scrreprt gibt, existieren die beiden Anweisungen auch nur bei diesen Klassen.

```
\chaptermark{Kolumnentitel}
\sectionmark{Kolumnentitel}
\subsectionmark{Kolumnentitel}
\chaptermarkformat
\sectionmarkformat
\subsectionmarkformat
```

Wie bereits in Abschnitt 3.2.2 erwähnt, arbeitet der Seitenstil headings mit automatischen Kolumnentiteln. Dazu werden die Anweisungen \chaptermark und \sectionmark beziehungsweise \sectionmark und \subsectionmark entsprechend definiert. Gliederungsbefehle (\chapter, \section ...) führen automatisch eine entsprechende \...mark-Anweisung aus. Der übergebene Parameter beinhaltet dabei den Text der Gliederungsüberschrift. Die zugehörige Gliederungsnummer wird automatisch in der \...mark-Anweisung hinzugefügt. Die Formatierung erfolgt dabei je nach Gliederungsebene mit einer der drei Anweisungen \chaptermarkformat, \sectionmarkformat und \subsectionmarkformat.

scrbook, scrreprt scrartcl

Während es bei scrartcl weder \chaptermark noch \chaptermarkformat gibt, existieren \subsectionmark und \subsectionmarkformat nur bei scrartcl. Dies ändert sich allerdings bei Verwendung des scrpage2-Pakets (siehe Kapitel 4).

So wie mit \chapterformat und \othersectionlevelsformat die Nummern der Gliederungsüberschriften formatiert ausgegeben werden, werden mit den Anweisungen \chaptermarkformat, \sectionmarkformat und \subsectionmarkformat die Nummern der Gliederungsebenen in den automatischen Kolumnentiteln formatiert ausgegeben. Mit \renewcommand können sie eigenen Anforderungen angepasst werden. Die Originaldefinitionen aus den KOMA-Script-Klassen sind:

```
\newcommand*{\chaptermarkformat}{%
  \chapappifchapterprefix{\ }\thechapter\autodot\enskip}
\newcommand*{\sectionmarkformat}{\thesection\autodot\enskip}
\newcommand*{\subsectionmarkformat}{%
  \thesubsection\autodot\enskip}
```

Beispiel: Angenommen, Sie wollen, dass der Kapitelnummer in den Kolumnentiteln das Wort „Kapitel" vorangestellt wird. Dann setzen Sie beispielsweise folgende Definition in die Präambel Ihres Dokuments:

```
    \renewcommand*{\chaptermarkformat}{%
      \chapapp~\thechapter\autodot\enskip}
```

Wie Sie sehen, finden hier die Anweisungen \chapappifchapterprefix und \chapapp Verwendung, die weiter oben erklärt wurden.

---

secnumdepth

Normalerweise werden bei den Klassen scrbook und scrreprt die Gliederungsebenen \part bis \subsection und bei der Klasse scrartcl die Ebenen \part bis \subsubsection nummeriert. Gesteuert wird dies über den LaTeX-Zähler secnumdepth. Dabei steht der Wert -1 für \part, 0 für \chapter und so weiter. Da bei scrartcl die Ebene \chapter nicht existiert, beginnt bei dieser Klasse die Zählung mit \part bei 0. Durch Setzen oder Erhöhen oder Verringern des Zählers kann bestimmt werden, bis zu welcher Gliederungsebene eine Nummerierung erfolgen soll. Dies ist übrigens bei den Standardklassen ganz genauso. Vergleichen Sie hierzu auch die Erklärung zum Zähler tocdepth in Abschnitt 3.4, Seite 88.

\setpartpreamble[*Position*][*Breite*]{*Präambel*}
\setchapterpreamble[*Position*][*Breite*]{*Präambel*}

Teile und Kapitel können bei KOMA-Script mit einer *Präambel* versehen

scrbook,
scrreprt

werden. Dies ist insbesondere im zweispaltigen Layout mit der Klassenoption `twocolumn` nützlich, da die *Präambel* zusammen mit der Überschrift einspaltig gesetzt wird. Die *Präambel* kann auch mehrere Absätze beinhalten. Die Anweisung zum Setzen der *Präambel* muss vor der jeweiligen `\part`- oder `\addpart`- bzw. `\chapter`- oder `\addchap`-Anweisung stehen.

Beispiel: Sie schreiben einen Bericht über den Zustand einer Firma. Dabei organisieren Sie den Bericht so, dass jeder Abteilung ein eigener Teilbericht spendiert wird. Jedem dieser Teile soll außerdem eine Zusammenfassung vorangestellt werden. Diese Zusammenfassung soll auf der Titelseite jedes Teils stehen. Das ist wie folgt möglich:

```
\setpartpreamble{%
  \begin{abstract}
    Dies ist ein Blindtext. Er dient lediglich zur
    Demonstration der Möglichkeiten von \KOMAScript.
  \end{abstract}
}
\part{Abteilung Grünschnitt}
```

Je nach Einstellung der Optionen für die Überschriftengröße (siehe Abschnitt 3.1.3, Seite 59) und der Optionen für die Form der abstract-Umgebung (siehe Abschnitt 3.1.6, Seite 63), sieht das Ergebnis ungefähr wie folgt aus:

Bitte beachten Sie, dass Sie für die Abstände der Prämbel zur Teilüberschrift bzw. zum Kapiteltext selbst verantwortlich sind. Bitte beachten Sie auch, dass die abstract-Umgebung bei der Klasse scrbook nicht existiert (siehe Abschnitt 3.3, Seite 87).

Das erste optionale Argument *Position* bestimmt über ein bis zwei Buchstaben die Position, an der die Präambel ausgegeben wird. Für die vertikale Position existieren derzeit zwei Möglichkeiten:

o – über der Überschrift

u – unter der Überschrift

Es kann jeweils eine Präambel unter und eine Präambel über der Überschrift gesetzt werden. Für die horizontale Position existieren derzeit drei Möglichkeiten:

l – linksbündig

r – rechtsbündig

c – zentriert

Dabei wird allerdings nicht der Text der *Präambel* entsprechend angeordnet, sondern eine Box, deren Breite durch das zweite optionale Argument *Breite* bestimmt wird. Wird auf das zweite optionale Argument verzichtet, so wird stattdessen die gesamte Textbreite verwendet. Damit bleibt die Option zur horizontalen Positionierung in diesem Fall wirkungslos. Es kann jeweils ein Buchstabe für die vertikale mit einem Buchstaben für die horizontale Anordnung kombiniert werden.

```
\dictum[Urheber]{Spruch}
\dictumwidth
\dictumauthorformat{Urheber}
\raggeddictum
\raggeddictumtext
\raggeddictumauthor
```

Eine Anwendung für \setpartpreamble oder \setchapterpreamble neben einleitenden Sätzen ist ein kluger *Spruch*. Ein solcher Spruch kann mit der Anweisung \dictum gesetzt werden. Dabei ist vorgesehen, dass \dictum als obligatorisches Argument einer der Anweisungen \setchapterpreamble oder \setpartpreamble verwendet wird. Dies ist jedoch nicht zwingend.

scrbook,
screprt

Tabelle 3.9.: Schriftvoreinstellungen für die Elemente des Spruchs

Element	Voreinstellung
`dictumtext`	`\normalfont\normalcolor\sffamily\small`
`dictumauthor`	`\itshape`

Der Spruch wird zusammen mit einem optional anzugebenden *Urheber* in einer `\parbox` (siehe [Tea01a]) der Breite `\dictumwidth` gesetzt. Dabei ist `\dictumwidth` keine Länge, die mit `\setlength` gesetzt wird. Es handelt sich um ein Makro, das mit `\renewcommand` umdefiniert werden kann. Vordefiniert ist `0.3333\textwidth`, also ein Drittel der jeweiligen Textbreite. Die Box selbst wird mit der Anweisung `\raggeddictum` ausgerichtet. Voreingestellt ist dabei `\raggedleft`, also rechtsbündig. `\raggeddictum` kann mit Hilfe von `\renewcommand` umdefiniert werden.

Innerhalb der Box wird der *Spruch* mit `\raggeddictumtext` angeordnet. Voreingestellt ist hier `\raggedright`, also linksbündig. Eine Umdefinierung ist auch hier mit `\renewcommand` möglich. Die Ausgabe erfolgt in der für Element `dictumtext` eingestellten Schriftart, die mit den Anweisungen aus Abschnitt 3.2.1 geändert werden kann. Die Voreinstellung entnehmen Sie bitte Tabelle 3.9.

Ist ein *Urheber* angegeben, so wird dieser mit einer Linie über die gesamte Breite der `\parbox` vom *Spruch* abgetrennt. Mit `\raggeddictumauthor` wird die Ausrichtung vorgenommen. Voreingestellt ist `\raggedleft`. Auch diese Anweisung kann mit `\renewcommand` umdefiniert werden. Die Ausgabe erfolgt in der Form, die mit `\dictumauthorformat` festgelegt ist. Das Makro erwartet schlicht den `\Urheber` als Argument. In der Voreinstellung ist `\dictumauthorformat` als

```
\newcommand*{\dictumauthorformat}[1]{(#1)}
```

definiert. Der *Urheber* wird also in runde Klammern gesetzt. Für das Element *dictumauthor* kann dabei eine Abweichung der Schrift von der des Elementes *dictumtext* definiert werden. Die Voreinstellung entnehmen Sie bitte Tabelle 3.9. Eine Änderung ist mit Hilfe der Anweisungen aus Abschnitt 3.2.1 möglich. Wird `\dictum` innerhalb der Anweisung `\setchapterpreamble` oder \setpartpreamble verwendet, so ist Folgendes zu beachten: Die horizontale Anordnung erfolgt immer mit \raggeddictum. Das optionale Argument zur horizontalen Anordnung, das die beiden Anweisungen vorsehen, bleibt daher ohne Wirkung. \textwidth ist nicht die Breite des gesamten Textkörpers, sondern die aktuelle Textbreite. Ist also \dictumwidth auf .5\textwidth gesetzt und bei \setchapterpreamble wird als optionales Argument für die Breite ebenfalls .5\textwidth angegeben, so erfolgt die Ausgabe in einer Box, deren Breite ein Viertel der Breite des Textkörpers ist. Es wird empfohlen, bei Verwendung von \dictum auf die optionale Angabe einer Breite bei \setchapterpreamble oder \setpartpreamble zu verzichten.

Sollen mehrere schlaue Sprüche untereinander gesetzt werden, so sollten diese durch einen zusätzlichen Abstand vertikal voneinander abgesetzt werden. Ein solcher kann leicht mit der Anweisung \bigskip gesetzt werden.

Beispiel: Sie schreiben ein Kapitel über die moderne Ehe. Dabei wollen sie in der Präambel zur Kapitelüberschrift einen schlauen Spruch setzen. Dieser soll unter der Überschrift erscheinen. Also schreiben Sie:

```
\setchapterpreamble[u]{%
  \dictum[Schiller]{Drum prüfe,
    wer sich ewig bindet \dots}}
\chapter{Die moderne Ehe}
```

Die Ausgabe erfolgt dann in der Form:

> **17 Die moderne Ehe**
>
> Drum prüfe, wer sich
> ewig bindet …
>
> *(Schiller)*

Wenn Sie wollen, dass nicht ein Drittel, sondern nur ein Viertel der verfügbaren Textbreite für den Spruch verwendet wird, so definieren Sie \dictumwidth wie folgt um:

```
\renewcommand*{\dictumwidth}{.25\textwidth}
```

An dieser Stelle sei noch auf das Paket [Sch03] hingewiesen, mit dem man Flattersatz mit Trennung erreichen kann.

3.6.3. Fußnoten

Eine nicht auf den Text beschränkte Eigenschaft eines Dokuments ist das Aussehen der Fußnoten. Da Fußnoten aber hauptsächlich im Text auftreten, werden sie in diesem Abschnitt aufgeführt.

```
\footnote[Nummer]{Text}
\footnotemark[Nummer]
\footnotetext[Nummer]{Text}
```

Fußnoten werden bei KOMA-Script genau wie bei den Standardklassen mit der Anweisung \footnote oder den paarweise zu verwendenden Anweisungen \footnotemark und \footnotetext erzeugt. Genau wie bei den Standardklassen ist es möglich, dass innerhalb einer Fußnote ein Seitenumbruch erfolgt. Dies geschieht in der Regel dann, wenn die zugehörige Fußnotenmarkierung so weit unten auf der Seite gesetzt wird, dass keine andere Wahl bleibt, als die Fußnote auf die nächste Seite zu umbrechen.

```
\deffootnote[Markenbreite]{Einzug}{Absatzeinzug}{Markendefinition}
\deffootnotemark{Markendefinition}
\thefootnotemark
\textsuperscript{Text}
```

KOMA-Script setzt die Fußnoten etwas anders als die Standardklassen. Die Fußnotenmarkierung im Text, also die Referenzierung der Fußnote, erfolgt wie bei den Standardklassen durch kleine hochgestellte Zahlen. Genauso werden die Markierungen auch in der Fußnote selbst wiedergegeben. Sie werden dabei rechtsbündig in einem Feld der Breite *Markenbreite* gesetzt. Die erste Zeile der Fußnote schließt direkt an das Feld der Markierung an.

Alle weiteren Zeilen werden um den Betrag von *Einzug* eingezogen ausgegeben. Wird der optionale Parameter *Markenbreite* nicht angegeben, dann entspricht er dem Wert von *Einzug*. Sollte die Fußnote aus mehreren Absätzen bestehen, dann wird die erste Zeile eines Absatzes zusätzlich mit dem Einzug der Größe *Absatzeinzug* versehen.

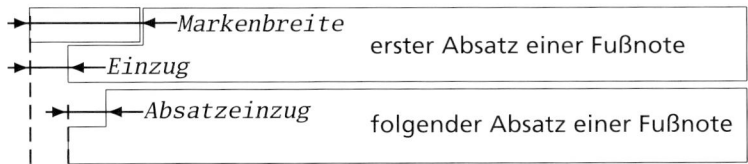

Abbildung 3.1.: Parameter für die Darstellung der Fußnoten

Abbildung 3.1 veranschaulicht die verschiedenen Parameter nochmals. Die Voreinstellung in KOMA-Script entspricht folgender Definition:

```
\deffootnote[1em]{1.5em}{1em}
  {\textsuperscript{\thefootnotemark}}
```

Dabei wird mit Hilfe von \textsuperscript sowohl die Hochstellung als auch die Wahl einer kleineren Schrift erreicht. \thefootnotemark ist die aktuelle Fußnotenmarke ohne jegliche Formatierung.

Auf die Fußnote einschließlich der Markierung findet außerdem die für das Element footnote eingestellte Schriftart Anwendung. Die Schriftart der Markierung kann jedoch mit Hilfe der Anweisungen aus Abschnitt 3.2.1 für das Element footnotelabel davon abweichend eingestellt werden. Siehe hierzu auch Tabelle 3.3, Seite 69. Voreingestellt ist jeweils keine Umschaltung der Schrift.

Die Fußnotenmarkierung im Text wird getrennt von der Markierung vor der Fußnote definiert. Dies geschieht mit der Anweisung \deffootnotemark. Voreingestellt ist hier:

```
\deffootnotemark{%
  \textsuperscript{\thefootnotemark}}
```

Dabei findet die Schriftart für das Element footnotereference Anwendung (siehe Tabelle 3.3, Seite 69). Die Markierungen im Text und in der Fußnote selbst sind also identisch. Die Schriftart kann mit Hilfe der Anweisungen aus Abschnitt 3.2.1 jedoch geändert werden.

Beispiel: Relativ häufig wird gewünscht, dass die Markierung in der Fußnote selbst weder hochgestellt noch kleiner gesetzt wird. Dabei soll sie aber nicht direkt am Text kleben, sondern geringfügig davor stehen. Dies kann zum einen wie folgt erreicht werden:

```
\deffootnote{1em}{1em}{\thefootnotemark\ }
```

Die Fußnotenmarkierung einschließlich dem folgenden Leerzeichen wird also rechtsbündig in eine Box der Breite 1 em gesetzt. Die folgenden Zeilen der Fußnote werden gegenüber dem linken Rand ebenfalls um 1 em eingezogen.

Eine weitere, oft gefragte Formatierung sind linksbündige Fußnoten. Diese können mit folgender Definition erhalten werden:

```
\deffootnote{1.5em}{1em}{%
    \makebox[1.5em][l]{\thefootnotemark}}
```

Sollen jedoch die Fußnoten insgesamt lediglich in einer anderen Schriftart, beispielsweise serifenlos gesetzt werden, so ist dies ganz einfach mit Hilfe der Anweisungen aus Abschnitt 3.1.3 zu lösen:

```
\setkomafont{footnote}{\sffamily}
```

Wie die Beispiele zeigen, ermöglicht KOMA-Script mit dieser einfachen Benutzerschnittstelle eine große Vielfalt unterschiedlicher Fußnotenformatierungen.

3.6.4. Listen

LaTeX und die Standardklassen bieten verschiedene Umgebungen für Listen. All diese Umgebungen bietet KOMA-Script selbstverständlich auch, teilweise jedoch mit leichten Abwandlungen oder Erweiterungen. Grundsätzlich gilt, dass Listen – auch unterschiedlicher Art – bis zu einer Tiefe von vier Listen geschachtelt werden können. Eine tiefere Schachtelung wäre auch aus typografischen Gründen kaum sinnvoll, da genau genommen schon mehr als drei Ebenen nicht mehr überblickt werden können. Ich empfehle in solchen Fällen, die eine große Liste in mehrere kleinere Listen aufzuteilen.

```
itemize
\item
\labelitemi
\labelitemii
\labelitemiii
\labelitemiv
```

Die einfachste Form einer Liste ist die Stichpunkt- oder `itemize`-Liste. Die Benutzer einer unbeliebten Textverarbeitung nennen diese Form der Liste auch gerne *Bulletpoints*. Vermutlich können sie sich nicht vorstellen, dass je nach Ebene auch ein anderes Zeichen als ein fetter Punkt zur Einleitung eines Stichpunkts verwendet werden kann. Bei KOMA-Script werden je nach Ebene folgende Zeichen verwendet: „•“, „–“, „∗“ und „·“. Die Definition der Zeichen für die einzelnen Ebenen sind in den Makros \labelitemi, \labelitemii, \labelitemiii und \labelitemiv abgelegt. Sie können mit \renewcommand umdefiniert werden. Die einzelnen Stichpunkte werden mit \item eingeleitet.

Beispiel: Sie haben eine einfache Aufzählung, die in mehreren Ebenen geschachtelt ist. Sie schreiben beispielsweise:

```
\minisec{Die Fahrzeuge im Spiel}
\begin{itemize}
  \item Flugzeuge
  \begin{itemize}
    \item Doppeldecker
    \item Jets
    \item Transportmaschinen
    \begin{itemize}
      \item einmotorig
      \begin{itemize}
        \item{düsengetrieben}
        \item{propellergetrieben}
      \end{itemize}
      \item mehrmotorig
    \end{itemize}
  \end{itemize}
  \item Drehflügler
```

```
    \end{itemize}
    \item Motorräder
    \begin{itemize}
      \item historisch korrekt
      \item futurisch nicht real
    \end{itemize}
    \item Automobile
    \begin{itemize}
      \item Rennwagen
      \item Personenwagen
      \item Lastwagen
    \end{itemize}
    \item Fahrräder
  \end{itemize}
```

Anschließend erhalten Sie:

Die Fahrzeuge im Spiel
- Flugzeuge
  - Doppeldecker
  - Jets
  - Transportmaschinen
    * einmotorig
      · düsengetrieben
      · propellergetrieben
    * mehrmotorig
  - Drehflügler
- Motorräder
  - historisch korrekt
  - futurisch nicht real
- Automobile
  - Rennwagen
  - Personenwagen
  - Lastwagen
- Fahrräder

```
enumerate
\item
\theenumi
\theenumii
\theenumiii
\theenumiv
\labelenumi
\labelenumii
\labelenumiii
\labelenumiv
```

Die nummerierte Liste ist ebenfalls sehr häufig zu finden und bereits vom LATEX-Kern vorgesehen. Die Nummerierung erfolgt je nach Ebene in unterschiedlicher Art: mit arabischen Zahlen, mit Kleinbuchstaben, mit kleinen römischen Zahlen und mit Großbuchstaben. Die Art der Nummerierung wird dabei über die Makros \theenumi bis \theenumiv festgelegt. Das Format der Ausgabe wird von den Makros \labelenumi bis \labelenumiv bestimmt. Dabei folgt auf den Wert der zweiten Ebene, der in Kleinbuchstaben ausgegeben wird, eine runde Klammer, während die Werte aller anderen Ebenen von einem Punkt gefolgt werden. Die einzelnen Stichpunkte werden wieder mit \item eingeleitet.

Beispiel: Verkürzen wir das vorherige Beispiel und verwenden statt der itemize- eine enumerate-Umgebung:

> **Die Fahrzeuge im Spiel**
> 1. Flugzeuge
>   a) Doppeldecker
>   b) Transportmaschinen
>   i. einmotorig
>   A. düsengetrieben
>   B. propellergetrieben
>   ii. mehrmotorig
> 2. Motorräder
>   a) historisch korrekt
>   b) futurisch nicht real

Innerhalb der Aufzählung können ganz normal mit \label Marken gesetzt werden, auf die dann mit \ref zugegriffen werden kann. So wurde oben hinter den düsengetriebenen, einmotorigen Flugzeugen mit „\label{bsp:duesen}" ein Label gesetzt. Der \ref-Wert ist dann „1(b)iA".

```
description
\item[Stichwort]
```

Eine weitere Listenform ist die Stichwortliste. Sie dient in erster Linie der Beschreibung einzelner Begriffe. Diese werden als optionale Parameter bei \item angegeben. Die Schriftart, die für die Hervorhebung des Stichworts verwendet wird, kann mit Hilfe der in Abschnitt 3.2.1 beschriebenen Anweisungen für das Element descriptionlabel (siehe Tabelle 3.3, Seite 69) geändert werden. In der Voreinstellung wird \sffamily\bfseries verwendet.

Beispiel: Sie wollen, dass die Stichworte statt serifenlos und fett lediglich fett aber in der Standardschriftart ausgegeben werden. Mit

```
\setkomafont{descriptionlabel}{\normalfont\bfseries}
```

definieren Sie daher die Schrift entsprechend um.

Ein Beispiel für die Ausgabe einer Stichwortliste ist die Aufzählung der Seitenstile in Abschnitt 3.2.2. Der Quelltext dazu lautet (stark gekürzt):

```
\begin{description}
  \item[empty] ist der Seitenstil, bei dem Kopf- und
      Fußzeile vollständig leer bleiben.
  \item[plain] ist der Seitenstil, bei dem keinerlei
      Kolumnentitel verwendet wird.
  \item[headings] ist der Seitenstil für
      automatische Kolumnentitel.
  \item[myheadings] ist der Seitenstil für manuelle
      Kolumnentitel.
\end{description}
```

Diese gekürzte Version ergibt:

> **empty** ist der Seitenstil, bei dem Kopf- und Fußzeile vollständig leer bleiben.
>
> **plain** ist der Seitenstil, bei dem keinerlei Kolumnentitel verwendet wird.
>
> **headings** ist der Seitenstil für automatische Kolumnentitel.
>
> **myheadings** ist der Seitenstil für manuelle Kolumnentitel.

```
labeling[Trennzeichen]{längstes Muster}
\item[Schlüsselwort]
```

Eine andere Form der Stichwortliste ist nur bei den KOMA-Script-Klassen vorhanden: die labeling-Umgebung. Im Unterschied zur zurvor vorgestellten Umgebung description kann bei labeling ein Muster angegeben werden, dessen Länge die Einrücktiefe bei allen Stichpunkten ergibt. Darüber hinaus kann zwischen Stichpunkt und Beschreibungstext ein optionales *Trennzeichen* festgelegt werden.

Beispiel: Wir schreiben das Beispiel der description-Umgebung etwas um:

```
\begin{labeling}[~--]{%
    \usekomafont{descriptionlabel}myheadings}
  \item[\usekomafont{descriptionlabel}empty]
    Seitenstil für leere Seiten ohne Kopf und Fuß
  \item[\usekomafont{descriptionlabel}plain]
    Seitenstil für Kapitelanfänge ganz ohne
    Kolumnentitel
  \item[\usekomafont{descriptionlabel}headings]
    Seitenstil für automatische Kolumnentitel
  \item[\usekomafont{descriptionlabel}myheadings]
    Seitenstil für manuelle Kolumnentitel
\end{labeling}
```

Als Ergebnis erhalten wir dann:

empty	– Seitenstil für leere Seiten ohne Kopf und Fuß
plain	– Seitenstil für Kapitelanfänge ganz ohne Kolumnentitel
headings	– Seitenstil für automatische Kolumnentitel
myheadings	– Seitenstil für manuelle Kolumnentitel

Wie in diesem Beispiel zu sehen ist, muss eine eventuell geforderte Schriftumschaltung bei dieser Umgebung sowohl im Muster als auch im optionalen Parameter jeder \item-Anweisung wiederholt werden.

Gedacht war die Umgebung ursprünglich für Strukturen wie „Voraussetzung, Aussage, Beweis" oder „Gegeben, Gesucht, Lösung" wie man sie in Vorlesungsskripten häufiger findet. Inzwischen findet die Umgebung aber ganz unterschiedliche Anwendungen. So wurde die Umgebung für Beispiele in dieser Anleitung mit Hilfe der labeling-Umgebung definiert.

verse

Die verse-Umgebung wird normalerweise nicht als Listenumgebung wahrgenommen, da hier nicht mit \item gearbeitet wird. Stattdessen wird wie innerhalb der flushleft-Umgebung mit festen Zeilenumbrüchen gearbeitet. Intern handelt es sich jedoch sowohl bei den Standardklassen als auch bei KOMA-Script durchaus um eine Listenumgebung.

Die verse-Umgebung findet hauptsächlich für Gedichte Anwendung. Dabei werden die Zeilen links und rechts eingezogen. Einzelne Verse werden mit einem festen Zeilenumbruch, also mit \\ beendet. Strophen werden ganz normal als Absatz gesetzt, also durch eine Leerzeile getrennt. Häufig findet stattdessen auch \medskip oder \bigskip Verwendung. Will man verhindern, dass am Ende eines Verses ein Seitenumbruch erfolgt, so verwendet man ganz normal * an Stelle von \\.

Beispiel: Als Beispiel ein kurzes Gedicht von Wilhelm Busch:

```
\begin{verse}
  Wenn einer, der mit Mühe kaum\\*
```

```
  Gekrochen ist auf einen Baum,\\*
  Schon meint, dass er ein Vogel wär,\\*
  So irrt sich der.
\end{verse}
```

Mit dem Resultat:

> Wenn einer, der mit Mühe kaum
> Gekrochen ist auf einen Baum,
> Schon meint, dass er ein Vogel wär,
> So irrt sich der.

Bei einem sehr langen Vers wie:

```
\begin{verse}
  Der Philosoph wie der Hausbesitzer hat
  immer Reparaturen.\\*
  \bigskip
  Wer dir sagt, er hätte noch nie gelogen,
  dem traue nicht, mein Sohn.
\end{verse}
```

bei dem ein Zeilenumbruch innerhalb des Verses erfolgt:

> Der Philosoph wie der Hausbesitzer hat immer
> Reparaturen.
>
> Wer dir sagt, er hätte noch nie gelogen, dem
> traue nicht, mein Sohn.

kann mit * allerdings nicht verhindert werden, dass am Zeilenumbruch auch ein Seitenumbruch erfolgt. Um dies zu erreichen,
müsste innerhalb der ersten Zeile zusätzlich ein \nopagebreak
eingefügt werden:

```
\begin{verse}
  Der Philosoph wie der Hausbesitzer\nopagebreak
  hat immer Reparaturen.\\
  \bigskip
```

```
      Wer dir sagt, er hätte noch nie\nopagebreak
      gelogen, dem traue nicht, mein Sohn.
  \end{verse}
```

Hier noch zwei Sprüche, die man immer bedenken sollte, wenn man mit scheinbar seltsamen Fragen zu LATEX oder den dazugehörigen Antworten konfrontiert ist:

> Wir mögen's keinem gerne gönnen,
> Dass er was kann, was wir nicht können.
>
> Wie klein ist das, was einer ist,
> Wenn man's mit seinem Dünkel misst.

In diesen Beispielen wurde übrigens jeweils \bigskip verwendet, um zwei Sprüche voneinander zu trennen.

quote
quotation

Diese beiden Umgebungen sind intern ebenfalls Listenumgebungen und sowohl bei den Standardklassen als auch bei KOMA-Script zu finden. Beide Umgebungen setzen Blocksatz, der sowohl rechts als auch links eingezogen ist. Verwendet werden die Umgebungen häufig, um längere Zitate abzusetzen. Der Unterschied zwischen beiden liegt in der Art und Weise, wie Absätze abgesetzt werden. Während bei quote Absätze durch vertikalen Abstand gekennzeichnet werden, wird bei quotation mit horizontalem Einzug der ersten Zeile eines Absatzes gearbeitet. Dies gilt auch für den ersten Absatz einer quotation-Umgebung. Wollen Sie dort den Einzug verhindern, müssen Sie die \noindent-Anweisung voranstellen.

Beispiel: Sie wollen eine kleine Anekdote hervorheben. Also schreiben Sie folgende quotation-Umgebung:

```
  Ein kleines Beispiel für eine Anekdote, die sich
  einst in Schwaben zugetragen haben soll:
  \begin{quotation}
    Es klingelt an der Tür eines Pfarrhauses in
    Stuttgart. Als die Haushälterin öffnet, steht ein
```

unrasierter Mann in einem reichlich schäbigen
Mantel vor der Tür und hält seine Strickmütze in
der Hand.

"'Gute Frau,"' verkündet der Mann in gequältem Ton
doch bestem Hochdeutsch, während er verlegen von
einem Bein auf das andere wechselt, "'ich habe
seit drei Tagen nichts mehr gegessen."'

Die Frau schüttelt mitleidig den Kopf und
entgegnet im Brustton vollster Überzeugung:

"'Guda Moh, Sie missat sich halt zwinga!"'
\end{quotation}

Das Ergebnis ist dann:

Ein kleines Beispiel für eine Anekdote, die sich einst in
Schwaben zugetragen haben soll:

    Es klingelt an der Tür eines Pfarrhauses in
Stuttgart. Als die Haushälterin öffnet, steht ein
unrasierter Mann in einem reichlich schäbigen
Mantel vor der Tür und hält seine Strickmütze
in der Hand.

    „Gute Frau," verkündet der Mann in gequäl-
tem Ton doch bestem Hochdeutsch, während er
verlegen von einem Bein auf das andere wechselt, „ich habe seit drei Tagen nichts mehr gegessen."

    Die Frau schüttelt mitleidig den Kopf und ent-
gegnet im Brustton vollster Überzeugung:

    „Guda Moh, Sie missat sich halt zwinga!"

Wenn Sie stattdessen eine quote-Umgebung verwenden, sieht das
Ganze so aus:

Ein kleines Beispiel für eine Anekdote, die sich einst in Schwaben zugetragen haben soll:

Es klingelt an der Tür eines Pfarrhauses in Stuttgart. Als die Haushälterin öffnet, steht ein unrasierter Mann in einem reichlich schäbigen Mantel vor der Tür und hält seine Strickmütze in der Hand.

„Gute Frau," verkündet der Mann in gequältem Ton doch bestem Hochdeutsch, während er verlegen von einem Bein auf das andere wechselt, „ich habe seit drei Tagen nichts mehr gegessen."

Die Frau schüttelt mitleidig den Kopf und entgegnet im Brustton vollster Überzeugung:

„Guda Moh, Sie missat sich halt zwinga!"

```
addmargin[linker Einzug]{Einzug}
addmargin*[innerer Einzug]{Einzug}
```

Wie die `quote` und `quotation` handelt es sich bei `addmargin` um eine Umgebung, die den Rand verändert. Im Unterschied zu den beiden erstgenannten Umgebungen kann der Anwender jedoch bei `addmargin` wählen, um welchen Wert der Rand verändert werden kann. Des Weiteren verändert die Umgebung den Absatzeinzug und den Absatzabstand nicht.

Ist nur das obligatorische Argument *Einzug* angegeben, so wird der Inhalt der Umgebung rechts und links um diesen Wert eingezogen. Ist das optionale Argument `linker Einzug` hingegen angegeben, so wird links abweichend von *Einzug* der Wert `linker Einzug` zum Rand addiert.

Die Sternvariante `addmargin*` unterscheidet sich nur im doppelseitigen Satz von der Variante ohne Stern. Wobei der Unterschied auch dann nur auftritt, wenn das optionale Argument `innerer Einzug` verwendet wird. Dabei wird dann der Wert von `innerer Einzug` zum inneren Randanteil der Seite addiert. Dies ist bei rechten Seiten der linke Rand der Seite, bei linken Seiten jedoch der rechte Rand der Seite. *Einzug* gilt dann für den jeweils anderen Rand.

Bei beiden Varianten der Umgebung sind für alle Parameter auch negative Werte erlaubt. Damit kann man erreichen, dass die Umgebung in den Rand hineinragt.

Beispiel: Angenommen, Sie schreiben eine Anleitung, mit kurzen Quellcode-Beispiele. Um diese sehr stark hervorzuheben, sollen sie mit horizontalen Linien vom Text abgesetzt und leicht in den äußeren Rand verschoben werden. Sie definieren sich dafür zunächst eine Umgebung:

```
\newenvironment{QuellcodeRahmen}{%
  \begin{addmargin*}[1em]{-1em}%
    \begin{minipage}{\linewidth}%
      \rule{\linewidth}{2pt}%
}{%
    \rule[.25\baselineskip]{\linewidth}{2pt}%
    \end{minipage}%
  \end{addmargin*}%
}
```

Wird obiger Quellcode in einer solchen Umgebung gesetzt, so ergibt sich:

> Sie definieren sich oder überhaupt zunächst die folgende Umgebung:
>
> ```
> \newenvironment{\QuellcodeRahmen}{%
>   \begin{addmargin*}[1em]{-1em}%
>     \begin{minipage}{\linewidth}%
>       \rule{\linewidth}{2pt}%
> }{%
>     \rule[.25\baselineskip]{\linewidth}{2pt}%
>     \end{minipage}%
>   \end{addmargin*}%
> }
> ```
>
> Das mag praktisch sein oder unpraktisch, zumindest jedoch zeigt es, wie die Umgebung verwendet werden kann.

Das optionale Argument der `addmargin*`-Umgebung sorgt dafür, dass der innere Rand um den Wert 1 em vergrößert wird. Dafür wird der äußere Rand um den negativen Wert vergrößert, also in Wirklichkeit um 1 em verkleinert. Dies resultiert in einer Verschie-

> bung um 1 em nach außen. Selbstverständlich kann statt 1em auch
> eine Länge, beispielsweise 2\parindent, verwendet werden.

Ein Problem mit der addmargin*-Umgebung soll nicht verschwiegen werden. Tritt ein Seitenumbruch mitten in einer addmargin*-Umgebung auf, so findet der Einzug auf der zweiten Seite vertauscht statt. Das heißt, dass der *innere Einzug* plötzlich außen vorgenommen wird. Es empfiehlt sich daher, in dieser Umgebung den Seitenumbruch ganz zu verhindern. Das kann man erreichen, indem man zusätzlich eine \parbox oder wie in obigem Beispiel eine minipage verwendet. Dabei wird von dem Umstand Gebrauch gemacht, dass weder das Argument einer \parbox noch der Inhalt einer minipage umbrochen wird. Leider handeln Sie sich damit einen anderen Nachteil ein: Seiten können unter Umständen nicht mehr korrekt gefüllt werden. Dies führt dann auch zu entsprechenden Warnungen.

Ob eine Seite eine linke oder eine rechte Seite ist, kann übrigens zuverlässig nicht beim ersten LATEX-Durchlauf festgestellt werden. Siehe dazu die Erklärung zur Anweisung \ifthispageodd und \ifthispagewasodd in Abschnitt 3.2.2, Seite 78.

Eine abschließende Bemerkung zu den Listenumgebungen: Im Internet und im Support wird häufig gefragt, warum nach einer Listenumgebung ein Einzug wie bei einem Absatz erfolge. Tatsächlich ist dies gar nicht der Fall, sondern der Effekt resultiert daraus, dass der Anwender einen Absatz verlangt. Bei LATEX werden Leerzeilen als Absatz interpretiert. Dies gilt auch vor und nach Listenumgebungen. Soll eine Listenumgebung also innerhalb eines Absatzes gesetzt werden, ist weder davor noch danach eine Leerzeile zu setzen. Um die Umgebung trotzdem in der LATEX-Datei besser vom Rest abzusetzen, kann man davor und dahinter eine leere Kommentarzeile setzen, also eine Zeile, die direkt mit einem Prozentzeichen beginnt und nichts weiter enthält.

3.6.5. Randnotizen

```
\marginpar[Randnotiz links]{Randnotiz}
\marginline{Randnotiz}
```

Für Randnotizen ist bei LATEX normalweise die Anweisung \marginpar vorgesehen. Die Randnotizen werden dabei im äußeren Rand gesetzt. Bei einseitigen Dokumenten wird der rechte Rand verwendet. Zwar kann bei \marginpar optional eine abweichende Randnotiz angegeben werden, falls die Randnotiz im linken Rand landet, jedoch werden Randnotizen immer im Blocksatz ausgegeben. Die Erfahrung zeigt, dass bei Randnotizen statt dem Blocksatz oft je nach Rand linksbündiger oder rechtsbündiger Flattersatz zu bevorzugen ist. KOMA-Script bietet hierfür die Anweisung \marginline.

Beispiel: In der Einleitung ist an einer Stelle die Klassenangabe scrartcl im Rand zu finden. Diese kann mit:

```
\marginline{\texttt{scrartcl}}
```

erreicht werden.[2]

Statt \marginline wäre auch die Verwendung von \marginpar möglich gewesen. Tatsächlich wird bei obiger Anweisung intern nichts anders gemacht als:

```
\marginpar[\raggedleft\texttt{scrartcl}]
    {\raggedright\texttt{scrartcl}}
```

Letztlich ist \marginline also nur eine abkürzende Schreibweise.

Leider funktioniert \marginpar im doppelseitigen Layout nicht immer ganz korrekt. Die Entscheidung, ob eine Randnotiz links oder rechts landet, wird bereits bei der Auswertung von \marginpar getroffen. Verschiebt nun die Ausgaberoutine eine Randnotiz über einen Seitenumbruch auf die nächste Seite, so ist die Formatierung nicht mehr korrekt. Dieses Verhalten ist tief in LATEX verankert und wurde vom LATEX3-Team deshalb als Feature deklariert. \marginline ändert nichts an diesem unerwünschten Verhalten. Mit dem Paket mparhack (siehe [SU03]) existiert aber eine Standardlösung für dieses Problem, von der dann natürlich auch \marginline profitiert.

Es sei darauf hingewiesen, dass \marginpar und \marginline innerhalb von Gleitumgebungen wie Tabellen und Abbildungen nicht verwendet werden können. Auch in abgesetzten Formeln funktionieren diese Anweisungen nicht.

---

[2]Tatsächlich wurde nicht \texttt, sondern eine semantische Auszeichnung verwendet. Um nicht unnötig zu verwirren, wurde diese im Beispiel ersetzt.

3.6.6. Tabellen und Abbildungen

L^ATEX bietet mit den Fließumgebungen einen sehr leistungsfähigen und komfortablen Mechanismus für die automatische Anordnung von Abbildungen und Tabellen. Genau genommen sollte von „Tafeln" statt von „Tabellen" die Rede sein. Dies wäre auch zur Unterscheidung der Umgebungen table und tabular von Vorteil. Es hat sich im Deutschen aber für beides die Bezeichnung „Tabelle" eingebürgert. Das kommt vermutlich daher, dass man in table-Umgebungen üblicherweise tabular-Umgebungen setzt.

Häufig werden die Fließumgebungen von Anfängern nicht richtig verstanden. So wird oft die Forderung aufgestellt, eine Tabelle oder Abbildung genau an einer bestimmten Position im Text zu setzen. Dies ist jedoch nicht erforderlich, da auf Fließumgebungen im Text über eine Referenz verwiesen wird. Es ist auch nicht sinnvoll, da ein solches Objekt an einer Stelle nur dann gesetzt werden kann, wenn auf der Seite noch genügend Platz für das Objekt vorhanden ist. Ist dies nicht der Fall, müsste das Objekt auf die nächste Seite umbrochen werden und auf der aktuellen Seite würde ein möglicherweise sehr großer leerer Raum bleiben.

Häufig findet sich in einem Dokument auch bei jedem Fließobjekt das gleiche optionale Argument zur Platzierung des Objekts. Auch dies ist nicht sinnvoll. In solchen Fällen sollte man besser den Standardwert global ändern. Näheres dazu ist [RNH02] zu entnehmen.

Ein wichtiger Hinweis sei diesem Abschnitt noch vorangestellt: Die meisten Mechanismen, die hier vorgestellt werden und über die Fähigkeiten der Standardklassen hinaus gehen, funktionieren nicht mehr, wenn Sie ein Paket verwenden, das in die Generierung von Tabellen- und Abbildungstiteln eingreift und deren Aussehen verändert. Dies sollte selbstverständlich sein, wird aber leider häufig nicht bedacht.

```
\caption[Verzeichniseintrag]{Titel}
\captionbelow[Verzeichniseintrag]{Titel}
\captionabove[Verzeichniseintrag]{Titel}
```

Tabellen und Abbildungen werden bei den Standardklassen mit Hilfe der Anweisung \caption mit einem *Titel* in Form einer Unterschrift versehen. Bei Abbildungen ist dies grundsätzlich korrekt. Bei Tabellen wird gestritten, ob der *Titel* als Überschrift über oder konsistent mit der Bildunterschrift unter die Tabelle gehört. Daher bietet KOMA-Script im Gegensatz zu den Standardklassen die Anweisungen \captionbelow für *Titel* in Form von Unterschriften und \captionabove für *Titel* in Form von Überschriften. \caption verhält sich bei Abbildungen immer wie \captionbelow. Bei Tabellen lässt sich das Verhalten von \caption hingegen mit den beiden Optionen tablecaptionabove und tablecaptionbelow steuern (siehe Abschnitt 3.1.6, Seite 65). Aus Gründen der Kompatibilität ist voreingestellt, dass sich \caption auch bei Tabellen wie \captionbelow verhält.

Beispiel: Sie wollen mit Tabellenüberschriften statt mit Tabellenunterschriften arbeiten, weil Sie teilweise Tabellen haben, die über mehr als eine Seite gehen. Mit den Standardklassen bliebe Ihnen nur die Möglichkeit:

```
\begin{table}
  \caption{Dies ist nur eine Beispieltabelle}
  \begin{tabular}{llll}
    Dies & ist & ein & Beispiel.\\\hline
    Bitte & lassen & Sie & den \\
    Inhalt & dieser & Tabelle & unbeachtet.
  \end{tabular}
\end{table}
```

Damit hätten Sie das unschöne Ergebnis:

Tabelle 30.2: Dies ist nur eine Beispieltabelle

Dies	ist	ein	Beispiel.
Bitte	lassen	Sie	den
Inhalt	dieser	Tabelle	unbeachtet.

Bei KOMA-Script schreiben Sie hingegen:

```
\begin{table}
  \captionabove{Dies ist nur eine Beispieltabelle}
  \begin{tabular}{llll}
    Dies & ist & ein & Beispiel.\\\hline
    Bitte & lassen & Sie & den \\
```

```
    Inhalt & dieser & Tabelle & unbeachtet.
  \end{tabular}
\end{table}
```

Sie erhalten dann das gewünschte Ergebnis:

Tabelle 30.2: Dies ist nur eine Beispieltabelle			
Dies	ist	ein	Beispiel.
Bitte	lassen	Sie	den
Inhalt	dieser	Tabelle	unbeachtet.

Da Sie konsistent alle Tabellen mit Überschriften versehen, können Sie stattdessen natürlich auch die Option `tablecaptionabove` setzen (siehe Abschnitt 3.1.6, Seite 65). Dann genügt es, wenn Sie wie bei den Standardklassen `\caption` verwenden. Sie erhalten trotzdem das Ergebnis von `\captionabove`.

Einige werden nun einwenden, dass man das Gleiche auch mit dem topcapt-Paket und der dort definierten Anweisung `\topcaption` erreichen kann (siehe [Fai99]). Dies ist jedoch nicht der Fall. `\topcaption` bleibt von Paketen, die direkt das `\caption`-Makro umdefinieren, unberücksichtigt. Ein Beispiel dafür ist das hyperref-Paket (siehe [Rah01]). Demgegenüber sind `\captionabove` und `\captionbelow` so implementiert, dass sich die Änderungen auch auf diese beiden Anweisungen auswirken.

Bei Verwendung des longtable-Pakets wird dafür gesorgt, dass auch die Tabellenüberschriften, die innerhalb einer `longtable`-Umgebung gesetzt werden, in Aussehen und Form denen einer normalen `table`-Umgebung entsprechen. Es gelten damit auch dieselben Einstellmöglichkeiten. Bitte beachten Sie, dass beim longtable-Paket normalerweise die maximale Breite einer Tabellenüberschrift begrenzt werden kann und per Voreinstellung auf 4 in begrenzt ist (siehe [Car98]). Bei Verwendung von KOMA-Script funktioniert der entsprechende Mechanismus aus longtable jedoch nur, wenn die Klassenoption `origlongtable` (siehe Abschnitt 3.1.6, Seite 65) gesetzt wird. Ist das Paket caption2 oder caption (siehe [Som04]) geladen, so werden die Tabellenüberschriften von jenem Paket behandelt.

Bitte beachten Sie, dass sich `\captionabove` und `\captionbelow` innerhalb einer `float`-Umgebung, die mit Hilfe des float-Pakets definiert wurde, genau wie in [Lin01] für die \caption-Anweisung beschrieben verhalten. In diesem Fall kontrolliert allein der float-Stil, ob es sich um eine Überschrift oder um eine Unterschrift handelt.

```
captionbeside[Verzeichnistitel]{Titel}[Anordnung][Breite][Offset]
captionbeside[Verzeichnistitel]{Titel}[Anordnung][Breite][Offset]*
```

Neben den Unter- und Überschriften findet man insbesondere bei kleineren Abbildungen häufiger Beschreibungen, die neben der Abbildung gesetzt werden. Dabei schließt normalerweise die Unterkante der Beschreibung mit der Unterkante der Abbildung ab. Natürlich kann man mit etwas Geschick und beispielsweise zwei \parbox-Anweisungen dergleichen auch in den Standardklassen erreichen. KOMA-Script bietet jedoch eine spezielle Umgebung. Diese Umgebung kann innerhalb der Gleitumgebungen verwendet werden. Der erste optionale Parameter *Verzeichnistitel* und der obligatorische Parameter *Titel* entsprechen dabei genau den gleichnamigen Parametern von \caption, \captionabove oder \captionbelow. Der *Titel* wird dabei neben den Inhalt der Umgebung gesetzt.

Ob der *Titel* rechts oder links daneben gesetzt wird, kann mit dem optionalen Parameter *Anordnung* bestimmt werden. Es darf genau einer der folgenden Buchstaben angegeben werden:

l – links

r – rechts

i – innen, also auf rechten Seiten links und auf linken Seiten rechts

o – außen, also auf rechten Seiten rechts und auf linken Seiten links

Voreingestellt ist rechts neben dem Inhalt der Umgebung. Bei Verwendung von o oder i für *Anordnung* außen oder innen werden unter Umständen zwei LaTeX-Durchläufe benötigt, um die korrekte Anordnung zu erreichen.

Normalerweise nehmen der Inhalt der Umgebung und der *Titel* die gesamte verfügbare Breite ein. Es besteht jedoch die Möglichkeit, mit dem optionalen Parameter *Breite* eine andere Breite anzugeben. Diese kann auch größer als die Breite des Textkörpers sein.

Bei Angabe einer *Breite* wird die genutzte Breite normalerweise bezüglich der Breite des Textkörpers zentriert. Mit dem optionalen Argument *Offset* kann stattdessen eine Verschiebung relativ zum linken Rand angegeben werden. Ein positiver Wert entspricht einer Verschiebung nach rechts, ein negativer Wert einer Verschiebung nach links. Mit einem *Offset* von 0 pt erfolgt die Ausgabe linksbündig.

Wird hinter den optionalen Parameter *Offset* noch ein Stern gesetzt, so stellt der *Offset* im doppelseitigen Druck auf linken Seiten eine Verschiebung relativ zum rechten Rand dar. Ein positiver Wert entspricht dann einer Verschiebung nach außen, während ein negativer Wert für eine Verschiebung nach innen steht. Ein *Offset* von 0 pt wäre dann also bündig zum inneren Rand. Diese Variante benötigt unter Umständen zwei LaTeX-Durchläufe, um die korrekte Verschiebung zu erreichen.

Beispiel: Ein Beispiel für die Verwendung der captionbeside-Umgebung ist in Abbildung 3.2 zu finden. Gesetzt wurde diese Abbildung mit:

```
\begin{figure}
  \begin{captionbeside}[Beispiel für
      Bildbeschreibung]%
    {Eine Bildbeschreibung weder über noch unter der
      Abbildung, sondern daneben}[i][\linewidth]%
    [2em]*
    \fbox{%
      \parbox[b][5\baselineskip][c]{.25\textwidth}{%
        \hspace*{\fill}\KOMAScript\hspace*{\fill}%
        \par}}
  \end{captionbeside}
  \label{fig:maincls.captionbeside}
\end{figure}
```

Die Gesamtbreite ist also die aktuell verfügbare Breite \linewidth. Diese wird jedoch um 2em nach außen verschoben. Der Titel oder die Beschreibung steht innen neben der Abbildung. Damit erscheint die Abbildung selbst um 2 em in den Rand gerückt.

KOMA-Script

Abbildung 3.2.: Eine Bildbeschreibung weder über noch unter der Abbildung, sondern daneben

Die Schriftart für die Beschreibung und das Label – „Abbildung" oder „Tabelle" gefolgt von der Nummer und einem Trennzeichen – kann über die in Abschnitt 3.2.1 beschriebenen Anweisungen verändert werden. Zuständig sind hier die Elemente `caption` und `captionlabel` (siehe Tabelle 3.3, Seite 69). Dabei wird die Schriftart für das Element `caption` zunächst auch auf das Element `captionlabel` angewandt, bevor dessen spezifische Schriftart Anwendung findet. Die Vorbelegungen sind Tabelle 3.10 zu entnehmen.

Beispiel: Sie wollen, dass Tabellen- und Abbildungsbeschreibungen in einer kleineren Schriftart gesetzt werden. Also setzen Sie beispielsweise in der Präambel Ihres Dokuments:

```
\addtokomafont{caption}{\small}
```

Außerdem hätten Sie gerne, dass das Label serifenlos und fett gedruckt wird. Sie setzen also außerdem:

```
\setkomafont{captionlabel}{\sffamily\bfseries}
```

Wie Sie sehen, kann auch hier einfach eine Erweiterung der Vorbelegung verwendet werden.

Tabelle 3.10.: Schriftvoreinstellungen für die Elemente der Tabellen- oder Abbildungsunterschrift bzw. -überschrift

Element	Voreinstellung
caption	\normalfont
captionlabel	\normalfont

---

komaabove
komabelow

float Bei Verwendung des float-Pakets wird das Aussehen der damit definierten Fließumgebungen allein vom *float*-Stil bestimmt. Dies schließt auch die Frage ein, ob mit Überschriften oder Unterschriften gearbeitet wird. Im float-Paket gibt es keinen vordefinierten Stil, der im Aussehen dem von KOMA-Script entspricht und dieselben Einstellmöglichkeiten (siehe unten) bietet. KOMA-Script definiert deshalb zusätzlich die beiden Stile komaabove und komabelow. Diese können bei Verwendung des float-Pakets wie die dort definierten Stile plain, boxed oder ruled aktiviert werden. Siehe dazu [Lin01]. Beim Stil komaabove werden \caption, \captionabove und \captionbelow als Überschrift, beim Stil komabelow als Unterschrift gesetzt.

\captionformat

Bei KOMA-Script gibt es verschiedene Eingriffsmöglichkeiten, um die Formatierung der Beschreibung zu ändern. Die Änderung der Schriftart wurde bereits erläutert. Das oder die Trennzeichen zwischen dem Label und dem eigentlichen Beschreibungstext sind im Makro \captionformat abgelegt. Abweichend von allen anderen \...format-Anweisungen ist hier also nicht der Zähler, sondern nur die auf den Zähler folgenden Angaben enthalten. Die Originaldefinition lautet:

```
\newcommand*{\captionformat}{:\ }
```

Auch diese kann mit \renewcommand geändert werden.

Beispiel: Aus mir unerfindlichen Gründen wollen Sie als Trennzeichen keinen Doppelpunkt gefolgt von einem Leerzeichen, sondern einen Gedankenstrich einschließlich der notwendigen Leerzeichen. Daher definieren Sie:

```
\renewcommand*{\captionformat}{~--~}
```

Diese Definition sollten Sie beispielsweise in die Präambel Ihres Dokuments stellen.

> ```
> \figureformat
> \tableformat
> ```

Es wurde schon darauf hingewiesen, dass \captionformat keine Formatierung für das Label selbst enthält. Dieses sollte nun keineswegs über Umdefinierung der Anweisungen für die Zählerausgabe, \thefigure oder \thetable, verändert werden. Eine solche Umdefinierung hätte nämlich auch Auswirkungen auf die Ausgabe von \ref oder der Verzeichnisse. Stattdessen bietet KOMA-Script auch hier zwei \...format-Anweisungen. Diese sind wie folgt vordefiniert:

```
\newcommand*{\figureformat}{\figurename~\thefigure\autodot}
\newcommand*{\tableformat}{\tablename~\thetable\autodot}
```

Sie können ebenfalls mit \renewcommand eigenen Anforderungen angepasst werden.

Beispiel: Hin und wieder wird gewünscht, dass die Beschreibungstexte ganz ohne Label und natürlich auch ohne Trennzeichen ausgegeben werden. Bei KOMA-Script genügen folgende Definitionen, um dies zu erreichen:

```
\renewcommand*{\figureformat}{}
\renewcommand*{\tableformat}{}
\renewcommand*{\captionformat}{}
```

Dabei ist jedoch zu beachten, dass die Nummerierung damit zwar nicht ausgegeben aber dennoch fortgezählt wird. Dies ist insbesondere dann von Bedeutung, wenn die Umdefinierungen nur auf einzelne figure- oder table-Umgebungen angewendet werden.

> ```
> \setcapindent{Einzug}
> \setcapindent*{XEinzug}
> \setcaphanging
> ```

Wie bereits erwähnt wurde, werden in den Standardklassen die Beschreibungen nicht hängend gesetzt. Das heißt: In mehrzeiligen Beschreibungen beginnt die zweite Zeile direkt unter dem Labeltext. Es gibt bei den Standardklassen auch keinen Mechanismus, dies direkt zu beeinflussen. Bei

KOMA-Script werden hingegen alle Zeilen ab der zweiten so weit eingerückt, dass diese nicht mehr unter dem Label, „Abbildung . . . :" oder „Tabelle . . . :", sondern unter dem eigentlichen Text der ersten Zeile beginnen.

Dieses Verhalten, das der Verwendung der Anweisung \setcaphanging entspricht, kann bei KOMA-Script jederzeit durch Verwendung der Anweisung \setcapindent oder \setcapindent∗ geändert werden. Dabei gibt der Parameter *Einzug* an, wie weit ab der zweiten Zeile eingerückt werden soll.

Soll nach dem Label und vor dem Beschreibungstext noch ein Zeilenumbruch erfolgen, so definieren Sie die Einrücktiefe *XEinzug* der Beschreibung stattdessen mit der Sternvariante der Anweisung: \setcapindent∗.

Mit einem negativen *Einzug* erreicht man hingegen, dass vor der Beschreibung ebenfalls ein Umbruch erfolgt und nur die erste Zeile der Beschreibung, nicht jedoch die folgenden, um -*Einzug* eingerückt werden.

Ob einzeilige Beschreibungen wie mehrzeilige Beschreibungen gesetzt werden oder eine Sonderbehandlung erfahren, wird über die Klassenoptionen onelinecaption und noonelinecaption gewählt. Siehe hierzu die Erklärung zu diesen Optionen in Abschnitt 3.1.2, Seite 58.

Beispiel: Die Beispiele entnehmen Sie bitte den Abbildungen 3.3 bis 3.6. Dabei zeigt sich auch, dass bei geringer Spaltenbreite der komplett hängende Einzug unvorteilhaft ist. Der Quelltext der zweiten Abbildung sei hier mit abgewandelter Unterschrift beispielhaft wiedergegeben:

```
\begin{figure}
  \setcapindent{1em}
  \fbox{\parbox{.95\linewidth}{%
      \centering\KOMAScript}}
  \caption{Beispiel mit teilweise hängendem Einzug
    ab der zweiten Zeile}
\end{figure}
```

Wie zu sehen ist, kann die Formatierung also auch lokal innerhalb der figure-Umgebung geändert werden. Die Änderung gilt dann nur für die eine Abildung. Nachfolgende Abbildungen werden wie-

KOMA-Script	KOMA-Script

Abbildung 3.3.: Mit der Standardeinstellung, also wie bei Verwendung von \setcaphanging

Abbildung 3.4.: Mit teilweise hängendem Einzug ab der zweiten Zeile durch Verwendung von \setcapindent{1em}

KOMA-Script	KOMA-Script

Abbildung 3.5.:
Mit hängendem Einzug ab der zweiten Zeile und Umbruch vor der Beschreibung durch Verwendung von \setcapindent*{1em}

Abbildung 3.6.:
Mit Einzug lediglich in der zweiten Zeile und einem Umbruch vor der Beschreibung durch Verwendung von \setcapindent{-1em}

der mit den Grundeinstellungen oder den globalen Einstellungen, die Sie beispielsweise in der Dokumentpräambel vorgenommen haben, gesetzt. Das gilt für Tabellen natürlich genauso.

```
\setcapwidth[Ausrichtung]{Breite}
\setcapmargin[Rand links]{Rand}
\setcapmargin*[Rand innen]{Rand}
```

Mit Hilfe dieser drei Befehle kann die Breite und Anordnung der Beschreibung beeinflusst werden. Normalerweise steht die gesamte Text- oder Spaltenbreite für den Text der Beschreibung zur Verfügung.

Mit der Anweisung \setcapwidth kann diese *Breite* reduziert werden. Dabei gibt das obligatorische Argument die maximale *Breite* der Beschreibung an. Als optionales Argument kann genau ein Buchstabe übergeben werden, der die horizontale Ausrichtung der Beschreibung angibt. Die möglichen Ausrichtungen finden Sie in der folgenden Liste.

l – linksbündig

c – zentriert

r – rechtsbündig

133

i – innen, also auf rechten Seiten linksbündig und auf linken Seiten rechtsbündig

o – außen, also auf rechten Seiten rechtsbündig und auf linken Seiten linksbündig

Die Ausrichtung innen und außen entspricht im einseitigen Satz linksbündig und rechtsbündig. Innerhalb von longtable-Tabellen funktioniert die Ausrichtung innen und außen nicht korrekt. Insbesondere werden Beschreibungen von Folgeseiten bei diesen Tabellen immer nach den Beschreibungen der ersten Teiltabelle ausgerichtet. Dies ist ein konzeptionelles Problem des Paketes longtable.

Mit der Anweisung \setcapmargin kann statt der Breite der Beschreibung ein *Rand* angegeben werden, der neben der Beschreibung zusätzlich zum normalen Textrand eingehalten werden soll. Sollen der Rand rechts und links nicht identisch gewählt werden, kann mit dem optionalen Argument ein von *Rand* abweichender *Rand links* von der Beschreibung eingestellt werden. Bei der Sternvariante \setcapmargin* wird statt dem *Rand links* im doppelseitigen Satz der *Rand innen* abweichend definiert. Hier ergibt sich bei longtable-Tabellen das gleiche Problem wie bei der Ausrichtung außen oder innen bei der Anweisung \setcapwidth. Die Verwendung von \setcapmargin oder \setcapmargin* schaltet außerdem die Option noonelinecaption (siehe Abschnitt 3.1.2, Seite 58) für die Beschreibungen ein, die mit dieser Randeinstellung gesetzt werden.

longtable packt die Beschreibung in eine Box, die auf Folgeseiten nach Bedarf erneut ausgegeben wird. Bei der Ausgabe einer Box werden die Makros, die bei der Erzeugung der Box durchlaufen wurden, nicht erneut ausgewertet. Damit ist es KOMA-Script unmöglich, die Randeinstellung im doppelseitigen Satz auf geraden Seiten zu vertauschen. Dies wäre aber notwendig, um eine Ausrichtung, die nach außen oder innen verschoben ist, zu ermöglichen.

Man kann übrigens auch negative Werte für *Rand* und *Rand rechts* oder *Rand außen* angeben. Dadurch erreicht man, dass die Beschreibung in den entsprechenden Rand hineinragt.

Beispiel: Ein etwas ausgefallenes Problem ist, wenn die Bildunterschrift zentriert unter einer Abbildung stehen und dabei genauso breit wie die Abbildung selbst sein soll. Ist die Breite der Abbildung bekannt, ist die Lösung mit KOMA-Script sehr einfach. Angenommen, die Abbildung ist 8 cm breit, so genügt:

```
\setcapwidth[c]{8cm}
```

unmittelbar vor \caption oder \captionbelow. Ist die Breite nicht bekannt, so muss zunächst in der Präambel des Dokuments eine Länge definiert werden:

```
\newlength{\Abbildungsbreite}
```

Nun kann in vielen Fällen die Breite direkt mit Hilfe der LaTeX-Anweisung \settowidth (siehe [Tea01a]) ermittelt werden. Eine Lösung kann dann wie folgt aussehen:

```
\begin{figure}
  \centering%
  \settowidth{\Abbildungsbreite}{%
    \fbox{\quad\KOMAScript\quad}%
  }%
  \fbox{\quad\KOMAScript\quad}%
  \setcapwidth[c]{\Abbildungsbreite}
  \caption{Beispiel einer unter der Abbildung
    zentrierten Bildunterschrift}
\end{figure}
```

Allerdings ist es unpraktisch den Inhalt zweimal zu schreiben. Ebenso ist es unpraktisch, \setcapwidth jedesmal neu aufzurufen. Aber nichts ist einfacher, als in der Präambel einen Befehl zu definieren, der die drei Schritte:

1. Bestimmung der Breite des Arguments

2. Festlegung der Breite der Bildunterschrift

3. Ausgabe des Arguments

verbirgt:

```
\newcommand{\Abbildung}[1]{%
  \settowidth{\Abbildungsbreite}{#1}%
  \setcapwidth[c]{\Abbildungsbreite}%
  #1%
}
```

Mit diesem Befehl verkürzt sich das Beispiel zu:

```
\begin{figure}
  \centering%
  \Abbildung{\fbox{\quad\KOMAScript\quad}}%
  \caption{Beispiel einer unter der Abbildung
    zentrierten Bildunterschrift}
\end{figure}
```

Nun hat ein Befehl jedoch den Nachteil, dass Fehler in den Makros des Arguments bei mehrzeiligen Argumenten von LaTeX nicht mit einer sehr genauen Zeilenzahl gemeldet werden. Deshalb ist in manchen Fällen eine Umgebung praktischer. Es stellt sich dann aber die Frage, wie die Breite des Inhalts der Umgebung bestimmt werden kann. Die Lösung besteht in der lrbox-Umgebung, die in [Tea01a] beschrieben ist:

```
\newsavebox{\Abbildungsbox}
\newenvironment{AbbildungSetztCaptionBreite}{%
  \begin{lrbox}{\Abbildungsbox}%
}{%
  \end{lrbox}%
  \global\setbox\Abbildungsbox=\box\Abbildungsbox%
  \aftergroup\SetzeAbbildungsbox%
}
\newcommand{\SetzeAbbildungsbox}{%
  \Abbildung{\usebox{\Abbildungsbox}}}
```

Dabei wird der oben definierte Befehl \Abbildung eingesetzt. In der Anwendung ergibt sich dann:

```
\begin{figure}
  \centering%
  \begin{AbbildungSetztCaptionBreite}
    \fbox{\hspace{1em}\KOMAScript\hspace{1em}}
  \end{AbbildungSetztCaptionBreite}
  \caption{Beispiel einer unter der Abbildung
    zentrierten Bildunterschrift}
\end{figure}
```

Zugegeben, in diesem Beispiel ist die Umgebung überflüssig. Aber ihre Definition mit Verwendung von \global ist gleichzeitig recht trickreich. Es ist deshalb davon auszugehen, dass viele Anwender mit der Forderung, die Umgebung selbst zu erstellen, überfordert wären. Da sie aber sehr nützlich sein kann, wurde sie hier als Beispiel vorgestellt.

Gäbe es die captionbeside-Umgebung nicht, so könnte man die Bildunterschrift trotzdem recht einfach rechts neben der Abbildung setzen. Dazu müsste \SetzeAbbildungsbox aus obigem Beispiel zunächst umdefiniert werden:

```
\renewcommand{\SetzeAbbildungsbox}{%
  \settowidth{\Abbildungsbreite}{%
    \usebox{\Abbildungsbox}%
  }%
  \parbox[b]{\Abbildungsbreite}{%
    \usebox{\Abbildungsbox}%
  }%
  \hfill%
  \addtolength{\Abbildungsbreite}{1em}%
  \addtolength{\Abbildungsbreite}{-\hsize}%
  \setlength{\Abbildungsbreite}{-\Abbildungsbreite}%
  \setcapwidth[c]{\Abbildungsbreite}%
  }
```

Anschließend müsste lediglich noch die \caption-Anweisung in eine \parbox gepackt werden:

```
\begin{figure}
  \centering%
  \begin{AbbildungSetztCaptionBreite}
    \fbox{\rule{0pt}{5\baselineskip}%
      \hspace{1em}\KOMAScript\hspace{1em}}
  \end{AbbildungSetztCaptionBreite}
  \parbox[b]{\Abbildungsbreite}{%
    \caption{Beispiel einer neben die Abbildung
      gesetzten mehrzeiligen Bildinformation}
  }
\end{figure}
```

Die \rule-Anweisung in diesem Beispiel dient lediglich als unsichtbare Stütze, um eine Beispielabbildung mit größerer vertikaler Ausdehnung zu erreichen.

3.6.7. Textauszeichnung

LATEX bietet verschiedene Möglichkeiten der Textauszeichnung. Streng genommen stellt eine Überschrift ebenfalls eine Auszeichnung dar. In diesem Abschnitt beschäftigen wir uns aber ausschließlich mit unmittelbaren Auszeichnungen, also solchen, die keine zusätzliche Bedeutungen in sich besitzen, sondern die für verschiedene Zwecke verwendet werden können. Näheres zu den normalerweise definierten Möglichkeiten sind [SKPH99], [Tea01a] und [Tea00] zu entnehmen.

\textsubscript{*Text*}

In Abschnitt 3.6.3, Seite 108 wurde bereits \textsuperscript als Bestandteil des LATEX-Kerns vorgestellt. Leider bietet LATEX selbst keine entsprechende Anweisung, um Text tief statt hoch zu stellen. KOMA-Script definiert dafür \textsubscript.

Beispiel: Sie schreiben einen Text über den menschlichen Stoffwechsel. Darin kommen hin und wieder einfache chemische Summenformeln vor. Dabei sind einzelne Ziffern tief zu stellen. Im Sinne des logischen Markup definieren Sie zunächst in der Dokumentpräambel oder einem eigenen Paket:

```
\newcommand*{\Molek}[2]{#1\textsubscript{#2}}
```

Damit schreiben Sie dann:

```
Die Zelle bezieht ihr Energie unter anderem aus der
Reaktion von \Molek C6\Molek H{12}\Molek O6 und
\Molek O2 zu \Molek H2\Molek O{} und
\Molek C{}\Molek O2. Arsen (\Molek{As}{}) wirkt sich
allerdings auf den Stoffwechsel sehr nachteilig aus.
```

Das Ergebnis sieht daraufhin so aus:

> Die Zelle bezieht ihr Energie unter anderem aus der Reaktion von $C_6H_{12}O_6$ und O_2 zu H_2O und CO_2. Arsen (As) wirkt sich allerdings auf den Stoffwechsel sehr nachteilig aus.

Etwas später entscheiden Sie, dass Summenformeln grundsätzlich serifenlos geschrieben werden sollen. Nun zeigt sich, wie gut die Entscheidung für konsequentes logisches Markup war. Sie müssen nur die \Molek-Anweisung umdefinieren:

```
\newcommand*{\Molek}[2]{%
  \textsf{#1\textsubscript{#2}}%
}
```

Schon ändert sich die Ausgabe im gesamten Dokument:

> Die Zelle bezieht ihr Energie unter anderem aus der Reaktion von $C_6H_{12}O_6$ und O_2 zu H_2O und CO_2. Arsen (As) wirkt sich allerdings auf den Stoffwechsel sehr nachteilig aus.

Im Beispiel wird die Schreibweise „\Molek C6" verwendet. Dabei wird Nutzen aus der Tatsache gezogen, dass Argumente, die nur aus einem Zeichen bestehen, nicht geklammert werden müssen. Damit ist „\Molek C6" gleichbedeutend mit „\Molek{C}{6}". Bekannt ist dieser Umstand hauptsächlich

von Indizes und Potenzen in mathematischen Umgebungen, etwa „x^2S"
statt „x^{2}" für „x^2".

3.7. Der Schlussteil

Im Schlussteil eines Dokuments finden sich üblicherweise die Anhänge, das
Literaturverzeichnis und gegebenenfalls ein Stichwortverzeichnis.

`\appendix`

Der Anhang wird in den Standardklassen und den KOMA-Script-Klassen
mit der Anweisung \appendix eingeleitet. Diese Anweisung schaltet unter anderem die Kapitelnummerierung auf Großbuchstaben um und sorgt
gleichzeitig dafür, dass die Regeln für die Nummerierung der Gliederungsebenen nach [DUD96] eingehalten werden. Diese Regeln sind in der Beschreibung der Klassenoptionen pointednumbers und pointlessnumbers
in Abschnitt 3.1.6, Seite 64 näher erläutert.

Bitte beachten Sie, dass es sich bei \appendix um eine Anweisung und
nicht um eine Umgebung handelt! Die Anweisung erwartet auch nicht etwa
ein Argument. Die Kapitel beziehungsweise Abschnitte des Anhangs werden
ganz normal mit \chapter und \section gesetzt.

`\appendixmore`

Bei den KOMA-Script-Klassen gibt es innerhalb der Anweisung \appendix
eine Besonderheit. Ist nämlich die Anweisung \appendixmore definiert,
so wird sie von der \appendix-Anweisung ebenfalls ausgeführt. Intern
wird dies von den KOMA-Script-Klassen scrbook und scrreprt für die Realisierung der Layoutoptionen appendixprefix und noappendixprefix genutzt (siehe Abschnitt 3.1.2, Seite 57). Dies sollten Sie unbedingt beachten, falls Sie selbst das Makro \appendixmore definieren oder umdefinieren wollen. Ist eine dieser beiden Optionen gesetzt, so erhalten Sie bei
\newcommand{\appendixmore}{...} eine Fehlermeldung. Dadurch soll verhindert werden, dass Sie die Optionen außer Kraft setzen, ohne es zu merken.

Beispiel: Sie wollen nicht, dass bei Verwendung der Klasse scrbook oder
scrreprt im Hauptteil die Kapitel mit einer Präfixzeile versehen wer-

den (siehe Layoutoptionen `chapterprefix` und `nochapterprefix` in Abschnitt 3.1.2, Seite 57). Damit die Konsistenz gewahrt bleibt, wollen Sie auch nicht, dass eine solche Zeile im Anhang verwendet wird. Stattdessen sollen in den Anhängen direkt vor dem Kapitelbuchstaben das Wort „Anhang" in der jeweiligen Sprache stehen. Dies soll auch für die Kolumnentitel gelten. Also verwenden Sie weder die Layoutoption `appendixprefix` noch `noappendixprefix`, sondern definieren in der Dokumentpräambel:

```
\newcommand*{\appendixmore}{%
  \renewcommand*{\chapterformat}{%
    \appendixname~\thechapter\autodot\enskip}
  \renewcommand*{\chaptermarkformat}{%
    \appendixname~\thechapter\autodot\enskip}
}
```

Sollten Sie später dann doch noch entscheiden, dass Sie die Option `appendixprefix` verwenden wollen, so erhalten Sie aufgrund der dann bereits definierten Anweisung \appendixmore eine Fehlermeldung. Damit wird verhindert, dass obige Definition unbemerkt die Einstellungen überschreibt, die Sie per Option getroffen haben.

Wenn Sie ein vergleichbares Verhalten des Anhangs für die Klasse scrartcl erreichen wollen, so ist dies ebenfalls möglich. Dazu schreiben Sie in die Präambel Ihres Dokuments:

```
\newcommand*{\appendixmore}{%
  \renewcommand*{\othersectionlevelsformat}[1]{%
    \ifthenelse{\equal{##1}{section}}{%
      \appendixname~}{}%
    \csname the##1\endcsname\autodot\enskip}
  \renewcommand*{\sectionmarkformat}{%
    \appendixname~\thesection\autodot\enskip}
}
```

Sie benötigen dafür außerdem das ifthen-Paket (siehe [Car99a]).

141

Die Erklärung zu den umdefinierten Anweisungen finden Sie in Abschnitt 3.6.2, Seite 99 und Seite 102.

> `\setbibpreamble{`*Präambel*`}`

Mit der Anweisung `\setbibpreamble` kann eine Präambel für das Literaturverzeichnis gesetzt werden. Bedingung dafür ist, dass die Präambel vor der Anweisung zum Setzen des Literaturverzeichnisses gesetzt wird. Dies muss nicht unmittelbar davor sein. Es kann also beispielsweise am Anfang des Dokuments erfolgen. Ebenso wie die Klassenoptionen `bibtotoc` und `bibtotocnumbered` kann die Anweisung aber nur erfolgreich sein, wenn nicht ein Paket geladen wird, das dies durch Umdefinierung der `thebibliography`-Umgebung verhindert. Obwohl das natbib-Paket unautorisiert interne Makros von KOMA-Script verwendet, konnte erreicht werden, dass `\setbibpreamble` auch mit der aktuellen Version von natbib funktioniert (siehe [Dal99]).

Beispiel: Sie wollen darauf hinweisen, dass das Literaturverzeichnis nicht in der Reihenfolge der Zitierung im Dokument, sondern alphabetisch sortiert ist. Daher setzen Sie folgende Anweisung:

```
\setbibpreamble{Die Literaturangaben sind
    alphabetisch nach den Namen der Autoren sortiert.
    Bei mehreren Autoren wird nach dem ersten Autor
    sortiert.\par\bigskip}
```

Die Anweisung `\bigskip` sorgt dafür, dass zwischen der Präambel und der ersten Literaturangabe ein großer Zwischenraum gesetzt wird.

> `\setindexpreamble`

Analog zur Präambel des Literaturverzeichnisses können Sie auch das Stichwortverzeichnis mit einer Präambel versehen. Dies findet häufig dann Anwendung, wenn es mehr als einen Index gibt oder im Index unterschiedliche Arten der Referenzierung durch unterschiedliche Hervorhebung der Seitenzahlen markiert werden.

Beispiel: Sie haben ein Dokument, in dem Begriffe sowohl definiert als auch verwendet werden. Die Seitenzahlen der Begriffsdefinitionen sind fett dargestellt. Natürlich möchten Sie gerne auf diesen Umstand hinweisen. Also setzen Sie eine entsprechende Präambel für den Index:

```
\setindexpreamble{Alle \textbf{fett} gedruckten
    Seitenzahlen sind Referenzen auf die Definition
    des jeweiligen Begriffs. Demgegenüber geben normal
    gedruckte Seitenzahlen die Seiten der Verwendung
    des jeweiligen Begriffs wieder.\par\bigskip}
```

Bitte beachten Sie, dass für die erste Seite des Index der Seitenstil umgeschaltet wird. Welcher Seitenstil hierbei Verwendung findet, ist im Makro \indexpagestyle abgelegt (siehe Abschnitt 3.2.2, Seite 74).

Für die Erstellung, Sortierung und Ausgabe des Stichwortverzeichnisses sind die üblichen Standard-LATEX-Pakete und Zusatzprogramme zuständig. Von KOMA-Script werden genau wie von den Standardklassen lediglich die grundlegenden Makros und Umgebungen dafür zur Verfügung gestellt.

3.8. Obsoletes

In diesem Abschnitt finden Sie Anweisungen, die der Anwender nicht mehr verwenden sollte. Diese Anweisungen waren in früheren Versionen von KOMA-Script zu finden und ihre Benutzung war dokumentiert. In der aktuellen Version von KOMA-Script können sie aus Gründen der Kompatibilität noch immer in gleicher Weise verwendet werden. Es existieren jedoch neue Mechanismen oder Benutzerschnittstellen, die stattdessen benutzt werden sollten. Dokumentiert sind die veralteten Anweisungen hier nur, damit es dem Anwender leichter fällt, alte Dokumente zu verstehen. Darüber hinaus steht es Paketautoren frei, weiterhin diese Makros zu verwenden.

\sectfont

Dieses Makro beinhaltet die Schriftart, die für alle Überschriften der Gliederung und der Zusammenfassung, den Haupttitel und die oberste Ebene unter

\part im Inhaltsverzeichnis verwendet wird. Verwenden Sie stattdessen die in Abschnitt 3.2.1 vorgestellten Anweisungen für das Element sectioning.

\capfont
\caplabelfont

Das Makro \capfont beinhaltet die Schriftart, die für Tabellenunter- oder -überschriften und Abbildungunterschriften verwendet wird. Das Makro \caplabelfont beinhaltet die Schriftart, die davon abweichend für die Bezeichnung und Nummer verwendet wird. Verwenden Sie stattdessen die in Abschnitt 3.2.1 vorgestellten Anweisungen für die Elemente caption und captionlabel.

\descfont

Dieses Makro beinhaltet die Schriftart, die für die Stichworte, also die optionalen \item-Argumente, einer description-Umgebung verwendet wird. Verwenden Sie stattdessen die in Abschnitt 3.2.1 vorgestellten Anweisungen für das Element descriptionlabel.

4. Kopf- und Fußzeilen mit scrpage2

Wie bereits in den beiden vorherigen Kapiteln erwähnt wurde, enthält KOMA-Script auch ein Paket, das weitreichende Kontrolle über Format und Inhalt der Kopf- und Fußzeilen gibt. Bereits seit 2001 wird hierfür nicht mehr das scrpage, sondern das stark erweiterte scrpage2 verwendet. Diese Anleitung beschreibt daher auch nur noch scrpage2. Das Paket scrpage ist obsolet.

An Stelle von scrpage2 kann natürlich auch fancyhdr (siehe [Oos00]) verwendet werden. scrpage2 harmoniert jedoch mit den KOMA-Script-Klassen deutlich besser. Genau deshalb und weil der Vorläufer von fancyhdr damals viele Möglichkeiten vermissen lies, ist scrpage2 entstanden. Natürlich ist scrpage2 nicht an eine KOMA-Script-Klasse gebunden, sondern kann auch sehr gut mit anderen Klassen verwendet werden.

Zu den grundlegenden Funktionen von scrpage2 gehören auch vordefinierte, konfigurierbare Seitenstile.

4.1. Grundlegende Funktionen

Um die nachfolgende Beschreibung zu verstehen, muss noch einiges zu LATEX gesagt werden. Im LATEX-Kern sind die Standardseitenstile empty, welcher eine völlig undekorierte Seite erzeugt, und plain, welcher meist nur die Seitenzahl enthält, definiert. In vielen Klassen ist der Stil headings zu finden, welcher eine komplexe Seitendekoration mit automatischen Kolumnentitel erzeugt. Die Variante myheadings gleicht headings. Die Kolumnentitel müssen dabei aber manuell gesetzt werden. Ausführlicher wird das in Abschnitt 3.2.2 beschrieben. Dort wird auch erläutert, dass auf einigen Seiten der Seitenstil automatisch – in der Regel zu plain – wechselt.

Das Paket scrpage2 unterscheidet nicht mehr zwischen Seitenstilen mit automatischem und mit manuellem Kolumnentitel. Die Wahl des Seitenstils erfolgt unabhängig davon, ob mit automatischem oder manuellem Kolumnentitel gearbeitet wird. Näheres dazu finden Sie in Abschnitt 4.1.2.

4.1.1. Vordefinierte Seitenstile

```
scrheadings
scrplain
```

Das Paket scrpage2 liefert einen eigenen Seitenstil namens scrheadings. Dieser Seitenstil kann mittels \pagestyle{scrheadings} aktiviert werden. Wird dieser Seitenstil benutzt, dann wird gleichzeitig der plain-Stil durch den dazu passenden Stil scrplain ersetzt. Passend bedeutet, dass auch der plain-Stil auf in Abschnitt 4.1.3 vorgestellte Befehle, die beispielsweise die Kopfbreite ändern, reagiert und im Grundlayout übereinstimmt. Die Aktivierung des Seitenstils scrheadings oder des zugehörigen plain-Stils, scrplain, hat keine Auswirkung darauf, ob mit manuellen oder automatischen Kolumnentiteln gearbeitet wird (siehe Abschnitt 4.1.2). Der Seitenstil scrplain kann auch direkt per \pagestyle aktiviert werden.

```
\lehead[scrplain-links-gerade]{scrheadings-links-gerade}
\cehead[scrplain-mittig-gerade]{scrheadings-mittig-gerade}
\rehead[scrplain-rechts-gerade]{scrheadings-rechts-gerade}
\lefoot[scrplain-links-gerade]{scrheadings-links-gerade}
\cefoot[scrplain-mittig-gerade]{scrheadings-mittig-gerade}
\refoot[scrplain-rechts-gerade]{scrheadings-rechts-gerade}
\lohead[scrplain-links-ungerade]{scrheadings-links-ungerade}
\cohead[scrplain-mittig-ungerade]{scrheadings-mittig-ungerade}
\rohead[scrplain-rechts-ungerade]{scrheadings-rechts-ungerade}
\lofoot[scrplain-links-ungerade]{scrheadings-links-ungerade}
\cofoot[scrplain-mittig-ungerade]{scrheadings-mittig-ungerade}
\rofoot[scrplain-rechts-ungerade]{scrheadings-rechts-ungerade}
\ihead[scrplain-innen]{scrheadings-innen}
\chead[scrplain-zentriert]{scrheadings-zentriert}
\ohead[scrplain-außen]{scrheadings-außen}
\ifoot[scrplain-innen]{scrheadings-innen}
\cfoot[scrplain-zentriert]{scrheadings-zentriert}
\ofoot[scrplain-außen]{scrheadings-außen}
```

Diese Seitenstile sind so definiert, dass sowohl im Kopf als auch im Fuß drei Felder vorhanden sind, deren Inhalt modifiziert werden kann. Die Befehle zur Modifikation sind in Abbildung 4.1 verdeutlicht. Die in der Mitte

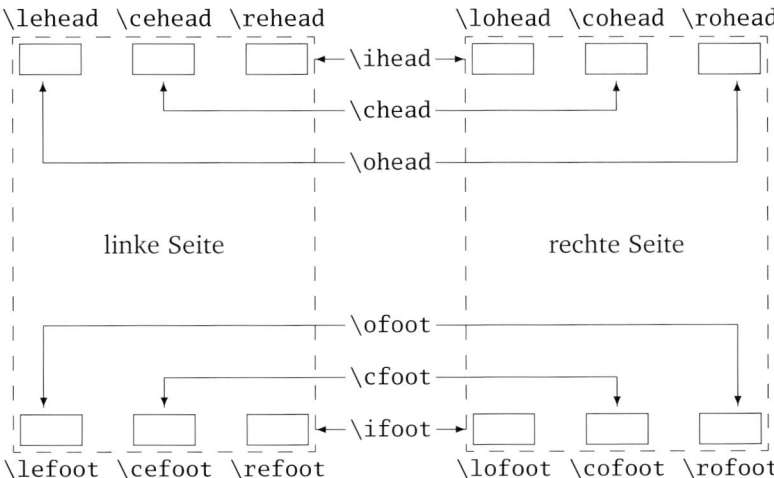

Abbildung 4.1.: Zuordnung der Befehle zur Manipulation der Seitenstile scrheadings und scrplain zu den manipulierten Seitenelementen

dargestellten Befehle modifizieren sowohl die Felder der linken als auch der rechten Seite.

Beispiel: Angenommen, man möchte zentriert im Seitenfuß die Seitenzahl dargestellt haben, dann benutzt man einfach:

```
\cfoot{\pagemark}
```

Sollen die Seitenzahlen im Kopf außen und die Kolumnentitel innen stehen, dann erfolgt dies mit:

```
\ohead{\pagemark}
\ihead{\headmark}
\cfoot{}
```

Das \cfoot{} ist nur dann notwendig, wenn eine möglicherweise im Fuß vorhandene Seitenzahl entfernt werden muss.

Die anderen Befehle, die direkt nur einem Feld zugeordnet sind, können für anspruchsvollere Vorhaben genutzt werden.

Beispiel: Angenommen, man hat den Auftrag, einen Jahresbericht einer Firma zu erstellen, dann könnte das so angegangen werden:

```
\ohead{\pagemark}
\rehead{Jahresbericht 2001}
\lohead{\headmark}
\cefoot{Firma WasWeißIch}
\cofoot{Abteilung Entwicklung}
```

Natürlich muss man hier dafür sorgen, dass mittels \cofoot der Fuß der rechten Seite aktualisiert wird, wenn eine neue Abteilung im Bericht besprochen wird.

Wie oben dargestellt, gibt es einen zu scrheadings korrespondierenden plain-Seitenstil. Da es auch möglich sein soll, diesen Stil anzupassen, unterstützen die Befehle ein optionales Argument. Damit kann der Inhalt des entsprechenden Feldes im plain-Seitenstil modifiziert werden.

Beispiel: Um für die Nutzung von scrheadings die Position der Seitenzahlen festzulegen, kann man folgendes benutzen:

```
\cfoot[\pagemark]{}
\ohead[]{\pagemark}
```

Wird nun der Stil plain genutzt, beispielsweise weil \chapter eine neue Seite beginnt und darauf umschaltet, dann steht die Seitenzahl zentriert im Seitenfuß.

```
\clearscrheadings
\clearscrplain
\clearscrheadfoot
```

Will man sowohl den Seitenstil scrheadings als auch den dazu gehörenden plain-Seitenstil von Grund auf neu definieren, muss man häufig zusätzlich einige der bereits belegten Seitenelemente löschen. Da man selten alle Elemente mit neuem Inhalt füllt, sind dazu in den meisten Fällen mehrere Befehle mit leeren Parametern notwendig. Mit Hilfe dieser drei Befehle ist das

Löschen schnell und gründlich möglich. Während \clearscrheadings lediglich alle Felder des Seitenstils scrheadings und \clearscrplain alle Felder des zugehörigen plain-Seitenstils löscht, werden von \clearscrheadfoot alle Felder beider Seitenstile auf leere Inhalte gesetzt.

Beispiel: Sie wollen unabhängig davon, wie die Seitenstile derzeit aussehen, die Standardform der KOMA-Script-Klassen bei zweiseitigem Satz erreichen. Dies ist mit nur drei Befehlen möglich:

```
\clearscrheadfoot
\ohead{\headmark}
\ofoot[\pagemark]{\pagemark}
```

Ohne die Befehle \clearscrheadfoot, \clearscrheadings und \clearscrplain wären doppelt so viele Anweisungen und neun weitere leere Argumente notwendig:

```
\ihead[]{}
\chead[]{}
\ohead[]{\headmark}
\ifoot[]{}
\cfoot[]{}
\ofoot[\pagemark]{\pagemark}
```

Einige davon könnten natürlich entfallen, wenn man von einer konkreten Vorbelegung ausginge.

In den vorausgehenden Beispielen wurden schon zwei Befehle benutzt, die noch gar nicht besprochen wurden. Das soll jetzt nachgeholt werden.

```
\leftmark
\rightmark
```

Diese beiden Befehle erlauben es auf die Kolumnentitel zuzugreifen, die normalerweise für die linke bzw. die rechte Seite gedacht sind. Diese beiden Befehle werden nicht von scrpage2, sondern direkt vom LaTeX-Kern zur Verfügung gestellt. Wenn in diesem Kapitel vom Kolumnentitel der linken

Seite oder vom Kolumnentitel der rechten Seite die Rede ist, dann ist damit eigentlich der Inhalt von \leftmark und \rightmark gemeint.

`\headmark`

Dieser Befehl ermöglicht es, auf die Inhalte der Kolumnentitel zuzugreifen. Im Gegensatz zu den originalen LATEX-Befehlen \leftmark und \rightmark braucht man nicht auf die richtige Zuordnung zur linken oder rechten Seite zu achten.

`\pagemark`

Dieser Befehl ermöglicht den Zugriff auf die Seitenzahl. Im Abschnitt 4.1.3, Seite 152 wird der Befehl \pnumfont zur Formatierung der Seitenzahl vorgestellt, den \pagemark automatisch berücksichtigt.

`useheadings`

Das Paket scrpage2 ist in erster Linie dafür gedacht, dass die bereitgestellten Stile benutzt oder eigene Stile definiert werden. Jedoch kann es notwendig sein, auch auf einen von der Dokumentenklasse zur Verfügung gestellten Stil zurückzuschalten. Dieses mit \pagestyle{headings} vorzunehmen wäre naheliegend, hat aber den Nachteil, dass die nachfolgend besprochenen Befehle \automark und \manualmark nicht wie erwartet funktionieren. Aus diesem Grund sollte auf die originalen Stile mit \pagestyle{useheadings} umgeschalten werden. Eine solche Umschaltung hat dann keine Auswirkung darauf, ob mit manuellen oder automatischen Kolumnentiteln gearbeitet wird.

4.1.2. Manuelle und automatische Kolumnentitel

Gewöhnlich gibt es zu einem headings-Stil eine *my*-Variante. Ist ein solcher Stil aktiv, dann werden die Kolumnentitel nicht mehr automatisch aktualisiert. Bei scrpage2 wird ein anderer Weg beschritten. Ob die Kolumnentitel lebend sind oder nicht, bestimmen die Befehle \automark und \manualmark. Die Voreinstellung kann auch bereits beim Laden des Paketes über die Optionen automark und manualmark beeinflusst werden (siehe Abschnitt 4.1.4, Seite 160).

\manualmark

Wie der Name bereits verdeutlicht, schaltet \manualmark die Aktualisierung der Kolumnentitel aus. Es bleibt somit dem Nutzer überlassen, für eine Aktualisierung bzw. für den Inhalt der Kolumnentitel zu sorgen. Dazu stehen die Befehle \markboth und \markright bereit.

\automark[*rechte Seite*]{*linke Seite*}

Das Makro \automark hingegen aktiviert die automatische Aktualisierung. Für die beiden Parameter sind die Bezeichnungen der Gliederungsebenen einzusetzen, deren Titel an entsprechender Stelle erscheinen soll. Gültige Werte für die Parameter sind: part, chapter, section, subsection, subsubsection, paragraph und subparagraph. Der Wert part führt bei Verwendung der meisten Klassen nicht zu dem gewünschten Ergebnis. Bisher ist nur von den KOMA-Script-Klassen ab Version 2.9s bekannt, dass dieser Wert unterstützt wird. Das optionale Argument *rechte Seite* ist verständlicherweise nur für zweiseitigen Satz gedacht. Im einseitigen Satz sollten Sie normalerweise darauf verzichten. Mit Hilfe der Option autooneside können Sie auch einstellen, dass das optionale Argument im einseitigen Satz automatisch ignoriert wird (siehe Abschnitt 4.1.4, Seite 161).

Beispiel: Wird beispielsweise mit einer *book*-Klasse gearbeitet, deren höchste Gliederungsebene *chapter* ist, dann stellt nach einem vorhergehenden \manualmark der Befehl

    \automark[section]{chapter}

den Originalzustand wieder her. Bevorzugt man stattdessen, die tieferen Gliederungsebenen angezeigt zu bekommen, dann erfolgt dies mit:

    \automark[subsection]{section}

Die Markierung der jeweils höheren Gliederungsebene wird mit Hilfe von \markboth gesetzt. Die Markierung der tieferen Gliederungsebene wird mit \markright bzw. \markleft gesetzt. Der entsprechende Aufruf erfolgt indirekt über die Gliederungsbefehle. Die Anweisung \markleft wird von scrpage2 bereitgestellt und ist vergleichbar zu `\markright` aus dem LaTeX-Kern definiert. Obwohl sie nicht als internes Makro definiert ist, wird von einem direkten Gebrauch abgeraten.

4.1.3. Formatierung der Kopf- und Fußzeilen

Im vorherigen Abschnitt ging es hauptsächlich um inhaltliche Dinge. Das genügt natürlich nicht, um die gestalterischen Ambitionen zu befriedigen. Deshalb soll es sich in diesem Abschnitt ausschließlich darum drehen.

```
\headfont
\pnumfont
```

Die Schriftformatierung übernimmt der Befehl `\headfont` für den Seitenkopf und -fuß und `\pnumfont` für die Seitenzahl.

Beispiel: Um beispielsweise den Kopf und Fuß in fetter serifenloser Schrift zu setzen, und die Seitenzahl geneigt serif erscheinen zu lassen, nutzt man folgende Definitionen.

```
\renewcommand{\headfont}{%
   \normalfont\sffamily\bfseries
}
\renewcommand{\pnumfont}{%
   \normalfont\rmfamily\slshape
}
```

Ab Version 2.8p der KOMA-Script-Klassen wurde die Schnittstelle für Schriftattribute vereinheitlicht. Wird srcpage2 in Verbindung mit einer dieser Klassen verwendet, dann sollte die Zuweisung in der Art erfolgen, wie sie im Abschnitt 3.2.1 beschrieben wird.

Beispiel: Statt dem `\renewcommand` wird dann der Befehl `\setkomafont` verwendet. Die vorhergehenden Definitionen lauten dann:

```
\setkomafont{pagehead}{%
   \normalfont\sffamily\bfseries
}
```

```
\setkomafont{pagenumber}{%
  \normalfont\rmfamily\slshape
}
```

```
\setheadwidth[Verschiebung]{Breite}
\setfootwidth[Verschiebung]{Breite}
```

Normalerweise entsprechen die Breiten von Kopf- und Fußzeile der Breite des Textbereichs. Die Befehle \setheadwidth und \setfootwidth ermöglichen dem Anwender, auf einfache Weise die Breiten seinen Bedürfnissen anzupassen. Das obligatorische Argument `Breite` nimmt den Wert der Breite des Kopfes bzw. des Fußes auf, `Verschiebung` ist ein Längenmaß für die Verschiebung des entsprechenden Elements in Richtung des äußeren Seitenrandes.

Für die möglichen Standardfälle akzeptiert das obligatorische Argument `Breite` auch folgende symbolische Werte:

paper   – die Breite des Papiers

page   – die Breite der Seite

text   – die Breite des Textbereichs

textwithmarginpar – die Breite des Textbereichs inklusive dem Seitenrand

head   – die aktuelle Breite des Seitenkopfes

foot   – die aktuelle Breite des Seitenfußes

Der Unterschied zwischen paper und page besteht darin, dass page die Breite des Papiers abzüglich der Bindekorrektur ist, falls das typearea-Paket verwendet wird (siehe Kapitel 2). Ohne Verwendung von typearea sind paper und page identisch.

Beispiel: Angenommen, man möchte ein Seitenlayout wie im *LATEX-Begleiter*, bei dem die Kopfzeile in den Rand ragt, dann geschieht das ganz einfach mit:

```
\setheadwidth[0pt]{textwithmarginpar}
```

und sieht dann auf einer rechten Seite folgendermaßen aus:

KOMA-Script   3

Dieser Blindtext wird gerade von 130 Millionen Rezeptoren Ihrer Netzhaut erfasst. Die   Netzhaut
Zellen werden dadurch in einen Erregungs-   *(Retina)*
zustand versetzt, der sich vom Sehnerv in den

Soll der Seitenfuß die gleiche Breite und Ausrichtung haben, dann hat man jetzt zwei Wege. Der erste ist, man wiederholt das Gleiche für den Seitenfuß mit:

```
\setfootwidth[0pt]{textwithmarginpar}
```

oder man greift auf den anderen symbolischen Wert head zurück, da der Kopf bereits die gewünschte Breite hat.

```
\setfootwidth[0pt]{head}
```

Wird keine Verschiebung angegeben, das heißt auf das optionale Argument verzichtet, dann erscheint der Kopf bzw. der Fuß symmetrisch auf der Seite angeordnet. Es wird somit ein Wert für die Verschiebung automatisch ermittelt, der der aktuellen Seitengestalt entspricht.

Beispiel: Entsprechend dem vorherigen Beispiel wird hier auf das optionale Argument verzichtet:

```
\setheadwidth{textwithmarginpar}
```

und sieht dann auf einer rechten Seite folgendermaßen aus:

KOMA-Script   3
_____

Dieser Blindtext wird gerade von 130 Millionen Rezeptoren Ihrer Netzhaut erfasst. Die   Netzhaut
Zellen werden dadurch in einen Erregungs-   (*Retina*)
zustand versetzt, der sich vom Sehnerv in den

Wie zu sehen, ist der Kopf jetzt nach innen verschoben, wobei die Kopfbreite sich nicht geändert hat. Die Verschiebung ist so berechnet, dass die
Seitenproportionen auch hier sichtbar werden.

```
\setheadtopline[Länge]{Dicke}[Anweisungen]
\setheadsepline[Länge]{Dicke}[Anweisungen]
\setfootsepline[Länge]{Dicke}[Anweisungen]
\setfootbotline[Länge]{Dicke}[Anweisungen]
```

Entsprechend den Größenparametern für die Kopf- und Fußzeile gibt es
auch Befehle, die die Dimensionen der Linien im Kopf und Fuß modifizieren
können.

\setheadtopline – modifiziert die Parameter für die Linie über dem Seitenkopf

\setheadsepline – modifiziert die Parameter für die Linie zwischen Kopf
und Textkörper

\setfootsepline – modifiziert die Parameter für die Linie zwischen Text
und Fuß

\setfootbotline – modifiziert die Parameter für die Linie unter dem Seitenfuß

Das obligatorische Argument *Dicke* bestimmt, wie stark die Linie ge-
zeichnet wird. Das optionale Argument *Länge* akzeptiert die gleichen symbolischen Werte wie *Breite* bei \setheadwidth, als auch einen normalen
Längenausdruck. Solange im Dokument dem optionalen Argument *Länge*

kein Wert zugewiesen wurde, passt sich die entsprechende Linienlänge automatisch der Breite des Kopfes bzw. des Fußes an.

Möchte man diesen Automatismus für die Länge einer Linie wieder restaurieren, dann nutzt man im Längenargument den Wert auto.

Mit dem optionalen Argument *Anweisungen* können zusätzliche Anweisungen definiert werden, die vor dem Zeichnen der jeweiligen Linie auszuführen sind. Das können beispielsweise Anweisungen sein, um die Farbe der Linie zu ändern. Bei Verwendung einer KOMA-Script-Klasse können diese Anweisungen auch über \setkomafont für eines der Elemente headtopline, headsepline, footsepline, footbottomline oder auch footbotline gesetzt und mit \addtokomafont erweitert werden. Die Anweisungen \setkomafont und \addkomafont sind in Abschnitt 3.2.1 näher beschrieben.

```
\setheadtopline[auto]{current}
\setheadtopline[auto]{}
\setheadtopline[auto]{}[]
```

Die hier am Befehl \setheadtopline illustrierten Argumente sind natürlich auch für die anderen drei Längenbefehle gültig.

Enthält das obligatorische Argument den Wert current oder wird leer gelassen, dann wird die Dicke der Linie nicht verändert. Das kann genutzt werden, wenn die Länge der Linie aber nicht die Dicke modifiziert werden soll.

Wird das optionale Argument *Anweisungen* weggelassen, so bleiben eventuell zuvor gesetzte Anweisungen erhalten. Wird hingegen ein leeres Argumen *Anweisungen* gesetzt, so werden eventuell zuvor gesetzte Anweisungen wieder gelöscht.

Beispiel: Soll beispielsweise der Kopf mit einer kräftigen Linie von 2 pt darüber und einer normalen von 0,4 pt zwischen Kopf und Text abgesetzt werden, dann erfolgt das mit:

```
\setheadtopline{2pt}
\setheadsepline{.4pt}
```

KOMA-Script   3

Dieser Blindtext wird gerade von 130 Millionen Rezeptoren Ihrer Netzhaut erfasst. Die   Netzhaut
Zellen werden dadurch in einen Erregungs-   *(Retina)*
zustand versetzt, der sich vom Sehnerv in den

Soll diese Linie zusätzlich in roter Farbe gesetzt werden, dann sind die Anweisungen beispielsweise wie folgt zu ändern:

```
\setheadtopline{2pt}[\color{red}]
\setheadsepline{.4pt}[\color{red}]
```

In diesem und auch dem folgenden Beispiel wurde für die Aktivierung der Farbe die Syntax des color-Pakets verwendet, das dann natürlich auch geladen werden muss. scrpage2 selbst bietet keine direkte Farbunterstützung. Damit ist jedes beliebige Farbunterstützungspaket verwendbar.

Mit einer KOMA-Script-Klasse kann alternativ

```
\setheadtopline{2pt}
\setheadsepline{.4pt}
\setkomafont{headtopline}{\color{red}}
\setkomafont{headsepline}{\color{red}}
```

verwendet werden.

Die automatische Anpassung an die Kopf- und Fußbreiten illustriert folgendes Beispiel:

```
\setfootbotline{2pt}
\setfootsepline[text]{.4pt}
\setfootwidth[0pt]{textwithmarginpar}
```

> Dieser Blindtext wird gerade von 130 Mil-
> lionen Rezeptoren Ihrer Netzhaut erfasst. Netzhaut
> Die Zellen werden dadurch in einen Erregungs- *(Retina)*
>
> ---
> KOMA-Script   3

Nun mag nicht jedem die Ausrichtung der Linie über der Fußzeile gefallen, sondern es wird in einem solchen Fall erwartet, dass sie wie der Kolumnentitel linksbündig zum Text ist. Diese Einstellung kann nur global in Form einer Paketoption erfolgen und wird im folgenden Abschnitt 4.1.4 mit anderen Optionen beschrieben.

4.1.4. Optionen beim Laden des Paketes

```
headinclude
headexclude
footinclude
footexclude
```

Diese Optionen bestimmen, ob der Seitenkopf bzw. der Seitenfuß für die Satzspiegel zum Textkörper gezählt werden. Die durch die Verwendung der Parameter notwendigen Einstellungen werden vom Paket typearea (siehe Abschnitt 2.4) vorgenommen, wenn dieses Paket nach scrpage2 geladen wird. Wichtig ist hier, dass bei Verwendung einer KOMA-Script-Klasse diese Optionen bei der Dokumentenklasse und nicht bei scrpage2 angegeben werden müssen, um eine Wirkung zu erzielen.

```
headtopline und plainheadtopline
headsepline und plainheadsepline
footsepline und plainfootsepline
footbotline und plainfootbotline
```

Eine Grundeinstellung für die Linien unter und über den Kopf- und Fußzeilen kann mit diesen Optionen vorgenommen werden. Diese Einstellungen gelten dann als Standard für alle mit scrpage2 definierten Seitenstile. Wird eine von diesen Optionen verwendet, dann wird eine Linienstärke von 0,4 pt eingesetzt. Da es zum Seitenstil `scrheadings` einen entsprechenden `plain`-Stil gibt, kann mit den `plain...`-Optionen auch die entsprechende Linie des `plain`-Stils konfiguriert werden. Diese `plain`-Optionen wirken aber nur, wenn auch die korrespondierende Option ohne `plain` aktiviert wurde. Somit zeigt die Option `plainheadtopline` ohne `headtopline` keine Wirkung.

Bei diesen Optionen ist zu beachten, dass der entsprechende Seitenteil in den Textbereich des Satzspiegels mit übernommen wird, wenn eine Linie aktiviert wurde. Wird also mittels `headsepline` die Trennlinie zwischen Kopf und Text aktiviert, dann wird automatisch mittels **typearea** der Satzspiegel so berechnet, dass der Seitenkopf Teil des Textblocks ist.

Die Bedingungen für die Optionen des vorhergehenden Abschnitts gelten auch für diesen Automatismus. Das bedeutet, dass das Paket **typearea** nach **scrpage2** geladen werden muss, beziehungsweise, dass bei Verwendung einer **KOMA-Script**-Klasse, die Optionen `headinclude` und `footinclude` explizit bei `\documentclass` gesetzt werden müssen, um Kopf- bzw. Fußzeile in den Texblock zu übernehmen.

> `ilines`
> `clines`
> `olines`

Bei der Festlegung der Linienlängen kann es vorkommen, dass die Linie zwar die gewünschte Länge, aber nicht die erwünschte Ausrichtung hat, da sie im Kopf- bzw. Fußbereich zentriert wird. Mit den hier vorgestellten Paketoptionen kann global für alle mit **scrpage2** definierten Seitenstile diese Vorgabe modifiziert werden. Dabei setzt `ilines` die Ausrichtung so, dass die Linien an den inneren Rand verschoben werden. Die Option `clines` verhält sich wie die Standardeinstellung und `olines` richtet am äußeren Rand aus.

Beispiel: Hier gilt es, das Beispiel zu `\setfootsepline` auf Seite 157 mit dem folgenden zu vergleichen, um die Wirkung der Option `ilines` zu sehen.

```
\usepackage[ilines]{scrpage2}
\setfootbotline{2pt}
\setfootsepline[text]{.4pt}
```

```
\setfootwidth[0pt]{textwithmarginpar}
```

Allein die Verwendung der Option `ilines` führt dabei zu der geänderten Ausgabe, die nachfolgend veranschaulicht wird:

Dieser Blindtext wird gerade von 130 Millionen Rezeptoren Ihrer Netzhaut erfasst. Netzhaut *(Retina)*
Die Zellen werden dadurch in einen Erregungs-

KOMA-Script   3

Die Trennlinie zwischen Text und Fuß wird bündig innen im Fußteil gesetzt und nicht wie bei der Standardeinstellung zentriert.

```
automark
manualmark
```

Diese Optionen setzen gleich zu Beginn des Dokuments die Einstellung, ob eine automatische Aktualisierung der Kolumnentitel erfolgt. Die Option `automark` schaltet die automatische Aktualisierung ein, `manualmark` deaktiviert sie. Ohne Verwendung einer der beiden Optionen bleibt die Einstellung erhalten, die beim Laden des Paketes gültig war.

Beispiel: Sie laden das Paket scrpage2 unmittelbar nach der Klasse scrreprt und ohne weitere Optionen. Dazu schreiben Sie:

```
\documentclass{scrreprt}
\usepackage{scrpage2}
```

Da bei scrreprt der Seitenstil `plain` voreingestellt ist, ist dies auch jetzt noch der Fall. Außerdem entspricht die Voreinstellung `plain` manuellen Kolumnentiteln. Wenn Sie also anschließend mit

```
\pagestyle{scrheadings}
```

auf den Seitenstil `scrheadings` umschalten, sind noch immer manuelle Kolumnentitel eingestellt.

Verwenden Sie stattdessen die Dokumentklasse scrbook, so ist nach

```
\documentclass{scrbook}
\usepackage{scrpage2}
```

der Seitenstil headings mit automatischen Kolumnentiteln aktiviert. Bei Umschaltung auf den Seitenstil `scrheadings` bleiben automatische Kolumnentitel eingeschaltet. Dabei werden dann weiterhin die Markierungsmakros von scrbook verwendet.

Verwenden Sie hingegen

```
\usepackage[automark]{scrpage2}
```

so wird unabhängig von der verwendeten Klasse auf automatische Kolumnentitel umgeschaltet, wobei die Markierungsmakros von scrpage2 genutzt werden. Natürlich wirkt sich dies auf den Seitenstil `plain` von scrreprt nicht aus. Die Kolumnentitel werden erst sichtbar, wenn auf den Seitenstil `scrheadings` oder `useheadings` oder einen selbstdefinierten Seitenstil mit Kolumnentiteln umgeschaltet wird.

`autooneside`

Diese Option sorgt dafür, dass das optionale Argument von \automark im einseitigen Satz automatisch ignoriert wird. Siehe hierzu auch die Erläuterung zum Befehl \automark in Abschnitt 4.1.2, Seite 151.

`komastyle`
`standardstyle`

Diese Optionen bestimmen, wie der vordefinierte Seitenstil `scrheadings` gestaltet ist. Bei komastyle wird eine Definition vorgenommen, wie sie den KOMA-Script-Klassen entspricht. Bei den KOMA-Script-Klassen ist dies die Voreinstellung und kann somit auch für andere Klassen gesetzt werden.

Die Option `standardstyle` definiert `scrheadings` wie es von den Standardklassen erwartet wird. Außerdem wird hier automatisch `markuppercase` aktiviert, es sei denn, `markusedcase` wird ebenfalls als Option übergeben.

`markuppercase`
`markusedcase`

Für die Funktionalität von `\automark` modifiziert `scrpage2` interne Befehle, die die Gliederungsbefehle benutzen, um die lebenden Kolumnentitel zu setzen. Da einige Klassen, im Gegensatz zu den KOMA-Script-Klassen, die Kolumnentitel in Großbuchstaben schreiben, muss `scrpage2` wissen, wie die genutzte Dokumentenklasse die lebenden Kolumnentitel darstellt.

Die Option `markuppercase` zeigt `scrpage2`, dass die benutzte Klasse die Großschreibweise benutzt. Die Option `markusedcase` sollte angegeben werden, wenn die benutzte Dokumentenklasse keine Großschreibweise verwendet. Die Optionen sind nicht geeignet, eine entsprechende Darstellung zu erzwingen. Es kann somit zu unerwünschten Effekten kommen, wenn die Angabe nicht dem Verhalten der Dokumentenklasse entspricht.

`nouppercase`

Wie in der Erklärung zu den Optionen `markuppercase` und `markusedcase` bereits ausgeführt wurde, gibt es Klassen und auch Pakete, die beim Setzen der lebenden Kolumnentitel mit Hilfe einer der Anweisungen `\uppercase` oder `\MakeUppercase` den gesamten Eintrag in Großbuchstaben wandeln. Mit der Option `nouppercase` können diese beiden Anweisungen im Kopf und im Fuß außer Kraft gesetzt werden. Das gilt aber nur für Seitenstile, die mit Hilfe von `scrpage2` definiert werden. Dazu zählen auch `scrheadings` und der zugehörige `plain`-Seitenstil.

Die verwendete Methode ist äußerst brutal und kann dazu führen, dass auch erwünschte Änderungen von Klein- in Großbuchstaben unterbleiben. Da diese Fälle nicht sehr häufig sind, stellt `nouppercase` aber meist eine brauchbare Lösung dar.

Beispiel: Sie verwenden die Standardklasse book, wollen aber, dass die lebenden Kolumnentitel nicht in Großbuchstaben, sondern in normaler gemischter Schreibweise gesetzt werden. Die Präambel Ihres Dokuments könnte dann wie folgt beginnen:

```
\documentclass{book}
\usepackage[nouppercase]{scrpage2}
\pagestyle{scrheadings}
```

Die Umschaltung auf den Seitenstil scrheadings ist notwendig, weil sonst der Seitenstil headings verwendet wird, der von der Option nouppercase nicht behandelt wird.

In einigen Fällen setzen nicht nur Klassen, sondern auch Pakete lebende Kolumnentitel in Großbuchstaben. Auch in diesen Fällen hilft nouppercase meist, um zu gemischter Schreibweise zurückzuschalten.

4.2. Seitenstile selbst gestalten

4.2.1. Die Anwenderschnittstelle

Nun möchte man ja nicht immer an die vorgegebenen Seitenstile gebunden sein, sondern auch seiner Kreativität freien Lauf lassen. Manchmal ist man auch dazu gezwungen, weil ein bestimmtes *Corporate Identity* einer Firma es verlangt. Der einfachste Weg damit umzugehen ist

```
\deftripstyle{Name}[LA][LI]{KI}{KM}{KA}{FI}{FM}{FA}
```

Die einzelnen Felder haben folgende Bedeutung:

Name – die Bezeichnung des Seitenstils, um ihn mit \pagestyle{*Name*} zu aktivieren

LA – die Dicke der äußeren Linien, d. h. der Linien über der Kopfzeile und unter der Fußzeile (optional)

LI – die Dicke der inneren Linie, d. h. der Linien die Kopf und Fuß vom Textkörper trennen (optional)

KI – Inhalt des Feldes im Kopf innenseitig oder bei einseitigem Layout links

KM – Inhalt des Feldes im Kopf zentriert

KA – Inhalt des Feldes im Kopf außenseitig oder bei einseitigem Layout rechts

FI – Inhalt des Feldes im Fuß innenseitig oder bei einseitigem Layout links

FM – Inhalt des Feldes im Fuß zentriert

FA – Inhalt des Feldes im Fuß außenseitig oder bei einseitigem Layout rechts

Der Befehl \deftripstyle stellt sicherlich die einfachste Möglichkeit dar, Seitenstile zu definieren. Leider sind damit auch Einschränkungen verbunden, da in einem Seitenbereich mit einem durch \deftripstyle deklarierten Seitenstil keine Änderung der Kopf- und Fußlinien erfolgen kann.

Beispiel: Vorgegeben sei ein doppelseitiges Layout, bei dem die Kolumnentitel innen erscheinen sollen. Weiterhin soll der Dokumententitel, in diesem Fall kurz „Bericht", an den Außenrand in den Kopf, die Seitenzahl soll zentriert in den Fuß.

```
\deftripstyle{DerBericht}%
            {\headmark}{}{Bericht}%
            {}{\pagemark}{}
```

Sollen weiterhin die Linien über dem Kopf und unter dem Fuß mit 2 pt erscheinen und der ganze Textkörper mit dünnen Linien von 0,4 pt von Kopf und Fuß abgesetzt werden, dann erweitert man vorherige Definition.

```
\deftripstyle{DerBericht}[2pt][.4pt]%
            {\headmark}{}{Bericht}%
            {}{\pagemark}{}
```

```
┌─────────────────────────┐      ┌─────────────────────────┐
│ Bericht      2 Das Auge │      │ 2.1 Netzhaut    Bericht │
│ ─────────────────────── │      │ ─────────────────────── │
│ 2.1 Netzhaut            │      │ impulse aus, die Ihr    │
│ Dieser Blindtext wird   │      │ zentrales Nervensystem  │
│ gerade von 130 Millionen│      │ in konkrete Hand-       │
│ Rezeptoren Ihrer        │      │ lungen umsetzt. Kopf    │
│ Netzhaut erfasst. Die   │      │ und Augen reagieren     │
│ Zellen werden dadurch   │      │ bereits. Sie folgen dem │
│ in einen Erregungs-     │      │ Text, nehmen die darin  │
│ zustand versetzt, der   │      │ enthaltenen Informati-  │
│ sich vom Sehnerv in den │      │ onen auf und leiten     │
│ hinteren Teil Ihres     │      │ diese über den Sehnerv  │
│ Gehirns ausbreitet. Von │      │ weiter.                 │
│ dort aus überträgt sich │      │                         │
│ die Erregung in         │      │                         │
│ Sekundenbruchteilen auch│      │                         │
│ in andere Bereiche Ihres│      │                         │
│ Großhirns. Ihr          │      │                         │
│ Stirnlappen wird        │      │                         │
│ stimuliert. Von dort    │      │                         │
│ aus gehen jetzt Willens-│      │                         │
│ ─────────────────────── │      │ ─────────────────────── │
│           14            │      │           15            │
└─────────────────────────┘      └─────────────────────────┘
```

4.2.2. Die Expertenschnittstelle

Einfache Seitenstile, wie sie mit \deftripstyle deklariert werden können, sind erfahrungsgemäß selten. Entweder verlangt ein Professor, dass die Diplomarbeit so aussieht wie seine eigene – und wer will ihm da *ernsthaft* widersprechen – oder eine Firma möchte, dass die halbe Finanzbuchhaltung im Seitenfuß auftaucht. Alles kein Problem, denn es gibt noch:

```
\defpagestyle{Name}{Kopfdefinition}{Fußdefinition}
\newpagestyle{Name}{Kopfdefinition}{Fußdefinition}
\renewpagestyle{Name}{Kopfdefinition}{Fußdefinition}
\providepagestyle{Name}{Kopfdefinition}{Fußdefinition}
```

Dies sind die Befehle, die die volle Kontrolle über die Gestaltung eines Seitenstils ermöglichen. Der Aufbau ist bei allen vier Definitionen gleich, sie unterscheiden sich nur in Hinsicht der Wirkungsweise.

\defpagestyle — definiert einen neuen Seitenstil. Existiert bereits einer mit diesem Namen, wird dieser überschrieben.

\newpagestyle — definiert einen neuen Seitenstil. Wenn schon einer mit diesem Namen existiert, wird ein Fehler ausgegeben.

\renewpagestyle — definiert einen bestehenden Seitenstil um. Wenn noch keiner mit diesem Namen existiert, wird ein Fehler ausgegeben.

`\providepagestyle` – definiert einen neuen Seitenstil nur dann, wenn dieser vorher noch nicht existiert.

Am Beispiel von `\defpagestyle` soll die Syntax der Definitionen im Folgenden erläutert werden.

Name   – die Bezeichnung des Seitenstils für `\pagestyle{`*Name*`}`

Kopfdefinition– die Deklaration des Seitenkopfes bestehend aus fünf Teilen, wobei die in runden Klammern stehenden Angaben optional sind: (*OLL,OLD*){*GS*}{*US*}{*ES*}(*ULL,ULD*)

Fußdefinition – die Deklaration des Seitenfußes bestehend aus fünf Teilen, wobei die in runden Klammern stehenden Angaben optional sind: (*OLL,OLD*){*GS*}{*US*}{*ES*}(*ULL,ULD*)

Wie zu sehen ist, haben Kopf- und Fußdefinition identischen Aufbau. Die einzelnen Parameter haben folgende Bedeutung:

OLL – obere Linienlänge: Kopf = außen, Fuß = Trennlinie

OLD – obere Liniendicke

GS – Definition für die *gerade* Seite

US – Definition für die *ungerade* Seite

ES – Definition für *einseitiges* Layout

ULL – untere Linienlänge Kopf = Trennlinie, Fuß = außen

ULD – untere Liniendicke

Werden die optionalen Linienargumente nicht gesetzt, dann bleibt das Verhalten weiterhin durch die in Abschnitt 4.1.3, Seite 155 vorgestellten Linienbefehle konfigurierbar.

Die drei Felder *GS*, *US* und *ES* entsprechen Boxen, die die Breite des Kopf- bzw. Fußteils haben. Die entsprechenden Definitionen erscheinen in diesen Boxen linksbündig. Um somit etwas links- *und* rechtsseitig in den Boxen zu platzieren, kann der Zwischenraum mit `\hfill` gestreckt werden:

```
{\headmark\hfill\pagemark}
```

Um zusätzlich etwas zentriert erscheinen zu lassen, ist eine erweiterte Definition notwendig. Die Befehle \rlap und \llap setzen die übergebenen Argumente. Für LaTeX erscheint es aber so, dass diese Texte eine Breite von Null haben. Nur so erscheint der mittlere Text auch wirklich zentriert.

```
{\rlap{\headmark}\hfill zentriert\hfill\llap{\pagemark}}
```

Dies und die Verwendung der Expertenschnittstelle in Zusammenhang mit anderen Befehlen von scrpage2 nun als abschließendes Beispiel.

Beispiel: Im Beispiel wird die Dokumentenklasse scrbook genutzt. Das bedeutet, es liegt im Dokument standardmäßig zweiseitiges Layout vor. Für das Paket scrpage2 wird festgelegt, dass mit automatisch aktualisierten Kolumnentiteln gearbeitet wird und dass im Seitenstil scrheadings eine Trennlinie zwischen Kopf und Text gezogen wird.

```
\documentclass{scrbook}
\usepackage[automark,headsepline]{scrpage2}
```

Mit Hilfe der Expertenschnittstelle werden zwei Seitenstile definiert. Der erste legt keine Linienargumente fest, im zweiten wird die Linie über dem Kopf mit einer Dicke von 1 pt und die Linie unter dem Kopf mit 0 pt festgelegt.

```
\defpagestyle{ohneLinien}{%
  {Beispiel\hfill\headmark}
  {\headmark\hfill ohne Linien}
  {\rlap{Beispiel}\hfill\headmark\hfill%
   \llap{ohne Linien}}
}{%
  {\pagemark\hfill}
  {\hfill\pagemark}
  {\hfill\pagemark\hfill}
}
```

```
\defpagestyle{mitLinien}{%
  (\textwidth,1pt)
  {mit Linien\hfill\headmark}
  {\headmark\hfill mit Linien}
  {\rlap{\KOMAScript}\hfill \headmark\hfill%
   \llap{mit Linien}}
  (0pt,0pt)
}{%
  (\textwidth,.4pt)
  {\pagemark\hfill}
  {\hfill\pagemark}
  {\hfill\pagemark\hfill}
  (\textwidth,1pt)
}
```

Gleich zu Beginn wird der Seitenstil scrheadings aktiviert. Mit \chapter wird ein neues Kapitel begonnen. Weiterhin wird automatisch durch \chapter der Seitenstil für diese Seite auf plain gesetzt. Auch wenn das folgende \chead recht unüblich und vielleicht nicht besonders gelungen ist, zeigt es doch, dass durch Modifikation des plain-Stils ein Kolumnentitel erzeugt werden kann. Grundsätzlich sollte jedoch davon Abstand genommen werden, da sonst der Markierungscharakter der plain-Seite verloren geht. Es ist wichtiger anzuzeigen, dass hier ein neues Kapitel beginnt, als dass ein Abschnitt dieser Seite einen bestimmten Titel trägt.

```
\begin{document}
\pagestyle{scrheadings}

\chapter{Thermodynamik}
\chead[\leftmark]{}
\section{Hauptsätze}
Jedes System besitzt eine extensive Zustandsgröße
Energie. Sie ist in einem abgeschlossenen System
```

konstant.

---

1 Thermodynamik

1 Thermodynamik
1.1 Hauptsätze
Jedes System besitzt eine extensive Zustands-

Nach dem Seitenwechsel ist dann der Seitenstil scrheadings aktiv, und somit auch die Trennlinie aus den Paketoptionen sichtbar.

```
Es existiert eine Zustandsgröße, genannt die
Entropie, eines Systems, deren zeitliche Änderung
sich aus Entropieströmung und Entropieerzeugung
zusammensetzt.
```

---

1 Thermodynamik

Es existiert eine Zustandsgröße, genannt die Entropie, eines Systems, deren zeitliche Änderung sich aus Entropieströmung und Entropie-

---

Wiederum nach einem Seitenwechsel wird auf manuelle Kolumnentitel gewechselt und der Seitenstil ohneLinien aktiviert. Da keine Linienargumente bei der Definition dieses Stils genutzt wurden, wird die Standard-Linienkonfiguration verwendet, die hier eine Linie zwischen Kopf und Text zeichnet, da headsepline als Argument für scrpage2 angegeben wurde.

```
\manualmark
\pagestyle{ohneLinien}
\section{Exergie und Anergie}
```

```
\markright{Energieumwandlung}
Man bezeichnet die bei der Einstellung des
Gleichgewichts mit der Umgebung maximal
gewinnbare Arbeit als Exergie.
```

Energieumwandlung   *ohne Linien*

1.2 Exergie und Anergie
Man bezeichnet die bei der Einstellung des
Gleichgewichts mit der Umgebung maximal

Nach dem Wechsel auf die folgende linke Seite wird der Seitenstil
`mitLinien` aktiviert. Die Linieneinstellungen werden hier nun
angewendet und entsprechend der Definition dargestellt.

```
\pagestyle{mitLinien}
\renewcommand{\headfont}{\itshape\bfseries}
Den nicht in Exergie umwandelbaren Anteil einer
Energie nennt man Anergie \Var{B}.
\[ B = U + T (S_1 - S_u) - p (V_1 - V_u)\]
\end{document}
```

mit Linien   *1 Thermodynamik*

Den nicht in Exergie umwandelbaren Anteil
einer Energie nennt man Anergie B.

$$B = U + T(S_1 - S_u) - p(V_1 - V_u)$$

4.2.3. Seitenstile verwalten

Bei längerer Arbeit mit verschiedenen Seitenstilen wird sich, je nach Geschmack und Aufgabenstellung, ein fester Satz an benutzten Stilen etablieren.

Um nicht bei jedem neuen Projekt eine große Kopieraktion von den Daten eines Projekts zum neuen Projekt starten zu müssen, liest `scrpage2` am Ende seiner Initialisierungsphase die Datei `scrpage.cfg` ein. In dieser Datei können dann Seitenstile definiert sein, die viele Projekte gemeinsam nutzen können.

5. Wochentag und Uhrzeit mit scrdate und scrtime

Zu KOMA-Script gehören auch zwei Pakete, um den Umgang mit Datum und Zeit über die beiden Standardbefehle \today und \date hinaus zu erweitern. Ebenso wie die anderen Pakete aus KOMA-Script können diese Pakete auch mit den Standardklassen verwendet werden.

5.1. Der aktuelle Wochentag mit scrdate

Das erste Problem ist die Frage nach dem aktuellen Wochentag. Dieses kann mit Hilfe des Pakets scrdate gelöst werden.

`\todaysname`

Bekanntlich erhält man mit \today das aktuelle Datum in der landestypischen Schreibweise. scrdate bietet mit \todaysname eine Anweisung, um den aktuellen Wochentag zu erhalten.

Beispiel: Sie wollen in Ihrem Dokument ausgeben, an welchem Tag es mit LaTeX in eine DVI-Datei übersetzt wurde. Sie schreiben dazu

```
Dieses Dokument entstand an einem {\todaysname}.
```

und erhalten beispielsweise:

Dieses Dokument entstand an einem Freitag.

Es sei darauf hingewiesen, dass das Paket natürlich nicht deklinieren kann. Gespeichert sind die Wochentage im Nominativ Singular, wie er beispielsweise für eine Datumsangabe in Briefen benötigt wird. Obiges Beispiel funktioniert daher nur sprachabhängig und eher zufällig.

Tipp: Wenn Sie den Namen des Tages in Kleinbuchstaben benötigen, weil das in der entsprechenden Sprache innerhalb des Satzes so üblich ist, können Sie das erreichen, obwohl die Namen der Wochentage in scrdate alle groß geschrieben sind. In diesem Fall können Sie einfach auf die LATEX-Anweisung \MakeLowercase zurückgreifen und \MakeLowercase{\todaysname} schreiben.

`\nameday{`*Name*`}`

So wie mit \date die Ausgabe von \today direkt geändert werden kann, setzt \nameday die Ausgabe von \todaysname auf den Wert *Name*.

Beispiel: Sie setzen mit \date das aktuelle Datum auf einen festen Wert. Für die Ausgabe des zugehörigen Wochentags interessiert es nur, dass dieser Tag ein Werktag war. Daher schreiben Sie

```
\nameday{Werktag}
```

und erhalten so mit dem Satz aus dem vorherigen Beispiel:

Dieses Dokument entstand an einem Werktag.

Das scrdate-Paket beherrscht derzeit die Sprachen Englisch (english and USenglish), Deutsch (german, ngerman und austrian), Französisch (french), Italienisch (italian), Spanisch (spanish) und Kroatisch (croatian), kann aber auch für andere Sprachen konfiguriert werden. Näheres dazu entnehme man scrdate.dtx.

Bei der aktuellen Version ist es egal, ob scrdate vor oder nach german, babel oder ähnlichen Paketen geladen wird, in jedem Falle wird die korrekte Sprache gewählt.

Etwas genauer ausgedrückt: Solange die Sprachauswahl in einer zu babel bzw. german kompatiblen Form erfolgt und die Sprache scrdate bekannt ist, wird die Sprache korrekt gewählt. Ist dies nicht der Fall, werden (US-)englische Ausdrücke verwendet.

5.2. Die aktuelle Zeit mit scrtime

Das zweite Problem ist die Frage nach der aktuellen Zeit. Dieses kann mit Hilfe des Pakets scrtime gelöst werden.

```
\thistime[Trennung]
\thistime*[Trennung]
```

\thistime liefert die aktuelle Zeit. Als Trennbuchstabe zwischen den Werten Stunden, Minuten und Sekunden wird das optionale Argument *Trennung* verwendet. Die Voreinstellung ist hierbei das Zeichen „:".

\thistime* funktioniert fast genau wie \thistime. Der einzige Unterschied besteht darin, dass im Gegensatz zu \thistime bei \thistime* die Minutenangaben bei Werten kleiner 10 nicht durch eine vorangestellte Null auf zwei Stellen erweitert wird.

Beispiel: Die Zeile

```
    Ihr Zug geht um \thistime\ Uhr.
```

liefert als Ergebnisse beispielsweise eine Zeile wie

> Ihr Zug geht um 8:18 Uhr.

oder

> Ihr Zug geht um 23:09 Uhr.

Demgegenüber liefert die Zeile

```
    Beim nächsten Ton ist es \thistime*[\ Uhr,\ ]
    Minuten und 42 Sekunden.
```

als mögliches Ergebniss etwas wie:

> Beim nächsten Ton ist es 8 Uhr, 18 Minuten und 42 Sekunden.

oder

> Beim nächsten Ton ist es 23 Uhr, 9 Minuten und 42 Sekunden.

> `\settime{Wert}`

`\settime` setzt die Ausgabe von `\thistime` und `\thistime*` auf einen festen *Wert*. Anschließend wird das optionale Argument von `\thistime` bzw. `\thistime*` ignoriert, da ja die komplette Zeichenkette, die `\thistime` bzw. `\thistime*` nun liefert, hiermit explizit festgelegt wurde.

> 12h
> 24h

Mit den Optionen 12h und 24h kann ausgewählt werden, ob die Zeit bei `\thistime` und `\thistime*` im 12-Stunden- oder 24-Stunden-Format ausgegeben werden soll. Voreingestellt ist 24h. Die Option verliert bei einem Aufruf von `\settime` ebenfalls ihre Gültigkeit.

6. Die neue Briefklasse scrlttr2

Seit der Ausgabe vom Juni 2002 beinhaltet KOMA-Script eine komplett neue Briefklasse. Obwohl einige Teile davon mit den Klassen aus Kapitel 3 übereinstimmen, sind Briefe doch etwas ganz anderes als Artikel, Berichte, Bücher oder Ähnliches. Schon allein deshalb gibt es für die Briefklasse ein eigenes Kapitel. Aber auch aus einem anderen Grund ist ein eigenes Kapitel für scrlttr2 gerechtfertigt. Die Klasse wurde von Grund auf neu entwickelt. Sie hat daher auch ein komplett anderes Bedienkonzept als alle anderen mir bekannten Klassen. Die neue Art der Bedienung ist möglicherweise etwas ungewohnt, bietet jedoch nicht nur dem geübten Anwender einige Vorteile.

6.1. Rückblick auf die alte Briefklasse

Die alte Briefklasse scrlettr ist obsolet. Sie sollte für neue Briefe besser nicht mehr verwendet werden. Sie wird nicht mehr weiterentwickelt und es findet daher auch nur noch sehr eingeschränkter Support dafür statt. Wer dennoch unbedingt die Anleitung zur alten Briefklasse benötigt, kann diese in `scrlettr.dtx` finden. Am besten führt man dazu einige LaTeX-Läufe mit jener Datei durch, also beispielsweise:

```
latex scrlettr.dtx
latex scrlettr.dtx
latex scrlettr.dtx
```

Man erhält so die Datei `scrlettr.dvi` mit der Anleitung.

Um den Umstieg von der alten auf die neue Klasse zu erleichtern, existiert außerdem eine Kompatibilitätsoption. Grundsätzlich ist in der neuen Klasse die gesamte alte Funktionalität enthalten. Ohne die Kompatibilitätsoption ist jedoch die Benutzerschnittstelle eine andere und auch die Voreinstellungen stimmen nicht überein. Näheres zu besagter Option ist Abschnitt 6.2.8, Tabelle 6.10 und Abschnitt 6.9 zu entnehmen.

6.2. Die Optionen

Die Briefklasse scrlttr2 bedient sich für die Optionen des keyval-Paketes. Dieses ist Bestandteil des graphics-Paketes (siehe [Car99b]). Da jenes Paket zur *required*-Sektion von LATEX gehört, sollte es Bestandteil jeder LATEX-Verteilung sein. Sollte Ihre TEX-Distribution zwar LATEX, nicht jedoch das graphics-und keyval-Paket enthalten, beschweren Sie sich bitte beim zuständigen TEX-Distributor. Wenn Sie scrlttr2 verwenden wollen, wird Ihnen in einem solchen Fall nichts anderes übrig bleiben, als das graphics-Paket zu installieren.

Das Besondere am keyval-Paket ist, dass Optionen Werte erhalten können. Dadurch werden nicht nur wesentlich weniger Optionen benötigt, sondern gegebenenfalls auch weniger optionale Argumente. Sie werden dies bei der Beschreibung der letter-Umgebung in Abschnitt 6.4.3, Seite 226 feststellen. Das keyval-Paket wird von der Klasse automatisch geladen. Sollten Sie Optionen an das Paket übergeben müssen, so verwenden Sie hierfür bitte die Anweisung \PassOptionsToPackage vor \documentclass.

6.2.1. Spätere Optionenwahl

In diesem Abschnitt wird auf eine Besonderheit der neuen Briefklasse vorgegriffen. Der Sinn dieser Besonderheit wird eigentlich erst klar, wenn der Aufbau einer Briefdatei mit mehreren Briefen und eine weitere Besonderheit von scrlttr2 verstanden ist. Um jedoch die Anzahl der Vorwärtsverweise überschaubar zu halten, erschien es sinnvoll, diese bereits hier zu beschreiben.

\KOMAoptions{*Optionenliste*}

Eine Besonderheit der scrlttr2-Klasse besteht darin, dass viele Optionen auch noch nach dem Laden der Klasse geändert werden können. Dazu dient diese Anweisung, der die gewünschten Optionen und deren Werte als Argument übergeben werden. Mehrere Optionen können dabei genau wie beim optionalen Argument von \documentclass mit Komma voneinander getrennt aufgelistet werden. Sollte eine Option nur beim Laden der Klasse, also als optionales Argument von \documentclass erlaubt sein, so wird in der Beschreibung der jeweiligen Option explizit darauf hingewiesen.

Falls man in der *Optionenliste* eine Option auf einen unzulässigen Wert setzt, so stoppt LaTeX mit einer Fehlermeldung. Durch Eingabe von „h" erhält man dann eine Hilfe, in der auch die möglichen Werte für die entsprechende Option angegeben sind.

6.2.2. Optionen für die Kompatibilität

Wer seine Briefe im Quellcode archiviert, legt in der Regel allergrößten Wert darauf, dass bei zukünftigen LaTeX-Läufen immer wieder exakt dasselbe Ergebnis erzielt wird. In einigen Fällen ist es aber so, dass Verbesserungen und Korrekturen an der Klasse zu Änderungen im Verhalten, inbesondere beim Umbruch, führen.

```
version=Wert
```

Bei scrlttr2 besteht die Wahl, ob eine Quelldatei so weit irgend möglich auch zukünftig bei einem LaTeX-Lauf zu exakt demselben Ergebnis führen soll oder ob jeweils entsprechend der Anpassungen der neusten Version der Klasse zu setzen ist. Zu welcher Version Kompatibilität herzustellen ist, wird dabei über die Option version festgelegt. Voreingestellt ist Version 2.9t. Dasselbe Ergebnis kann mit

```
version=first
```

oder

```
version=2.9
```

oder

```
version=2.9t
```

erreicht werden. Bei Angabe einer unbekannten Version als *Wert* wird eine Warnung ausgegeben und sicherheitshalber version=first angenommen. Mit

```
version=last
```

kann die jeweils neuste Version ausgewählt werden. In diesem Fall wird also auf zukünftige Kompatibilität verzichtet. Wird die Option ohne Wertangabe verwendet, so wird ebenfalls `last` angenommen.

Die Frage der Kompatiblität betrifft in erster Linie Fragen des Umbruchs. Neue Möglichkeiten, die sich nicht auf den Umbruch auswirken, sind auch dann verfügbar, wenn man per Option die Kompatibilität zu einer älteren Version ausgewählt hat.

6.2.3. Optionen für den Satzspiegel

Die scrlttr2-Klasse stützt sich im Gegensatz zur alten scrlettr-Klasse und in Übereinstimmung mit den übrigen KOMA-Script-Klassen zur Festlegung des Satzspiegels auf das typearea-Paket (siehe Kapitel 2). Das Paket wird von der Klasse automatisch geladen. Die Steuerung des Paketes übernimmt die Klasse. Die dazu benötigten Optionen werden in diesem Abschnitt erwähnt.

paper=*Format*

Mit dieser Option wird das Papierformat angegeben. Es werden theoretisch alle Papierformate unterstützt, die das typearea-Paket kennt. Dabei ist jedoch das Postfix paper bei der Angabe des Wertes *Format* wegzulassen. Für das Letterformat verwenden Sie also beispielsweise den Wert `letter`. Die Formate der ISO A-, B-, C- und D-Reihe sind mit Kleinbuchstaben zu übergeben, beispielsweise a4 für ISO A4. Siehe hierzu auch Abschnitt 2.5.

Obwohl jedes von typearea einstellbare Format verwendbar ist, kann es bei der Ausgabe der ersten Briefseite mit manchen Formaten zu unerwünschten Ergebnissen kommen. Das liegt aber nicht am Konzept der Klasse, sondern daran, dass derzeit nur Parametersätze für ISO A4 existieren. Leider gibt es keine allgemeingültigen Regeln, um die Position von Anschriftfeldern und Ähnlichem für beliebige Papierformate zu berechnen. Es ist jedoch möglich, auch für andere Papierformate Parametersätze zu erstellen. Näheres dazu ist Abschnitt 6.2.8 zu entnehmen.

BCOR=*Länge* DIV=*Wert* headlines=*Anzahl*

Die Optionen für den Divisor, die Bindekorrektur und die Anzahl der Kopfzeilen wird direkt in die entsprechenden Optionen für das typearea Paket

Tabelle 6.1.: Standardwerte für einfache Schalter in der Klasse scrlttr2

Wert	Bedeutung
true	aktiviert die Option
on	aktiviert die Option
false	deaktiviert die Option
off	deaktiviert die Option

übersetzt und an dieses Paket weitergeleitet. Werden die Optionen nicht als Klassenoptionen sondern mit \KOMAoptions gesetzt, so wird die Anweisung \typearea aus dem typearea-Paket verwendet. Siehe dazu auch Abschnitt 2.4, Seite 31.

enlargefirstpage

Wie später erklärt wird, fällt die erste Seite eines Briefes immer aus dem normalen Satzspiegel. scrlttr2 stellt Mechanismen bereit, um die Höhe und vertikale Ausrichtung von Kopf und Fuß der ersten Seite unabhängig von den Folgeseiten bestimmen zu können. Würde dadurch der Fuß der ersten Seite in den Textbereich ragen, so wird der Textbereich der ersten Seite automatisch mit Hilfe von \enlargethispage verkleinert. Soll der Textbereich umgekehrt auch vergrößert werden, falls der Fuß der ersten Seite dies erlaubt, so kann das mit dieser Option erreicht werden. Es passt dann bestenfalls etwas mehr Text auf die erste Seite. Siehe hierzu auch die Erklärung zur Pseudolänge firstfootvpos in Abschnitt 6.4.2, Seite 221. Die Option versteht die Standardwerte für einfache Schalter, die in Tabelle 6.1, Seite 181 angegeben sind. Voreingestellt ist false.

6.2.4. Optionen für das Layout

In diesem Unterabschnitt werden alle Optionen zusammengefasst, die sich im weiter gefassten Sinne auf das Layout und nicht auf den Satzspiegel auswirken. Genau genommen sind natürlich alle Satzspiegeloptionen (siehe Abschnitt 6.2.3) Layoutoptionen. Teilweise gilt dies auch umgekehrt.

```
mpinclude
mpexclude
```

Diese beiden Optionen des typearea-Paketes sollten nicht zusammen mit der scrlttr2-Klasse verwendet werden, da insbesondere die erste Briefseite diese Option nicht berücksichtigt. Um Beschwerden vorzugreifen, wird daher bei Verwendung dieser Option eine Warnung ausgegeben. Wenn Sie experimentierfreudig sind, können Sie aber gerne ausprobieren, wie sich insbesondere `mpinclude` zusammen mit anderen Optionen auf die Klasse auswirkt.

```
twoside
```

Doppelseitige Briefe ergeben in den Augen des Autors wenig Sinn. Deshalb schaltet die Option `twoside` auch nur teilweise auf ein doppelseitiges Layout. So wird zwar die Möglichkeit geschaffen, auf linken und rechten Seiten mit einem unterschiedlichen Rand zu arbeiten, diese Möglichkeit wird jedoch nicht genutzt. Die Option hat also mehr die Bedeutung: *Aktiviere die Möglichkeiten eines zweiseitigen Dokuments aber behalte bis auf weiteres und so weit wie möglich das einseitige Layout bei.* Die Option versteht die Standardwerte für einfache Schalter, die in Tabelle 6.1, Seite 181 angegeben sind. Voreingestellt ist `false`.

Übrigens werden zweispaltige Briefe nicht unterstützt, da absolut kein Sinn darin gesehen wird.

```
cleardoublepage=Stil
```

Will man, dass mit der \cleardoublepage-Anweisung eingefügte Leerseiten im Kopf- und Fuß nur eine Seitenzahl oder gar nichts aufweisen, so kann das mit Hilfe dieser Option eingestellt werden. Es stehen drei verschiedene Stile zur Verfügung, die in Tabelle 6.2 aufgeführt sind. Die Seitenstile werden in Abschnitt 6.3.2 näher erläutert. Voreingestellt ist `standard`.

```
headsepline
footsepline
```

Mit Hilfe dieser beiden Optionen kann eine Trennlinie unter dem Kopf oder über dem Fuß von Folgeseiten eingeschaltet werden. Folgeseiten im Sprachgebrauch dieser Anleitung sind alle Briefseiten, abgesehen von der ersten.

Tabelle 6.2.: Mögliche Werte für Option `cleardoublepage` zur Wahl des Seitenstils von leeren Schaltseiten bei scrlttr2

`empty`
> schaltet für die Leerseite auf den Seitenstil `empty`

`plain`
> schaltet für die Leerseite auf den Seitenstil `plain`

`standard`
> behält für die Leerseite den aktuellen Seitenstil bei.

Die Optionen headsepline und `footsepline` verstehen die Standardwerte für einfache Schalter, die in Tabelle 6.1, Seite 181 angegeben sind. Voreingestellt ist `false`. Wird eine Option wie in der Deklaration ohne Wert verwendet, so entspricht dies dem Wert `true`, die Trennlinie wird also aktiviert. Bei Verwendung als Option in \documentclass wird zusätzlich die Option headinclude beziehungsweise footinclude an das Paket typearea übergeben (siehe Abschnitt 2.4, Seite 35).

pagenumber=*Position*

Mit Hilfe dieser Option kann bestimmt werden, ob und wo eine Seitenzahl auf Folgeseiten gesetzt werden soll. Folgeseiten sind alle Briefseiten ohne Briefkopf. Die Option wirkt sich auf die Seitenstile headings und plain aus. Sie beeinflusst außerdem die Voreinstellung der Seitenstile des scrpage2-Paketes, soweit sie vor dem Laden dieses Paketes gesetzt wird (siehe Kapitel 4). Es gibt Werte, die sich nur auf die horizontale Position auswirken, Werte, die nur die vertikale Position beeinflussen, und Werte, die zugleich die vertikale und die horizontale Position festlegen. Mögliche Werte sind Tabelle 6.3 zu entnehmen. Voreingestellt ist botcenter.

parskip=*Wert*

Gerade bei Briefen erlebt man häufig, dass diese nicht mit Einrückung der ersten Zeile eines Absatzes, sondern mit Abstand zwischen den Absätzen gesetzt werden. Hier spielt die Tradition eine große Rolle. Offenbar fiel es früher der durchschnittlichen Sekretärin leichter, auf der Schreibmaschine zweimal

Tabelle 6.3.: Mögliche Werte für Option pagenumber zur Positionierung der Paginierung bei den Seitenstilen headings und plain von scrlttr2

bot, foot
: Seitenzahl im Fuß ohne Änderung der horizontalen Position

botcenter, botcentered, botmittle, footcenter, footcentered, footmiddle
: Seitenzahl zentriert im Fuß

botleft, footleft
: Seitenzahl links im Fuß

botright, footright
: Seitenzahl rechts im Fuß

center, centered, middle
: Seitenzahl zentriert ohne Änderung der vertikalen Position

false, no, off
: keine Seitenzahl

head, top
: Seitenzahl im Kopf ohne Änderung der horizontalen Position

headcenter, headcentered, headmiddle, topcenter, topcentered, topmiddle
: Seitenzahl zentriert im Kopf

headleft, topleft
: Seitenzahl links im Kopf

headright, topright
: Seitenzahl rechts im Kopf

left
: Seitenzahl links ohne Änderung der vertikalen Position

right
: Seitenzahl rechts ohne Änderung der vertikalen Position

den Hebel zur Zeilenschaltung zu betätigen als eine Einrückung mittels gut gesetztem Tabulator oder Leertaste zu setzen. Da korrekter Blocksatz mit einer Schreibmaschine kaum möglich war, wurden und werden Briefe auch heute noch häufig im Flattersatz gesetzt.

Typografen wie Jan Tschichold vertreten jedoch die Auffassung, dass für Briefe, die mit den Mitteln des modernen Schriftsatzes erstellt werden, diese Mittel auch ebenso gut genutzt werden sollten wie für andere Dokumente. So gesehen sollten also auch Briefe mit Absatzeinrückung und im Blocksatz erstellt werden.

scrlttr2 bietet nicht nur die Möglichkeit, Absätze durch Einrückung der ersten Zeile zu kennzeichnen, sondern alternativ einen Abstand zwischen den Absätzen zu verwenden. Dabei kann zwischen einer halben und einer ganzen Zeile Abstand gewählt werden. Zur Erleichterung der Erkennung des Absatzendes kann bei der Wahl von Absatzabstand die erlaubte Füllung der letzten Zeile eines Absatzes eingestellt werden. All diese Möglichkeiten werden über die Werte der Option parskip gesteuert, deren mögliche Werte in Tabelle 6.4 zu finden sind. Voreingestellt ist false.

6.2.5. Optionen für die Schriftwahl

Optionen für die Schriftwahl sind Optionen, die sich auf die Größe der Grundschrift oder der Schrift einzelner Teile auswirken.

```
fontsize=Größe
```

Während bei den Hauptklassen die Schriftgröße des Dokuments mit 10pt, 11pt usw. gewählt wird, gibt man bei scrlttr2 die gewünschte *Größe* als Wert dieser Option an. Die Funktionalität ist aber ansonsten gleich. Diese Option kann nur bei \documentclass nicht, jedoch bei \KOMAoptions angegeben werden. Voreingestellt ist 12pt.

6.2.6. Optionen für Briefkopf und Anschrift

Die scrlttr2-Klasse bietet eine ganze Reihe von Erweiterungen für die Gestaltung des Briefkopfes. Dadurch wird das Paket briefkopf, das immer ohne

Tabelle 6.4.: Mögliche Werte für Option `parskip` zur Wahl der Absatzauszeichnung bei scrlttr2

`false, off`
> Absatzeinzug statt Absatzabstand; die letzte Zeile eines Absatzes darf beliebig gefüllt sein

`full, on, true`
> eine Zeile Abstand zwischen Absätzen; in der letzten Zeile eines Absatzes muss mindestens 1 em Platz frei bleiben

`full*`
> eine Zeile Abstand zwischen Absätzen; in der letzten Zeile eines Absatzes muss mindestens ein Viertel frei bleiben

`full+`
> eine Zeile Abstand zwischen Absätzen; in der letzten Zeile eines Absatzes muss mindestens ein Drittel frei bleiben

`full-`
> eine Zeile Abstand zwischen Absätzen; die letzte Zeile eines Absatzes darf beliebig gefüllt sein

`half`
> eine halbe Zeile Abstand zwischen Absätzen; in der letzten Zeile eines Absatzes muss mindestens 1 em Platz frei bleiben

`half*`
> eine halbe Zeile Abstand zwischen Absätzen; in der letzten Zeile eines Absatzes muss mindestens ein Viertel frei bleiben

`half+`
> eine halbe Zeile Abstand zwischen Absätzen; in der letzten Zeile eines Absatzes muss mindestens ein Drittel frei bleiben

`half-`
> eine halbe Zeile Abstand zwischen Absätzen; die letzte Zeile eines Absatzes darf beliebig gefüllt sein

---

Tabelle 6.5.: Mögliche Werte für Option `fromalign` zur Platzierung des Absenders im Briefkopf von scrlttr2

`center`, `centered`, `middle`

Absender wird zentriert; ein Logo wird gegebenenfalls am Anfang der erweiterten Absenderangabe platziert; die Erweiterungen der Briefkopfgestaltung werden aktiviert.

`false`, `no`, `off`

die Standardgestalt für den Absender wird verwendet; die Erweiterungen der Briefkopfgestaltung werden deaktiviert.

`left`

Absender steht linksbündig; ein Logo wird gegebenenfalls rechtsbündig platziert; die Erweiterungen der Briefkopfgestaltung werden aktiviert.

`right`

Absender steht rechtsbündig; ein Logo wird gegebenenfalls linksbündig platziert; die Erweiterungen der Briefkopfgestaltung werden aktiviert.

Support war, obsolet. Darüber hinaus existieren gegenüber der Standardbriefklasse Erweiterungen zur Gestaltung der Anschrift. Diese Fähigkeiten waren jedoch weitgehend schon in der obsoleten Klasse scrlettr zu finden.

`fromalign`

Diese Option bestimmt, wo der Absender im Briefkopf der ersten Seite platziert werden soll. Gleichzeitig dient diese Option als zentraler Schalter, um die Erweiterungen der Briefkopfgestaltung überhaupt zu aktivieren oder zu deaktivieren. Sind die Erweiterungen deaktiviert, so bleiben diverse andere Optionen ohne Wirkung. Dies ist bei den jeweiligen Optionen angegeben. Mögliche Werte für `fromalign` sind Tabelle 6.5 zu entnehmen. Voreingestellt ist der Wert `left`.

Tabelle 6.6.: Mögliche Werte für Option `fromrule` zur Platzierung einer Linie im Absender von scrlttr2

`afteraddress, below, on, true, yes`
>   Linie unterhalb des kompletten Absenders

`aftername`
>   Linie direkt unter dem Namen des Absenders

`false, no, off`
>   keine Linie

[`fromrule`]

Diese Option gehört zu den Erweiterungen der Briefkopfgestaltung (siehe Option `fromalign` am Anfang dieses Abschnitts). Mit ihrer Hilfe kann eine Linie innerhalb des Absenders platziert werden. Die Option versteht die Werte aus Tabelle 6.6. Voreingestellt ist der Wert `false`. Es können nicht gleichzeitig mehrere Linien aktiviert werden. Bezüglich der Länge der Linie siehe Abschnitt 6.4.7, Seite 219).

[`fromphone`]

Diese Option gehört zu den Erweiterungen der Briefkopfgestaltung (siehe Option `fromalign` am Anfang dieses Abschnitts). Mit ihrer Hilfe kann bestimmt werden, ob die Telefonnummer im Absender gesetzt werden soll. Die Option versteht die Standardwerte für einfache Schalter, die in Tabelle 6.1, Seite 181 angegeben sind. Voreingestellt ist `false`.

[`fromfax`]

Diese Option gehört zu den Erweiterungen der Briefkopfgestaltung (siehe Option `fromalign` am Anfang dieses Abschnitts). Mit ihrer Hilfe kann bestimmt werden, ob die Telefaxnummer im Absender gesetzt werden soll. Die Option versteht die Standardwerte für einfache Schalter, die in Tabelle 6.1, Seite 181 angegeben sind. Voreingestellt ist `false`.

`fromemail`

Diese Option gehört zu den Erweiterungen der Briefkopfgestaltung (siehe Option `fromalign` am Anfang dieses Abschnitts). Mit ihrer Hilfe kann bestimmt werden, ob die E-Mail-Adresse im Absender gesetzt werden soll. Die Option versteht die Standardwerte für einfache Schalter, die in Tabelle 6.1, Seite 181 angegeben sind. Voreingestellt ist `false`.

`fromurl`

Diese Option gehört zu den Erweiterungen der Briefkopfgestaltung (siehe Option `fromalign` am Anfang dieses Abschnitts). Mit ihrer Hilfe kann bestimmt werden, ob die URL im Absender gesetzt werden soll. Die Option versteht die Standardwerte für einfache Schalter, die in Tabelle 6.1, Seite 181 angegeben sind. Voreingestellt ist `false`.

`fromlogo`

Diese Option gehört zu den Erweiterungen der Briefkopfgestaltung (siehe Option `fromalign` am Anfang dieses Abschnitts). Mit ihrer Hilfe kann bestimmt werden, ob das Logo im Briefkopf gesetzt werden soll. Die Option versteht die Standardwerte für einfache Schalter, die in Tabelle 6.1, Seite 181 angegeben sind. Bezüglich der Platzierung des Logos siehe ebenfalls die Erklärung zu Option `fromalign` am Anfang dieses Abschnitts. Voreingestellt ist `false`.

`addrfield`

Mit dieser Option kann gewählt werden, ob ein Anschriftfeld gesetzt werden soll oder nicht. Voreingestellt ist die Verwendung eines Anschriftfeldes. Die Option versteht die Standardwerte für einfache Schalter, die in Tabelle 6.1, Seite 181 angegeben sind. Voreingestellt ist `true`.

`backaddress`

Mit dieser Option kann gewählt werden, ob eine Rücksendeadresse für Fensterbriefumschläge im Anschriftfeld gesetzt werden soll oder nicht. Voreingestellt ist die Verwendung einer Rücksendeadresse. Wird kein Anschriftfeld gesetzt (siehe Option `addrfield`), so wird auch keine Rücksendeadresse

Tabelle 6.7.: Mögliche Werte für Option `subject` zur Platzierung eines Betreffs bei scrlttr2

`afteropening`
> Betreff nach der Anrede setzen

`beforeopening`
> Betreff vor der Anrede setzen

`titled`
> Betreff mit Titel versehen

`untitled`
> Betreff nicht mit Titel versehen

---

gesetzt. Die Option versteht die Standardwerte für einfache Schalter, die in Tabelle 6.1, Seite 181 angegeben sind. Voreingestellt ist `true`.

`subject`

Mit dieser Option kann zum einen gewählt werden, ob der Betreff mit einem Titel versehen werden soll oder nicht. Der Titel stimmt mit der Bezeichnung der Variablen *subject* überein (siehe Tabelle 6.17, Seite 232). Zum anderen kann über diese Option gewählt werden, ob der Betreff vor oder nach der Anrede gesetzt werden soll. Mögliche Werte für diese Option sind Tabelle 6.7 zu entnehmen. Voreingestellt sind `beforeopening` und `untitled`.

`locfield`

Neben dem Anschriftfeld setzt scrlttr2 noch ein Feld mit erweiterter Absenderangabe. Dieses Feld kann beispielsweise für Bankverbindungen und Ähnliches verwendet werden. Je nach Einstellung der Option `fromalign` wird es außerdem für das Logo des Absenders mit verwendet. Die Breite dieses Feldes kann beispielsweise in einer `lco`-Datei (siehe Abschnitt 6.2.8) gesetzt werden. Wird dort die Breite 0 gesetzt, so kann über die Option `locfield` zwischen zwei unterschiedlichen Voreinstellungen für die Breite dieses Feldes gewählt werden. Siehe hierzu auch die Erklärungen zur Pseudolänge `locwidth` in Abschnitt 6.4.4, Seite 228. Mögliche Werte für die Option sind Tabelle 6.8 zu entnehmen. Voreingestellt ist `narrow`.

Tabelle 6.8.: Mögliche Werte für Option `locfield` zur Wahl der Breite des Feldes für die Absenderergänzung bei scrlttr2

`narrow`
>   schmales Feld für Absenderergänzungen

`wide`
>   breites Feld für Absenderergänzungen

`foldmarks`

Mit dieser Option können Faltmarken für Seitenhalbierung und Seitendrittelung aktiviert oder deaktiviert werden. Die genaue Position der Faltmarken für die Seitendrittelung ist von den Einstellungen des Anwenders beziehungsweise der lco-Dateien (siehe Abschnitt 6.2.8) abhängig. Es muss sich dabei nicht zwingend um eine echte Drittelung handeln. Die Option versteht die Standardwerte für einfache Schalter, die in Tabelle 6.1, Seite 181 angegeben sind. Voreingestellt ist mit `true` das Setzen der Faltmarken.

`numericaldate`

Mit dieser Option kann zwischen der sprachabhängigen Standarddarstellung des Datums und einem kurzen, rein nummerischen Datum umgeschaltet werden. Die Standarddarstellung wird nicht von KOMA-Script bereitgestellt. Sie kann wahlweise von einem Paket wie german, babel oder auch isodate stammen. Das kurze nummerische Datum wird hingegen von scrlttr2 selbst erzeugt. Die Option versteht die Standardwerte für einfache Schalter, die in Tabelle 6.1, Seite 181 angegeben sind. Voreingestellt ist mit `false` die Verwendung der Standarddarstellung. Dies ist übrigens eine Änderung gegenüber der obsoleten Klasse scrlettr, bei der es die nun nicht mehr unterstützte Option orgdate mit gegenteiliger Bedeutung gab.

`refline`

Bei scrlttr2 können Kopf, Fuß, Anschrift und das Feld mit der Absenderergänzung links und rechts aus dem normalen Satzspiegel herausragen. Über diese Option kann nun gewählt werden, ob dies auch für die Geschäftszeile gelten soll. Die Geschäftszeile enthält normalerweise zumindest das Datum, kann

Tabelle 6.9.: Mögliche Werte für Option `refline` zur Wahl der Breite der Geschäftszeile bei scrlttr2

`narrow`
> Geschäftszeile hält den Satzspiegel ein

`wide`
> Geschäftszeile richtet sich nach Anschrift und Absenderergänzung

aber auch weitere Angaben aufnehmen. Mögliche Werte für diese Option
sind Tabelle 6.9 zu entnehmen. Voreingestellt ist `narrow`.

6.2.7. Optionen für die Formatierung

Optionen für die Formatierung sind solche, die Form oder Formatierung einer
Ausgabe beeinflussen und nicht in einen anderen Abschnitt eingeordnet
werden können. Es sind also sozusagen die *sonstigen Optionen*.

`draft`

Diese Option schaltet zwischen einem fertigen Dokument und einem Dokument im Entwurfsstadium um. Insbesondere werden beim Einschalten der
Option `draft` kleine schwarze Kästchen aktiviert, die im Falle von überlangen
Zeilen am Zeilenende ausgegeben werden. Diese Kästchen erleichtern dem
ungeübten Auge, Absätze ausfindig zu machen, die manueller Nachbearbeitung bedürfen. Demgegenüber erscheinen bei abgeschalteter `draft`-Option
keine solche Kästchen. Die Option versteht die Standardwerte für einfache
Schalter, die in Tabelle 6.1, Seite 181 angegeben sind. Voreingestellt ist wie
üblich `false`.

6.2.8. Die *Letter-Class-Option*-Dateien

Normalerweise wird man Einstellungen wie den Abstand des Adressfeldes
von der oberen Papierkante nicht in jedem Brief neu wählen. Stattdessen
wird man einen ganzen Satz von Parametern für bestimmte Gelegenheiten
immer wieder verwenden. Ganz Ähnliches gilt für die verwendeten Briefköpfe und den Fußbereich der ersten Seite. Es ist deshalb sicher sinnvoll, diese

Einstellungen in einer eigenen Datei zu speichern. Die Briefklasse scrlttr2 bietet hierfür die lco-Dateien an. Die Endung lco ist eine Abkürzung für *letter class option*, also Briefklassenoption.

In lco-Dateien können alle Anweisungen verwendet werden, die auch an der Stelle im Dokument verwendet werden könnten, an der die lco-Datei geladen wird. Außerdem könnten interne Anweisungen verwendet werden, die für Paketautoren freigegeben sind. Bei scrlttr2 sind dies inbesondere die Anweisungen \@newplength, \@setplength und \@addtoplength (siehe Abschnitt 6.3.4).

KOMA-Script liegen bereits einige lco-Dateien bei. Die Dateien DIN.lco, DINmtext.lco, SNleft.lco und SN.lco dienen dazu scrlttr2 an verschiedene Normen anzupassen. Sie können sehr gut als Vorlage für eigene Parametersätze verwendet werden. Die Datei KOMAold.lco dient hingegen dazu, die Kompatibilität zu scrlettr, der alten Briefklasse, zu verbessern. Da hierbei auch auf Anweisungen zurückgegriffen wird, die nicht für Paketautoren freigegeben sind, sollte man sie nicht als Vorlage für eigene lco-Dateien verwenden. Eine Liste aller vordefinierten lco-Dateien ist in Tabelle 6.10, Seite 197 zu finden.

Wenn Sie einen Parametersatz für eine Briefnorm, die bisher nicht von KOMA-Script unterstützt wird, erstellt haben, so sind Sie ausdrücklich gebeten, diesen Parametersatz an die Supportaddresse von KOMA-Script zu schicken. Bitte geben Sie dabei auch die Erlaubnis zur Weiterverbreitung unter den Lizenzbedingungen von KOMA-Script (siehe dazu die Datei LEGALDE.TXT im KOMA-Script-Paket). Wenn Sie zwar über die notwendigen Maße aus einer bisher nicht unterstützen Briefnorm verfügen, sich jedoch nicht in der Lage sehen, selbst eine passende lco-Datei zu erstellen, so können Sie sich ebenfalls mit dem KOMA-Script-Autor, Markus Kohm, in Verbindung setzen. Aktuelle Adressen zu diesem Zweck finden Sie im KOMA-Script-Paket auf CTAN. Beispiele für teilweise sehr komplexe lco-Dateien finden sich unter anderem unter [KDP] und in [Koh03].

```
\LoadLetterOption{Name}
```

Normalerweise werden lco-Dateien direkt über \documentclass geladen. Dazu gibt man den Namen der lco-Datei ohne die Endung als Option an. Das Laden der lco-Datei erfolgt dann direkt nach der Klasse.

Es ist jedoch auch möglich, eine lco-Datei zu einem späteren Zeitpunkt und sogar innerhalb einer anderen lco-Datei zu laden. Dazu dient die Anweisung \LoadLetterOption. Der *Name* der lco-Datei wird dieser ebenfalls ohne Endung als Parameter übergeben.

Beispiel: Sie erstellen ein Dokument, in dem mehrere Briefe enthalten sind. Die Mehrzahl der Briefe soll nach DIN erstellt werden. Also beginnen Sie:

```
\documentclass{scrlttr2}
```

Allerdings soll bei einem Brief stattdessen die Variante DINmtext verwendet werden. Bei dieser steht das Adressfeld weiter oben, damit mehr Text auf die erste Seite passt. Dafür ist die Faltung so angepasst, dass das Adressfeld bei DIN C6/5-Umschlägen trotzdem in das Adressfenster passt. Sie erreichen das so:

```
\begin{letter}{Markus Kohm\\
    Fichtenstraße 63\\68535 Edingen–Neckarhausen}
  \LoadLetterOption{DINmtext}
  \opening{Hallo,}
```

Da der Aufbau der ersten Seite erst mit \opening wirklich beginnt, genügt es, wenn die lco-Datei vor \opening geladen wird. Dies muss also inbesondere nicht vor \begin{letter} erfolgen. Die Änderungen durch das Laden der lco-Datei sind dann auch lokal zu dem entsprechenden Brief.

Wird eine lco-Datei über \documentclass geladen, so darf sie übrigens trotzdem den Namen einer Option haben. Voraussetzung ist jedoch, dass es sich nicht um eine Option handelt, die einen Wert erwartet. Es wäre jedoch möglich, einer lco-Datei etwa den Namen fromalign=left.lco zu geben. Diese würde dann immer geladen, wenn als Option bei \documentclass die Option fromalign auf den Wert left gesetzt würde. Zugegeben, dies ist eher von akademischem Interesse. Natürlich können Sie diesen Automatismus nur nutzen, wenn das von Ihnen verwendete Betriebs- und Dateisystem derartige Dateinamen erlaubt. Ist das nicht der Fall, müssen Sie einen anderen Dateinamen wählen und gegebenenfalls die entsprechende Option zusätzlich angeben.

Beispiel: Sie wollen nicht immer wieder ihre Absenderangaben neu eingeben. Deshalb erstellen Sie eine lco-Datei, die alle Angaben enthält, beispielsweise:

```
\ProvidesFile{mkohm.lco}
            [2002/02/25 letter class option]
\setkomavar{fromname}{Markus Kohm}
\setkomavar{fromaddress}{Fichtenstra\ss e 63\\
                68535 Edingen-Neckarhausen}
```

Die dabei verwendete Anweisung \setkomavar und das Prinzip der Variablen wird in Abschnitt 6.3.3, Seite 207 genauer erläutert werden. Für das Beispiel hier ist die genaue Funktion der Anweisung unerheblich. Von Bedeutung ist lediglich, was man mit lco-Dateien machen kann, weniger, wie dies konkret zu erreichen ist. Beachten Sie jedoch, dass hier für „ß" die TeX-Schreibweise \ss verwendet wurde. Dies hat seinen Grund darin, dass unmittelbar nach \documentclass weder ein Paket für die Eingabecodierung, beispielsweise für Unix mit \usepackage[latin1]{inputenc} oder für Windows mit \usepackage[ansinew]{inputenc}, noch ein Paket zur Sprachumschaltung, beispielsweise für die neue deutsche Rechtschreibung mit \usepackage{ngerman}, geladen ist.

Wenn Sie allerdings immer mit derselben Eingabecodierung arbeiten, können Sie auch diese in Ihre Datei mit aufnehmen. Das Ganze sähe dann beispielsweise so aus:

```
\ProvidesFile{mkohm.lco}
            [2002/02/25 letter class option]
\RequirePackage[latin1]{inputenc}
\setkomavar{fromname}{Markus Kohm}
\setkomavar{fromaddress}{Fichtenstraße 63\\
                68535 Edingen-Neckarhausen}
```

Dieses Vorgehen hat aber den entscheidenden Nachteil, dass die lco-Datei mkohm dann nicht mehr innerhalb des Dokuments geladen werden kann. Wenn Sie also auch Briefe verschiedener Absender in einer Datei haben wollen, sollten Sie davon absehen, in den entsprechenden lco-Dateien Pakete zu laden.

Nehmen wir weiter an, dass ich Briefe grundsätzlich mit der Vorgabe KOMAold schreibe. Dann erweitere ich die Datei mkohm.lco noch um die Zeile:

```
\LoadLetterOption{KOMAold}
```

Wie dem auch sei, stellen Sie zukünftig meine Absenderdaten mit

```
\documentclass[mkohm]{scrlttr2}
```

ein.

In Tabelle 6.10, Seite 197 finden Sie übrigens eine Liste aller vordefinierten lco-Dateien. Falls Sie einen Drucker verwenden, der einen sehr großen unbedruckbaren Rand links oder rechts besitzt, werden Sie mit der Option SN möglicherweise Probleme bekommen. Da die Schweizer Norm SN 101 130 vorsieht, dass das Adressfeld 8 mm vom rechten Papierrand gesetzt wird, werden bei Schweizer Briefen auch die Kopfzeile und die Absenderergänzung mit einem entsprechend geringen Abstand zum Papierrand gesetzt. Dies betrifft ebenfalls die Geschäftszeile bei der Einstellung refline=wide (siehe Abschnitt 6.2.6, Seite 191). Sollten Sie damit ein Problem haben, erstellen Sie sich eine eigene lco-Datei, die zunächst SN lädt und in der toaddrhpos (siehe Abschnitt 6.4.3, Seite 223) dann auf einen kleineren Wert gesetzt wird. Verringern Sie dann außerdem toaddrwidth entsprechend.

\LetterOptionNeedsPapersize{*Optionsname*}{*Papiergröße*}

Wie bereits in Abschnitt 6.2.3 erwähnt wurde, existieren derzeit nur Parametersätze und lco-Dateien für A4-Papier. Damit man bei Verwendung einer anderen *Papiergröße* zumindest gewarnt wird, ist in jeder mit KOMA-Script ausgelieferten lco-Datei eine Anweisung \LetterOptionNeedsPapersize zu finden. Als erstes Argument wird dabei der Name der lco-Datei ohne

Tabelle 6.10.: Vordefinierte lco-Dateien

lco-Name	Bedeutung und Besonderheiten
DIN	Parametersatz für Briefe im Format A4 nach DIN 676; geeignet für Fensterbriefumschläge in den Formaten C4, C5, C6 und C6/5 (C6 lang)
DINmtext	Parametersatz für Briefe im Format A4 nach DIN 676, wobei die Alternative für mehr Text auf der ersten Briefseite verwendet wird; nur geeignet für Fensterbriefumschläge in den Formaten C6 und C6/5 (C6 lang)
KOMAold	Parametersatz für Briefe im Format A4 mit Annäherung an das Aussehen von Briefen der obsoleten Briefklasse scrlettr; geeignet für Fensterbriefumschläge in den Formaten C4, C5, C6 und C6/5 (C6 lang); es werden einige zusätzliche Anweisungen zur Verbesserung der Kompatibilität mit der obsoleten Briefklasse scrlettr definiert; scrlttr2 verhält sich mit dieser lco-Datei möglicherweise nicht genau wie bei Verwendung der übrigen lco-Dateien
SN	Parametersatz für Schweizer Briefe nach SN 010 130 mit Anschrift rechts; geeignet für Schweizer Fensterbriefumschläge in den Formaten C4, C5, C6 und C6/5 (C6 lang)
SNleft	Parametersatz für Schweizer Briefe mit Anschrift links; geeignet für Schweizer Fensterbriefumschläge mit dem Fenster links in den Formaten C4, C5, C6 und C6/5 (C6 lang)

197

die Endung „`.lco`" übergeben. Als zweites Argument wird die Papiergröße übergeben, für die diese `lco`-Datei gedacht ist.

Werden nacheinander mehrere `lco`-Dateien geladen, so kann jede dieser `lco`-Dateien eine Anweisung `\LetterOptionNeedsPapersize` enthalten. Innerhalb von `\opening` wird jedoch nur auf die jeweils letzte angegebene *Papiergröße* geprüft. Wie das nachfolgende Beispiel zeigt, ist es daher für den versierten Anwender leicht möglich, `lco`-Dateien mit Parametersätzen für andere Papierformate zu schreiben. Wer allerdings nicht vor hat, selbst solche `lco`-Dateien zu schreiben, der kann die Erklärung zu dieser Anweisung gleich wieder vergessen und auch das Beispiel überspringen.

Beispiel: Nehmen wir einmal an, dass Sie A5-Papier in normaler Ausrichtung, also hochkant oder portrait, für Ihre Briefe verwenden. Nehmen wir weiter an, dass Sie diese in normale Fensterbriefumschläge im Format C6 stecken. Damit wäre prinzipiell die Position des Adressfeldes die gleiche wie bei einem normalen Brief in A4 nach DIN. Der Unterschied besteht im Wesentlichen darin, dass das A5-Papier nur einmal gefaltet werden muss. Sie wollen deshalb verhindern, dass die obere und die untere Faltmarke gesetzt wird. Dies erreichen Sie am einfachsten, indem sie die Marken außerhalb des Papiers platzieren.

```
\ProvidesFile{paper=a5.lco}
              [2002/05/02 letter class option]
\LetterOptionNeedsPapersize{paper=a5}{a5}
\@setplength{tfoldmarkvpos}{\paperheight}
\@setplength{bfoldmarkvpos}{\paperheight}
```

Außerdem muss natürlich die Position des Seitenfußes, also die Pseudolänge `firstfootvpos`, angepasst werden. Ich überlasse es dem Leser, dafür einen geeigneten Wert zu ermitteln. Mit einer solchen `lco`-Datei ist es lediglich wichtig, dass andere `lco`-Dateioptionen wie SN vor dem Setzen der Papiergröße, also vor dem Laden von „`paper=a5.lco`", angegeben werden. Das erscheint Ihnen kompliziert? Nur bis Sie es zum ersten Mal gemacht haben. Außerdem: Wie oft schreiben Sie Briefe in einem anderen Format als A4?

Die lco-Datei DIN wird übrigens immer als erste lco-Datei geladen. Dies wird getan, damit alle Pseudo-Längen mehr oder weniger sinnvoll vordefiniert sind.

Beachten Sie bitte noch, dass es nicht möglich ist, innerhalb einer lco-Datei mittels \PassOptionsToPackage Optionen an Pakete zu übergeben, die von der Klasse bereits geladen sind. Normalerweise betrifft dies nur die Pakete typearea, scrlfile und keyval.

6.3. Generelle Dokumenteigenschaften

Einige Dokumenteigenschaften sind keinem speziellen Abschnitt des Dokuments wie dem Briefkopf oder dem Brieftext zugeordnet. Ein Teil dieser Eigenschaften wurde bereits im Abschnitt 6.2 erläutert oder erwähnt.

6.3.1. Änderung der verwendeten Schriftart

Bezüglich der Anweisungen zum Setzen, Erweitern und Abfragen der Schrift eines bestimmten Elements verweise ich hier auf die Anweisungen aus Abschnitt 3.2.1. Diese Anweisungen funktionieren in scrlttr2 ganz genauso. Die Elemente, die auf diese Weise beeinflusst werden können, entnehmen Sie bitte Tabelle 6.11.

6.3.2. Seitenstil

Eine der allgemeinen Eigenschaften eines Dokuments ist der Seitenstil. Siehe hierzu auch Abschnitt 3.2.2 und Kapitel 4.

```
\pagestyle{empty}
\pagestyle{plain}
\pagestyle{headings}
\pagestyle{myheadings}
\thispagestyle{lokaler Seitenstil}
```

Bei Briefen mit scrlttr2 wird zwischen vier verschiedenen Seitenstilen unterschieden.

Tabelle 6.11.: Elemente, deren Schrift bei der Klasse scrlttr2 mit \setkomafont und
\addtokomafont verändert werden kann

---

backaddress
> Rücksendeadresse für einen Fensterbriefumschlag

descriptionlabel
> Labels, also das optionale Argument von \item, in einer
> description-Umgebung

fromaddress
> Absenderadresse im Briefkopf

fromname
> Name des Absenders im Briefkopf abweichend von fromaddress

pagefoot
> Eigentlich der Fuß einer Seite, jedoch auch der Kopf der Seite

pagehead
> Eigentlich der Kopf einer Seite, jedoch auch der Fuß der Seite

pagenumber
> Seitenangabe im Kopf oder Fuß, die mit \pagemark gesetzt wird

subject
> Betreff in der Brieferöffnung

title
> Titel in der Brieferöffnung

---

empty ist der Seitenstil, bei dem Kopf- und Fußzeile von Folgeseiten vollständig leer bleiben. Dieser Seitenstil wird auch automatisch für die erste Briefseite verwendet, da auf dieser Seite Kopf und Fuß über \opening (siehe Abschnitt 6.4.1, Abschnitt 6.4.2, sowie Abschnitt 6.5.1, Seite 235) mit anderen Mitteln gesetzt werden.

plain ist der Seitenstil, bei dem auf Folgeseiten keinerlei Kolumnentitel verwendet, sondern nur eine Seitenangabe ausgegeben wird. Wo diese gesetzt wird, hängt von der Option pagenumber ab (siehe Abschnitt 6.2.4, Seite 183).

headings ist der Seitenstil für automatische Kolumnentitel auf Folgeseiten. Dabei werden als automatisch gesetzte Marken der Absendername aus der Variablen fromname und der Betreff aus der Variablen subject verwendet (siehe Abschnitt 6.4.1, Seite 218 und Abschnitt 6.4.6, Seite 232). Wo genau diese Marken und die Seitenangabe ausgegeben werden, hängt von der Option pagenumber ab (siehe Abschnitt 6.2.4, Seite 183). Der Autor kann die Marken aber auch noch nach \opening manuell beeinflussen. Hierzu stehen wie üblich die Anweisungen \markboth und \markright, bei Verwendung von scrpage2 auch \markleft (siehe Abschnitt 4.1.2, Seite 151), zur Verfügung.

myheadings ist der Seitenstil für manuelle Kolumnentitel auf Folgeseiten. Dies entspricht weitgehend headings, allerdings müssen hier die Marken vom Anwender gesetzt werden. Er verwendet dazu die Anweisungen \markboth und \markright. Bei Verwendung von scrpage2 kann außerdem \markleft verwendet werden.

Folgeseiten im Sprachgebrauch dieser Anleitung sind alle Briefseiten abgesehen von der ersten.

Die Form der Seitenstile wird außerdem durch die Optionen headsepline und footsepline beeinflusst (siehe Abschnitt 6.2.4, Seite 182). Der Seitenstil ab der aktuellen Seite wird mit \pagestyle umgeschaltet. Demgegenüber verändert \thispagestyle nur den Seitenstil der aktuellen Seite. Die Briefklasse verwendet \thispagestyle{empty} selbst innerhalb von \opening für die erste Briefseite.

Um die Schriftart von Kopf und Fuß der Seite oder der Seitenangabe zu ändern, verwenden Sie die Benutzerschnittstelle, die in Abschnitt 3.2.1 beschrieben ist. Für den Kopf und den Fuß ist dabei das gleiche Element zuständig, das Sie wahlweise mit pagehead oder pagefoot benennen können. Das Element für die Seitenzahl innerhalb des Kopfes oder Fußes heißt pagenumber. Die Voreinstellungen sind in Tabelle 3.4, Seite 73 zu finden. Beachten Sie dazu auch das Beispiel aus Abschnitt 3.2.2, Seite 73.

```
\clearpage
\cleardoublepage
\cleardoublestandardpage
\cleardoubleplainpage
\cleardoubleemptypage
```

Siehe hierzu die Erklärung in Abschnitt 3.2.2, Seite 77, wobei die Arbeitsweise von \cleardoublepage bei scrlttr2 von der Option cleardoublepage abhängt, die in Abschnitt 6.2.4, Seite 182 näher beschrieben ist.

6.3.3. Variablen

Neben Optionen, Anweisungen (oder Befehlen), Umgebungen, Zählern und Längen wurden in KOMA-Script bereits zusätzlich Elemente eingeführt. Eine typische Eigenschaft eines Elements ist eine Schriftart und die Möglichkeit, diese zu ändern (siehe Abschnitt 3.2.1). An dieser Stelle werden nun zusätzlich Variablen eingeführt. Variablen haben einen Namen, über den sie angesprochen werden und einen Inhalt. Der Inhalt einer Variablen kann zeitlich bzw. räumlich getrennt von ihrer Verwendung gesetzt werden, so wie der Inhalt einer Anweisung getrennt von ihrer Ausführung definiert werden kann. Ein Hauptunterschied einer Variablen zu einer Anweisung besteht darin, dass eine Anweisung normalerweise eine Aktion auslöst, während der Inhalt einer Variablen normalerweise aus einem Text besteht, der dann von einer Anweisung ausgegeben wird. Außerdem kann eine Variable zusätzlich eine Bezeichnung besitzen, die ebenfalls gesetzt und ausgegeben werden kann.

Dieser Abschnitt beschränkt sich bewusst auf die Einführung des Begriffs der Variablen. Die zur Verdeutlichung verwendeten Beispiele sind ohne tiefere Bedeutung. Konkretere Anwendungsbeispiele gibt es bei der Erläuterung der in der Briefklasse bereits definierten und von ihr verwendeten Variablen in den nachfolgenden Abschnitten. Tabelle 6.12 gibt eine Übersicht über alle in scrlttr2 definierten Variablen.

Tabelle 6.12.: Von der Klasse scrlttr2 unterstützte Variablen

backaddress
: Rücksendeadresse für Fensterbriefumschläge (Abschnitt 6.4.3, Seite 225)

backaddressseparator
: Trennzeichen innerhalb der Rücksendeadresse (Abschnitt 6.4.3, Seite 225)

ccseparator
: Trennzeichen zwischen Verteilertitel und Verteiler (Abschnitt 6.6.2, Seite 239)

customer
: Geschäftszeilenfeld „Kundennummer" (Abschnitt 6.4.5, Seite 230)

date
: Datum (Abschnitt 6.4.5, Seite 230)

emailseparator
: Trennzeichen zwischen E-Mail-Bezeichner und E-Mail-Adresse (Abschnitt 6.4.1, Seite 220)

enclseparator
: Trennzeichen zwischen Anlagetitel und Anlagen (Abschnitt 6.6.2, Seite 240)

faxseparator
: Trennzeichen zwischen Faxbezeichner und Faxnummer (Abschnitt 6.4.1, Seite 220)

fromaddress
: Absenderadresse ohne Absendername (Abschnitt 6.4.1, Seite 218)

frombank
: Bankverbindung des Absenders (Abschnitt 6.4.7, Seite 234)

...

Tabelle 6.12.: Von der Klasse scrlttr2 unterstützte Variablen (*Fortsetzung*)

---

fromemail
> E-Mail-Adresse des Absenders (Abschnitt 6.4.1, Seite 218)

fromfax
> Faxnummer des Absenders (Abschnitt 6.4.1, Seite 218)

fromlogo
> Anweisungen zum Setzen des Absenderlogos (Abschnitt 6.4.1, Seite 218)

fromname
> vollständiger Absendername (Abschnitt 6.4.1, Seite 218)

fromphone
> Telefonnummer des Absenders (Abschnitt 6.4.1, Seite 218)

fromurl
> eine URL des Absenders (Abschnitt 6.4.1, Seite 218)

invoice
> Geschäftszeilenfeld „Rechnungsnummer" (Abschnitt 6.4.5, Seite 230)

location
> erweiterte Absenderangabe (Abschnitt 6.4.4, Seite 228)

myref
> Geschäftszeilenfeld „Mein Zeichen" (Abschnitt 6.4.5, Seite 230)

place
> Ort (Abschnitt 6.4.5, Seite 231)

placeseparator
> Trennzeichen zwischen Ort und Datum (Abschnitt 6.4.5, Seite 231)

. . .

Tabelle 6.12.: Von der Klasse scrlttr2 unterstützte Variablen (*Fortsetzung*)

phoneseparator
> Trennzeichen zwischen Telefonbezeichner und Telefonnummer (Abschnitt 6.4.1, Seite 220)

signature
> Signatur unter Unterschrift und Grußformel (Abschnitt 6.6.1, Seite 237)

specialmail
> Versandart (Abschnitt 6.4.3, Seite 225)

subject
> Betreff (Abschnitt 6.4.6, Seite 232)

subjectseparator
> Trennzeichen zwischen Betrefftitel und Betreff (Abschnitt 6.4.6, Seite 232)

title
> Brieftitel (Abschnitt 6.4.6, Seite 231)

toname
> vollständiger Empfängername (Abschnitt 6.4.3, Seite 226)

toaddress
> Empfängeradresse ohne Empfängername (Abschnitt 6.4.3, Seite 226)

yourmail
> Geschäftszeilenfeld „Ihr Schreiben" (Abschnitt 6.4.5, Seite 230)

yourref
> Geschäftszeilenfeld „Ihr Zeichen" (Abschnitt 6.4.5, Seite 230)

```
\newkomavar[Bezeichnung]{Name}
\newkomavar*[Bezeichnung]{Name}
\removereffields
\defaultreffields
\addtoreffields{Name}
```

Mit \newkomavar wird eine neue Variable definiert. Diese Variable wird
über *Name* angesprochen. Optional kann eine *Bezeichnung* für die Variable
Name angegeben werden. Mit der Anweisung \addtoreffields kann die
Variable *Name* der Geschäftszeile (siehe Abschnitt 6.4.5) hinzugefügt werden. Dabei wird die *Bezeichnung* und der Inhalt der Variablen an das Ende
der Geschäftszeile angehängt, falls ihr Inhalt nicht leer ist. Die Sternvariante \newkomavar* entspricht der Variante ohne Stern mit anschließendem
Aufruf der Anweisung \addtoreffields. Bei der Sternvariante wird die
Variable also automatisch zur Geschäftszeile hinzugefügt.

Beispiel: Angenommen, Sie benötigen in der Geschäftszeile ein zusätzliches
Feld für eine Durchwahl. Sie können das Feld dann wahlweise mit

> \newkomavar[Durchwahl]{myphone}
> \addtoreffields{myphone}

oder kürzer mit

> \newkomavar*[Durchwahl]{myphone}

definieren.

Im Fall, dass eine Variable für die Geschäftszeile definiert wird, sollten Sie
immer eine Bezeichnung dafür angeben.

Mit der Anweisung \removereffields können alle Variablen aus der
Geschäftszeile entfernt werden. Dies betrifft auch die in der Klasse vordefinierten Variablen. Die Geschäftszeile ist dann bis auf das Datum, das immer
hinten angehängt wird, leer. Sie können dies beispielsweise nutzen, wenn
Sie die Reihenfolge der Variablen in der Geschäftszeile ändern wollen.

Zur Wiederherstellung der Reihenfolge der vordefinierten Variablen in der
Geschäftszeile dient \defaultreffields. Dabei werden auch alle selbstdefinierten Variablen aus der Geschäftszeile entfernt.

```
\setkomavar{Name}[Bezeichnung]{Inhalt}
\setkomavar*{Name}{Bezeichnung}
```

Mit der Anweisung \setkomavar wird der *Inhalt* der Variablen *Name* gesetzt. Dabei kann per optionalem Argument gleichzeitig auch die *Bezeichnung* der Variablen geändert werden. Demgegenüber kann mit der Sternvariante \setkomavar* auch nur die *Bezeichnung* der Variablen *Name* gesetzt werden.

Beispiel: Angenommen, Sie haben wie oben eine Variable für die Durchwahl definiert und wollen nun die Durchwahl setzen. Dies geschieht einfach mit:

```
\setkomavar{myphone}{-11}
```

Sie wollen außerdem, dass statt „Durchwahl" der Begriff „Apparat" ausgegeben wird. Also setzen Sie zusätzlich die Bezeichnung mit:

```
\setkomavar*{myphone}{Apparat}
```

oder fassen beide Angaben zu einer Anweisung zusammen:

```
\setkomavar{myphone}[Apparat]{-11}
```

Damit schlagen Sie sozusagen zwei Fliegen mit einer Klappe.

Übrigens kann mit einem leeren obligatorischen Argument *Inhalt* der Inhalt der Variable gelöscht werden. Selbstverständlich kann in gleicher Weise mit einem leeren Argument *Bezeichnung* die Bezeichnung der Variablen gelöscht werden.

Beispiel: Angenommen, Sie haben wie oben eine Variable für die Durchwahl definiert, wollen nun aber nicht, dass eine Bezeichnung ausgegeben wird. Dann können Sie diese entweder für sich mit:

```
\setkomavar*{myphone}{}
```

löschen. Sie können aber auch wieder zwei Fliegen mit einer Klappe schlagen und verwenden:

```
\setkomavar{myphone}[]{-11}
```

Dadurch wird gleichzeitig der Inhalt der Variablen gesetzt und ihre Bezeichnung gelöscht.

```
\usekomavar[Anweisung]{Name}
\usekomavar*[Anweisung]{Name}
```

In manchen Fällen wird es notwendig sein, selbst auf den Inhalt oder die Bezeichnung einer Variablen zuzugreifen, dies also nicht allein der Klasse zu überlassen. Dies gilt insbesondere dann, wenn Sie eigene Variablen definiert haben, die jedoch nicht zur Geschäftszeile hinzugefügt werden. Mit der Anweisung \usekomavar können Sie auf den Inhalt der Variablen *Name* zugreifen, während Sie mit der Sternvariante \usekomavar* ihre Bezeichnung erhalten.

Die Anweisungen \usekomavar und \usekomavar* sind übrigens wie alle Anweisungen, von denen es eine Sternvariante gibt oder die ein optionales Argument besitzen, nicht voll expandierbar. Bei Verwendung innerhalb von \markboth, \markright oder ähnlichen Anweisungen muss dennoch kein \protect vorangestellt werden. Selbstverständlich gilt dies bei Verwendung von scrpage2 auch für \markleft. Allerdings können die Anweisungen nicht innerhalb von \MakeUppercase und ähnlichen Anweisungen verwendet werden, die direkten Einfluss auf ihr Argument haben. Diese Anweisungen können jedoch als optionales Argument angegeben werden. So erhält man beispielsweise den Inhalt einer Variable in Großbuchstaben mit \usekomavar[\MakeUppercase]{Name}.

```
\ifkomavarempty{Name}{Wahr}{Falsch}
\ifkomavarempty*{Name}{Wahr}{Falsch}
```

Mit Hilfe diesen Anweisung kann man feststellen, ob der Inhalt oder die Bezeichnung einer Variablen leer ist oder nicht. Das *Wahr*-Argument wird nur dann ausgeführt, wenn der expandierte Inhalt oder die expandierte Bezeichnung der Variablen *Name* leer ist. Anderenfalls wird das *Falsch*-Argument ausgeführt. Die Sternvariante der Anweisung bezieht sich dabei auf die Bezeichnung der Variablen, während die normale Variante den Inhalt behandelt.

In diesem Zusammenhang ist wichtig, dass der Inhalt der Variablen soweit expandiert wird, wie dies mit \edef möglich ist. Bleiben dabei Leerzeichen oder unexpandierbare Makros wie \relax übrig, so gilt der Inhalt auch dann als nicht leer, wenn die Verwendung der Variablen zu keiner Ausgabe führen würde.

Auch diese Anweisung kann nicht innerhalb von \MakeUppercase oder ähnlichen Anweisungen verwendet werden. Sie ist jedoch robust genug, um beispielsweise als Argument von \markboth oder \footnote zu funktionieren.

6.3.4. Die Pseudolängen

TeX arbeitet mit einem festen Satz an Registern. Es gibt Register für Tokens, für Boxen, für Zähler, für Abstände (englisch: *skip*) und für Größen (englisch: *dimension*). Von all diesen Registern gibt es jeweils 256 Stück. Für LaTeX-Längen, die mit \newlength angefordert werden, werden Abstandsregister belegt. Sind alle diese Register verbraucht, kann man keine weiteren Längen definieren. Die Briefklasse scrlttr2 würde normalerweise allein für die erste Seite mehr als 20 solche Register verbrauchen. LaTeX selbst belegt bereits 40 dieser Register. Das typearea-Paket benötigt ebenfalls einige, so dass ein Viertel der kostbaren Register verbraucht wäre. Aus diesem Grund werden briefspezifische Längen in scrlttr2 eben nicht in Längen, sondern in Makros abgelegt, den Pseudolängen. Der Nachteil dieses Vorgehens besteht darin, dass man mit diesen Makros nicht so einfach rechnen kann wie mit echten Längen.

Wer nun einwenden will, dass LaTeX in der empfohlenen Installation mit ε-TeX inzwischen das oben genannte Beschränkungsproblem nicht mehr besitzt, hat Recht. Allerdings kam diese Entscheidung für scrlttr2 ein wenig zu spät.

Eine Liste aller in scrlttr2 definierten Pseudolängen findet sich in Tabelle 6.13 ab Seite 211. Eine grafische Darstellung der Bedeutungen ist Abbildung 6.1 zu entnehmen. Die verwendeten Maße sind dabei an die Voreinstellungen von scrlttr2 angelehnt. Nähere Beschreibungen zu den einzelnen Pseudolängen finden sich in den einzelnen Abschnitten dieses Kapitels.

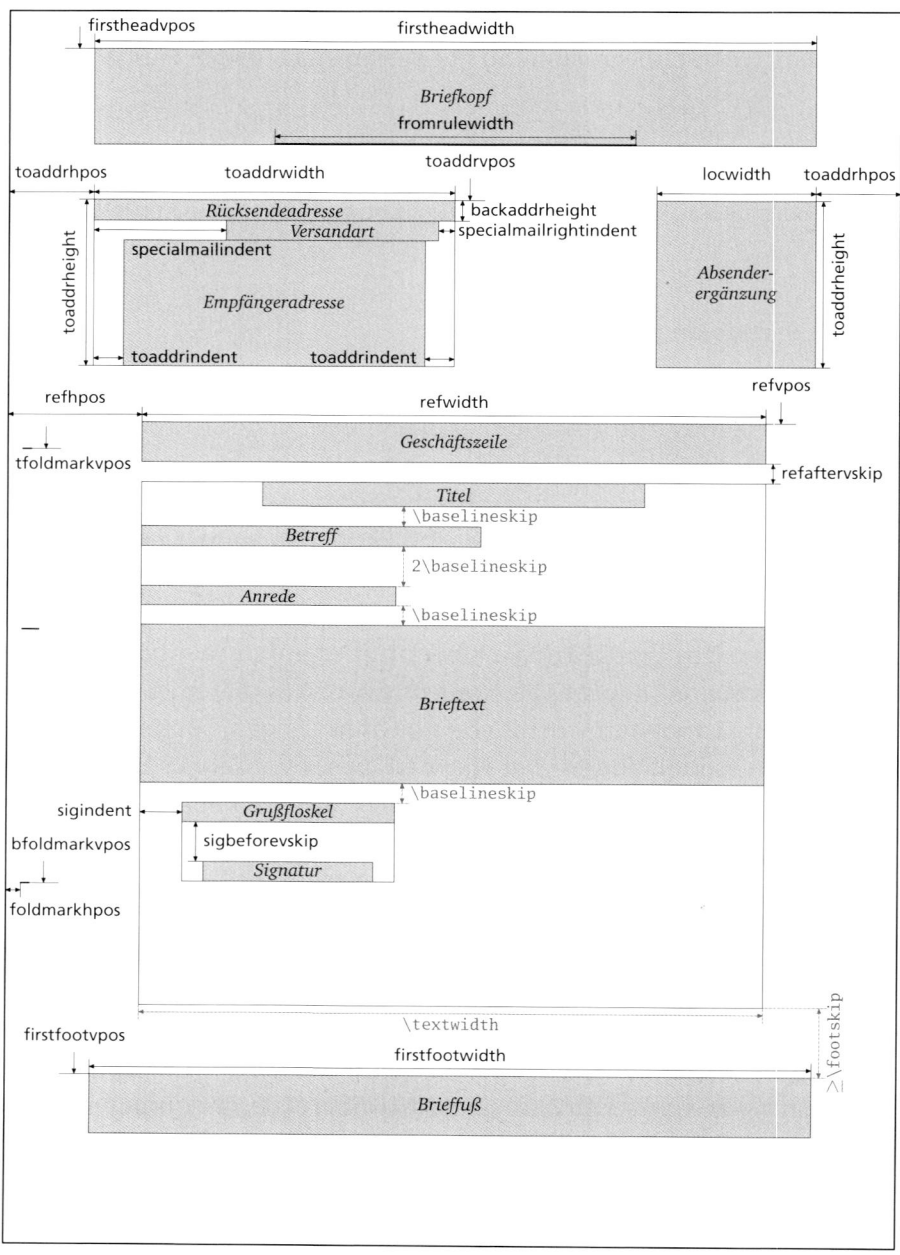

Abbildung 6.1.: Schematische Darstellung der Pseudolängen für den Briefbogen

Tabelle 6.13.: Von der Klasse scrlttr2 verwendete Pseudolängen

---

foldmarkhpos

> Abstand der Faltmarken von der linken Kante des Papiers (Abschnitt 6.4.7, Seite 234)

tfoldmarkvpos

> Abstand der oberen Faltmarke von der oberen Kande des Papiers (Abschnitt 6.4.7, Seite 233)

bfoldmarkvpos

> Abstand der unteren Faltmarke von der oberen Kante des Papiers (Abschnitt 6.4.7, Seite 233)

firstheadvpos

> Abstand des Briefkopfes von der oberen Kante des Papiers (Abschnitt 6.4.1, Seite 218)

firstheadwidth

> Breite des Briefkopfes, wobei dieser relativ zur Papierbreite zentriert wird (Abschnitt 6.4.1, Seite 218)

fromrulewidth

> Länge einer optionalen horizontalen Linie im Briefkopf (Abschnitt 6.4.1, Seite 219)

toaddrvpos

> Abstand des Anschriftfeldes von der oberen Kante des Papiers (Abschnitt 6.4.3, Seite 223)

toaddrhpos

> Abstand des Anschriftfeldes von der linken Papierkante, falls der Wert positiv ist, oder negativer Abstand des Anschriftfeldes von der rechten Papierkante, falls der Wert negativ ist (Abschnitt 6.4.3, Seite 223)

. . .

Tabelle 6.13.: Von der Klasse scrlttr2 verwendete Pseudolängen (*Fortsetzung*)

---

toaddrindent

> linker Einzug der Anschrift innerhalb des Anschriftfeldes (Abschnitt 6.4.3, Seite 225)

toaddrwidth

> Breite des Anschriftfeldes (Abschnitt 6.4.3, Seite 224)

toaddrheight

> Höhe des Anschriftfeldes (Abschnitt 6.4.3, Seite 224)

backaddrheight

> Höhe der Rücksendeadresse am oberen Rand des Anschriftfeldes (Abschnitt 6.4.3, Seite 225)

specialmailindent

> linker Einzug der Versandart innerhalb des Anschriftfeldes (Abschnitt 6.4.3, Seite 225)

specialmailrightindent

> rechter Einzug der Versandart innerhalb des Anschriftfeldes (Abschnitt 6.4.3, Seite 225)

locwidth

> Breite des Feldes für die Absenderergänzung, wobei bei einem Wert von 0 die Breite automatisch aufgrund der in Abschnitt 6.2.6 beschriebenen Option locfield berechnet wird (Abschnitt 6.4.4, Seite 228)

refvpos

> Abstand der Geschäftszeile von der oberen Kante des Papiers (Abschnitt 6.4.5, Seite 229)

refwidth

> Breite der Geschäftszeile (Abschnitt 6.4.5, Seite 229)

...

Tabelle 6.13.: Von der Klasse scrlttr2 verwendete Pseudolängen (*Fortsetzung*)

---

refhpos

> Abstand der Geschäftszeile von der linken Papierkante, wobei bei einem Wert von 0 automatisch relativ zur Papierbreite zentriert wird (Abschnitt 6.4.5, Seite 229)

refaftervskip

> vertikaler Abstand nach der Geschäftszeile (Abschnitt 6.4.5, Seite 230)

sigbeforevskip

> vertikaler Abstand zwischen Gruß und Signatur (Abschnitt 6.6.1, Seite 237)

sigindent

> Einzug der Signatur gegenüber dem Textkörper (Abschnitt 6.6.1, Seite 237)

firstfootvpos

> Abstand des Brieffußes von der oberen Kante des Papiers (Abschnitt 6.4.2, Seite 221)

firstfootwidth

> Breite des Brieffußes, der automatisch innerhalb der Papierbreite zentriert wird (Abschnitt 6.4.2, Seite 221)

> \@newplength{*Name*}

Mit Hilfe dieser Anweisung wird eine neue Pseudolänge definiert. Die neue Pseudolänge ist dann über ihren *Namen* eindeutig identifiziert. Wird versucht, eine bereits vorhandene Pseudolänge erneut zu definieren, so wird dies mit einer Fehlermeldung quittiert.

Da der Anwender selbst normalerweise keine eigenen Pseudolängen definieren muss, handelt es sich bei diesem Befehl um keine Benutzeranweisung. Sie kann innerhalb des Dokuments nicht, wohl aber beispielsweise innerhalb einer lco-Datei verwendet werden.

```
\@setplength[Faktor]{Pseudolänge}{Wert}
\@addtoplength[Faktor]{Pseudolänge}{Wert}
```

Mit Hilfe der Anweisung \@setplength kann einer *Pseudolänge* das Vielfache eines *Wertes* zugewiesen werden. Der *Faktor* wird dabei als optionales Argument übergeben (siehe auch \setlengthtoplength). Mit der Anweisung \@addtoplength kann man zu einer *Pseudolänge* einen *Wert* addieren. Um einer *Pseudolänge* das Vielfache einer anderen Pseudolänge zuzuweisen oder hinzuzuaddieren, verwendet man innerhalb von *Wert* die Anweisung \useplength. Um von einer *Pseudolänge* den Wert einer anderen *Pseudolänge* zu subtrahieren, verwendet man gleichzeitig als *Faktor* ein Minuszeichen oder –1.

Da der Anwender selbst normalerweise keine Pseudolängen ändern muss, handelt es sich bei diesen Befehlen um keine Benutzeranweisungen. Sie können innerhalb des Dokuments nicht, wohl aber beispielsweise innerhalb einer lco-Datei verwendet werden.

```
\useplength{Name}
```

Mit Hilfe dieser Anweisung wird auf den Wert der Pseudolänge mit dem angegebenen *Namen* zugegriffen. Dies ist eine der wenigen Benutzeranweisung rund um Pseudolängen. Natürlich kann diese Anweisung dennoch auch innerhalb einer lco-Datei verwendet werden.

```
\setlengthtoplength[Faktor]{Länge}{Pseudolänge}
\addtolengthplength[Faktor]{Länge}{Pseudolänge}
```

Während man einer Länge einfach einen Faktor voranstellen kann, ist dies bei Pseudolängen nicht möglich. Angenommen, eine Länge \Test hat den Wert 2 pt, dann ergibt 3\Test den Wert 6 pt. Verwendet man stattdessen eine Pseudolänge, so würde aus 3\useplength{Test} der Wert 32 pt. Dies ist insbesondere dann lästig, wenn man einer echten *Länge* den Wert einer *Pseudolänge* zuweisen will.

Mit der Anweisung \setlengthtoplength kann man einer echten *Länge* das Vielfache einer *Pseudolänge* zuweisen. Allerdings wird hier der *Faktor* nicht direkt der *Pseudolänge* vorangestellt, sondern als optionales Argument übergeben. Man sollte diese Anweisung auch verwenden, wenn man einer *Länge* den negativen Wert einer *Pseudolänge* zuweisen will. Als *Faktor*

```
\documentclass[...]{scrlttr2}
...
            Einstellungen für alle Briefe
...
\begin{document}
...
            Einstellungen für alle Briefe
...
```
```
\begin{letter}{Empfänger}
...
            Inhalt eines einzelnen Briefs
...
\end{letter}
```
```
\end{document}
```

Abbildung 6.2.: Genereller Aufbau eines Briefdokuments mit beliebig vielen einzelnen Briefen (den Aufbau eines einzelnen Briefes zeigt Abbildung 6.3)

kann dann wahlweise ein Minuszeichen oder –1 verwendet werden. Die Anweisung \addtolengthplength arbeitet ganz ähnlich. Allerdings wird hier zur *Länge* das Vielfache der *Pseudolänge* addiert.

6.3.5. Der generelle Aufbau eines Briefdokuments

Der generelle Aufbau eines Briefdokuments weicht etwas vom Aufbau eines normalen Dokuments ab. Während ein Buchdokument normalerweise nur ein Buch enthält, kann ein einzelnes Briefdokument mehrere Briefe enthalten. Wie in Abbildung 6.2 veranschaulicht wird, besteht ein Briefdokument aus einem Vorspann, den einzelnen Briefen und dem Abschluss.

Der Vorspann beinhaltet dabei alle Einstellungen, die generell alle Briefe betreffen. Diese können in den Einstellungen der einzelnen Briefe jedoch zumindest teilweise überschrieben werden. Die einzige Einstellung, die der-

```
\begin{letter}[Optionen]{Empfänger}
...

        Einstellungen für diesen Brief

...
\opening{Anrede}
```

```
...

            Brieftext

...
```

```
\closing{Grußformel}
\ps
...

            Postscriptum

...
\encl{Anlagen}
\cc{Verteiler}
\end{letter}
```

Abbildung 6.3.: Genereller Aufbau eines einzelnen Briefes innerhalb eines Briefdokuments (siehe Abbildung 6.2)

zeit nicht innerhalb eines einzelnen Briefes überschrieben werden kann, ist die Größe der Grundschrift (siehe Option `fontsize` in Abschnitt 6.2.5, Seite 185). Ich empfehle, vor `\begin{document}` nur allgemeine Einstellungen wie das Laden von Paketen und das Setzen von Optionen vorzunehmen. Alle Einstellungen, die das Setzen einer Variablen oder sonstige Textangaben beinhalten, sollten nach `\begin{document}` vorgenommen werden. Dies empfiehlt sich umso mehr, wenn das Babel-Paket (siehe [Bra01]) verwendet wird oder sprachabhängige Variablen von *scrlttr2* verändert werden sollen.

Der Abschluss besteht in der Regel nur aus `\end{document}`. Natürlich können Sie dort aber auch zusätzliche Kommentare einfügen.

Wie in Abbildung 6.3 verdeutlicht wird, bestehen die einzelnen Briefe wiederum aus einer Einleitung, dem eigentlichen Brieftext und einem Schlussteil. In der Einleitung werden alle Einstellungen vorgenommen, die nur für diesen einen Brief gelten sollen. Entscheidend ist hierbei, dass diese Einleitung immer mit \opening endet. Ebenso beginnt der Schlussteil immer mit \closing. Gegebenenfalls können die Argumente *Anrede* und *Grußformel* der beiden Anweisungen leer bleiben, die Anweisungen müssen jedoch gesetzt werden und haben immer ein Argument.

Es soll an dieser Stelle nicht verschwiegen werden, dass zwischen den einzelnen Briefen weitere Einstellungen getroffen werden können. Diese gelten dann für alle nachfolgenden Briefe. Um Briefdokumente übersichtlich und wartbar zu halten, sollte man sich jedoch gut überlegen, ob man zwischen die Briefe tatsächlich weitere generelle Einstellungen mit beschränkter Gültigkeit setzen will. Ich kann dies nicht empfehlen, da die Suche nach Einstellungen dadurch erschwert wird.

Wie bereits erwähnt, können mit Ausnahme der Schriftgröße alle generellen Einstellungen aus dem Dokumentvorspann auch im Vorspann einzelner Briefe gesetzt werden. Daher finden sich in diesem Abschnitt keine weiteren Erklärungen zu den möglichen Einstellungen. Bitte entnehmen Sie diese dem Abschnitt 6.4.

6.4. Die Briefeinleitung

In der Briefeinleitung finden sich alle Einstellungen für einen Brief sowie alle Angaben zum Aufbau der ersten Briefseite. Die erste Briefseite übernimmt innerhalb eines Briefes nicht nur die Rolle der Titelei, sondern besteht aus vielen unterschiedlichen Teilen.

6.4.1. Briefkopf

Unter dem Briefkopf verstehen wir alle Angaben, die den Absender betreffen und die über der Anschrift stehen. Normalerweise würde man erwarten, dass diese über den Seitenstil gesetzt werden. Bei der alten Briefklasse scrlettr war dies auch so. Bei scrlttr2 wird der Briefkopf jedoch unabhängig vom Seitenstil von der Anweisung \opening ausgegeben. Dabei wird der Briefkopf absolut positioniert, ist also vom Satzspiegel unabhängig. Die erste Seite eines Briefes, also die Seite mit dem Briefkopf, wird tatsächlich mit dem Seitenstil empty gesetzt.

`firstheadvpos`

Die Pseudolänge `firstheadvpos` gibt den Abstand des Briefkopfes von der oberen Papierkante an. Der Wert wird in den vordefinierten lco-Dateien unterschiedlich gesetzt. Ein typischer Wert ist 8 mm.

`firstheadwidth`

Die Pseudolänge `firstheadwidth` gibt die Breite des Briefkopfes an. Der Wert wird in den vordefinierten lco-Dateien unterschiedlich gesetzt. Während er normalerweise von der Papierbreite und dem horizontalen Abstand der Empfängeradresse vom linken Papierrand abhängt, entspricht er bei `KOMAold` der Breite des Satzspiegels.

`fromname`
`fromaddress`
`fromphone`
`fromfax`
`fromemail`
`fromurl`
`fromlogo`

Diese Variablen stellen die Absenderangaben für den Briefkopf, also den Kopf der ersten Seite eines Briefes dar. Welche dieser Variablen tatsächlich für den Briefkopf verwendet werden, kann bei Verwendung der Briefkopferweiterungen (siehe Option `fromalign` in Abschnitt 6.2.6, Seite 187) über die entsprechenden Optionen eingestellt werden. Die Variablen `fromname` und `fromaddress` werden im Briefkopf ebenso wie `fromlogo` ohne Bezeichnung, die Variablen `fromphone`, `fromfax`, `fromemail` und `fromurl` hingegen mit ihrer Bezeichnung gesetzt. Die Bezeichnungen sind Tabelle 6.14, Seite 219 zu entnehmen.

Ein wichtiger Hinweis betrifft noch die Absenderadresse: Innerhalb der Absenderadresse werden einzelne Teilangaben durch doppelten Backslash voneinander getrennt. Solche Teilangaben sind beispielsweise Straße und Hausnummer, Postleitzahl und Ort oder eine Länderangabe. Dieser doppelte Backslash wird je nach Verwendung der Absenderadresse unterschiedlich interpretiert und ist nicht zwangsläufig als Zeilenumbruch zu verstehen.

Tabelle 6.14.: Vordefinierte Bezeichnungen der Variablen für die Absenderangaben im Briefkopf

`fromemail`	
	`\usekomavar*{emailseparator}\usekomavar{emailseparator}`
`fromfax`	
	`\usekomavar*{faxseparator}\usekomavar{faxseparator}`
`fromname`	
	`\headfromname`
`fromphone`	
	`\usekomavar*{phoneseparator}\usekomavar{phoneseparator}`
`fromurl`	
	`\usekomavar*{urlseparator}\usekomavar{urlseparator}`

Absätze, vertikale Abstände und Ähnliches sind innerhalb der Absenderangaben normalerweise nicht gestattet. Man muss scrlttr2 schon sehr genau kennen, um sie gegebenenfalls sinnvoll einsetzen zu können. Außerdem sollte man unbedingt die Variablen für Rücksendeadresse (siehe Abschnitt 6.4.3, Seite 225) und Signatur (siehe Abschnitt 6.6.1, Seite 237) selbst setzen.

Für das Logo kann übrigens auch eine externe Abbildung geladen werden. Dazu setzt man als Inhalt der Variablen `fromlogo` beispielsweise eine `\includegraphics`-Anweisung. Selbstverständlich muss dann im Vorspann des Briefdokuments (siehe Abschnitt 6.3.5) auch das graphics- oder graphicx-Paket geladen werden (siehe [Car99b]).

<pre>fromrulewidth</pre>

Wie bereits bei Option fromrule in Abschnitt 6.2.6, Seite 188 erwähnt wurde, kann in den vordefinierten Briefköpfen eine Linie im oder unter dem Absender gesetzt werden. Hat die Pseudolänge fromrulewidth die Länge 0, so wird dabei die Länge dieser Linie automatisch bestimmt. Dies ist die Voreinstellung bei den vordefinierten lco-Dateien. Der Wert kann mit `\setplength` (siehe Abschnitt 6.3.4, Seite 214) in eigenen lco-Dateien aber auch abweichend gesetzt werden.

Tabelle 6.15.: Vordefinierte Bezeichnungen und Inhalte der Trennzeichen für die Absenderangaben im Briefkopf

Name	Bezeichnung	Inhalt
emailseparator	\emailname	:~
faxseparator	\faxname	:~
phoneseparator	\phonename	:~
urlseparator	\wwwname	:~

```
phoneseparator
faxseparator
emailseparator
urlseparator
```

In diesen Variablen sind Trennzeichen definiert. Sie werden gegebenenfalls in den Absenderangaben des Briefkopfes verwendet (siehe Tabelle 6.14). Als Besonderheit haben sie außerdem eine Bezeichnung. Die Bezeichnungen werden ebenfalls in den Absenderangaben des Briefkopfes verwendet. Der vordefinierte Inhalt und die Bezeichnung der Trennzeichen sind Tabelle 6.15 zu entnehmen.

```
\firsthead{Aufbau}
```

In vielen Fällen reichen die Möglichkeiten aus, die scrlttr2 über Optionen und obige Variablen für die Gestaltung des Briefkopfes bietet. In einigen Fällen will man jedoch den Briefkopf freier gestalten können. In diesen Fällen muss man auf die Möglichkeiten der vordefinierten Briefköpfe, die per Option ausgewählt werden können, verzichten. Stattdessen gestaltet man sich seinen Briefkopf frei. Dazu definiert man den gewünschten *Aufbau* mit der Anweisung \firsthead. Innerhalb von \firsthead können beispielsweise mit Hilfe der \parbox-Anweisung (siehe [Tea01a]) mehrere Boxen neben- und untereinander gesetzt werden. Einem versierten Anwender sollte es so möglich sein, seinen eigenen Briefkopf zu gestalten. Natürlich kann *Aufbau* auch Zugriffe auf Variablen mit Hilfe von \usekomavar nehmen.

6.4.2. Briefbogenfuß

Die erste Seite eines Briefes, der Briefbogen, enthält nicht nur einen eigenen Kopf, den Briefkopf. Diese Seite enthält auch einen eigenen Fuß. Auch dieser wird nicht über den Seitenstil, sondern direkt von \opening ausgegeben.

> firstfootvpos

Diese Pseudolänge gibt den Abstand des Fußes der ersten Briefseite von der Oberkante des Papiers an. Es wird außerdem dafür gesorgt, dass der Textbereich nicht in den Fuß hineinragt. Hierzu wird auf der ersten Seite gegebenenfalls die Höhe des Textbereiches mit Hilfe von \enlargethispage verkleinert. Mit Hilfe der Option enlargefirstpage kann dafür gesorgt werden, dass die Höhe des Textbereiches umgekehrt gegebenenfalls auch vergrößert wird. Damit kann dann der Abstand zwischen Textbereich und Fuß der ersten Seite auf den Wert der Länge \footskip verringert werden. Siehe hierzu auch Abschnitt 6.2.3, Seite 181.

Bei einer Kompatibilitätseinstellung bis Version 2.9t (siehe version in Abschnitt 6.2.2, Seite 179) wird außer bei KOMAold in allen vordefinierten lco-Dateien (siehe Abschnitt 6.2.8) der Fuß abhängig vom Satzspiegel gesetzt. Damit hat dann auch enlargefirstpage keine Wirkung. Ab Version 2.9u bekommt der Fuß eine Position am unteren Ende des Papiers. Damit ist dann die Höhe des Satzspiegels des Briefbogens eventuell auch von der Option enlargefirstpage abhängig.

> firstfootwidth

Diese Pseudolänge gibt die Breite des Fußes der ersten Briefseite an. Der Wert stimmt in den vordefinierten lco-Dateien mit firstheadwidth überein.

> \firstfoot{*Aufbau*}

Der Fuß der ersten Seite ist in der Voreinstellung leer. Es besteht jedoch die Möglichkeit einen *Aufbau* mit Hilfe der Anweisung \firstfoot zu definieren. Dies geschieht genau wie die Definition des Kopfes mit Hilfe von \firsthead.

Beispiel: Sie wollen den Inhalt der Variablen frombank, also die Bankverbindung im Fuß der ersten Seite ausgeben. Der doppelte Backslash
soll dabei durch ein Komma ersetzt werden:

```
\firstfoot{%
  \parbox[b]{\linewidth}{%
    \centering\def\\{, }\usekomavar{frombank}%
  }%
}
```

Natürlich können Sie für das Trennzeichen auch eine eigene Variable definieren. Ich überlasse dem Leser dies als Übung.

Heutzutage hat man recht häufig, dass eine Art Brieffuß als Gegen-
gewicht zum Briefkopf verwendet wird. So etwas kann beispielsweise wie folgt definiert werden:

```
\firstfoot{%
  \parbox[t]{\textwidth}{\footnotesize
    \begin{tabular}[t]{l@{}}%
      \multicolumn{1}{@{}l@{}}{Gesellschafter:}\\
      Hugo Mayer\\
      Bernd Müller
    \end{tabular}%
    \hfill
    \begin{tabular}[t]{l@{}}%
      \multicolumn{1}{@{}l@{}}{Geschäftsführerin:}\\
      Liselotte Mayer\\[1ex]
      \multicolumn{1}{@{}l@{}}{Gerichtsstand:}\\
      Hinterdupfeldingen
    \end{tabular}%
    \ifkomavarempty{frombank}{}{%
      \hfill
      \begin{tabular}[t]{l@{}}%
        \multicolumn{1}{@{}l@{}}{%
          \usekomavar*{frombank}:}\\
        \usekomavar{frombank}
```

```
        \end{tabular}%
      }%
    }%
  }
```

Das Beispiel stammt übrigens ursprünglich von Torsten Krüger. Mit

```
\setkomavar{frombank}{Konto 12\,345\,678\\
                     bei der HansWurstBank\\
                     BLZ 876\,543\,21}
```

kann die Bankverbindung passend dazu gesetzt werden. Abhängig von den Voreinstellungen ist ein solch hoher Fuß nicht vorgesehen und wird deshalb möglicherweise zu tief platziert. In einem solchen Fall kann die vertikale Position über die Pseudolänge `firstfootvpos`, die weiter oben in diesem Abschnitt beschrieben ist, angepasst werden.

Im letzten Beispiel wurde ein mehrzeiliger Fuß gesetzt. Bei einer Kompatibilitätseinstellung aber Version 2.9u (siehe `version` in Abschnitt 6.2.2, Seite 179) reicht der Platz dafür in der Regel nicht aus. Sie sollten dann `firstfootvpos` (siehe Seite 221) entsprechend verringern.

6.4.3. Anschrift

Unter der Anschrift versteht man normalerweise nur den Namen und die Adresse des Empfängers. Als erste Erweiterung zur Anschrift kann die Versandart betrachtet werden, die etwa bei Einschreiben oder Infobriefen zur Anwendung kommt. Bei Fensterbriefumschlägen wird auch die sogenannte Rücksendeadresse zur Anschrift gezählt, da sie im Anschriftfenster zu sehen sein wird. Die Anschrift folgt unmittelbar auf den Briefkopf.

> `toaddrvpos`
> `toaddrhpos`

Diese Pseudolängen geben den Abstand des Anschriftfensters eines Fensterbriefumschlags vom oberen und vom linken Rand des Papiers an. Sie

werden in den vordefinierten lco-Dateien unterschiedlich eingestellt. Für
toaddrhpos gilt außerdem eine Besonderheit. Ist der Wert negativ, so ist
sein Betrag der Abstand des Anschriftfeldes vom rechten Rand des Papiers.
Sie finden dies beispielsweise bei SN. Am kleinsten ist der Wert toaddrvpos
bei DINmtext. Hier kann es schnell passieren, dass der Briefkopf in das Anschriftfenster ragt. Ob das Anschriftfenster überhaupt gesetzt wird, hängt
von der Option addrfield ab (siehe Abschnitt 6.2.6, Seite 189).

toaddrheight

Diese Pseudolänge gibt die Höhe des Anschriftenfeldes einschließlich der
Versandart an. Ist keine Versandart angegeben, so wird die Anschrift vertikal
innerhalb dieses Feldes zentriert. Ist eine Versandart angegeben, so wird die
Anschrift unterhalb der Versandart vertikal im Rest des Anschriftenfeldes
zentriert.

toaddrwidth

Diese Pseudolänge gibt die Breite des Anschriftfensters an. Diese wird in
den vordefinierten lco-Dateien entsprechend der unterschiedlichen Normen
unterschiedlich eingestellt. Typische Werte liegen zwischen 70 mm und
100 mm.

Beispiel: Angenommen, Sie haben das Problem, dass Ihr Drucker einen
sehr breiten unbedruckbaren rechten oder linken Rand von 15 mm
besitzt. Dadurch kann bei Option SN der Briefkopf, die Absenderergänzung und die Anschrift nicht komplett gedruckt werden. Sie
erstellen daher eine neue lco-Datei mit folgendem Inhalt:

```
\ProvidesFile{SNmmarg.lco}
            [2002/06/04 v0.1 my own lco]
\LoadLetterOption{SN}
\@addtoplength{toaddrwidth}{%
  -\useplength{toaddrhpos}}
\@setplength{toaddrhpos}{-15mm}
\@addtoplength{toaddrwidth}{%
  \useplength{toaddrhpos}}
\endinput
```

Bis Sie sich einen Drucker mit kleineren Rändern zugelegt haben, verwenden Sie dann `SNmmarg` an Stelle von `SN`.

`toaddrindent`

Manchmal will man, dass die Anschrift nicht am linken Rand des Anschriftfensters beginnt, sondern ein wenig eingezogen wird. Der Wert dieses Einzugs kann über die Pseudolänge `toaddrindent` festgelegt werden. Typischerweise ist dieser Wert jedoch 0 pt.

`backaddress`
`backaddressseparator`
`backaddrheight`

Bei Fensterbriefumschlägen wird der Absender häufig in einer kleinen Schrift einzeilig über der Empfängeradresse ausgegeben. Diese Absenderangabe nennt man Rücksendeadresse. Die Rücksendeadresse wird mit einer horizontalen Linie abgetrennt. Der Inhalt der Rücksendeadresse wird normalerweise automatisch aus den Variablen `fromname` und `fromaddress` gebildet. Innerhalb der Rücksendeadresse wird der doppelte Backslash durch den Inhalt der Variablen `backaddressseparator` ersetzt. Vordefiniert ist hierbei ein Komma, gefolgt von einem nicht umbrechbaren Leerzeichen.

Die Höhe, die innerhalb des Anschriftfensters für die Rücksendeadresse zur Verfügung steht, ist in der Pseudolänge `backaddrheight` abgelegt. Der Wert wird in den vordefinierten `lco`-Dateien typischerweise auf 5 mm eingestellt. Ob die Rücksendeadresse überhaupt gesetzt wird, bestimmt der Anwender mit den Optionen `addrfield` (siehe Abschnitt 6.2.6, Seite 189 und `backaddress` (siehe Abschnitt 6.2.6, Seite 189).

`specialmail`
`specialmailindent`
`specialmailrightindent`

Zwischen Rücksendeadresse und Empfängeradresse kann noch eine optionale Versandart gesetzt werden. Diese wird genau dann gesetzt, wenn die Variable `specialmail` einen Inhalt hat. Die Ausrichtung wird mit Hilfe der Pseudolängen `specialmailindent` und `specialmailrightindent` festgelegt. Diese geben den linken und rechten Einzug der Zeile an. In den vordefinierten lco-Dateien ist specialmailindent auf den dehnbaren Wert \fill gesetzt, während specialmailrightindent auf 1 em eingestellt ist. Damit wird die Versandart 1 em vom rechten Rand des Anschriftfensters gesetzt.

toname
toaddress

Diese beiden Variablen, die den Namen und die Adresse des Empfängers beinhalten, werden normalerweise nicht direkt vom Anwender gesetzt. Vielmehr gewinnt sie scrlttr2 direkt aus dem *Empfänger*-Argument der letter-Umgebung. Beachten Sie auch hier den wichtigen Hinweis zur Absenderadresse aus Abschnitt 6.4.1, Seite 218.

letter[*Optionen*]{*Anschrift*}

Die Briefumgebung, letter, ist nur einer der zentralen Dreh- und Angelpunkte der Briefklasse. Als Besonderheit kann man bei scrlttr2 der Briefumgebung zusätzliche *Optionen* mit auf den Weg geben. Diese werden dann intern per \KOMAoptions-Anweisung ausgeführt.

Die *Anschrift* wird als obligatorischer Parameter an die Umgebung übergeben. Dabei dient der doppelte Backslash als Trennzeichen zwischen einzelnen Teilen der *Anschrift*. Diese einzelnen Teile werden im Anschriftfeld als einzelne Zeilen ausgegeben. Dennoch sollte der doppelte Backslash hier nicht als fester Zeilenumbruch verstanden werden. Absätze, vertikaler Leerraum und Ähnliches sind in der Anschrift nicht erlaubt. Sie können zu unerwarteten Effekten und Fehlermeldungen führen. Dies ist übrigens bei der Standardbriefklasse genauso.

Die letter-Umgebung beginnt den Brief selbst noch nicht. Dies geschieht erst mit der \opening-Anweisung.

\AtBeginLetter{*Anweisungen*}

Wie in [Tea99] erwähnt, gibt es bei LATEX die Möglichkeit, an bestimmten Stellen während des LATEX-Laufs eines Dokuments zusätzliche *Anweisungen* ausführen zu lassen. Diesem Zweck dienen beispielsweise die Anweisungen \AtBeginDocument und \AtEndOfClass. Man nennt solche Eingriffspunkte auch *hooks*, also Haken. Die Klasse scrlttr2 fügt einen weiteren Haken hinzu, der mit `\AtBeginLetter` mit Fleisch versehen werden kann. Wie man schon daran erkennt, dass Anweisungen für die Haken nicht in [Tea01a] sondern in [Tea99] dokumentiert sind, sind diese Anweisungen eigentlich eher für Paket- und Klassenautoren gedacht. Bei der Briefklasse kann es jedoch eine sinnvolle Anwendung für `\AtBeginLetter` auch auf Benutzerebene geben. Das folgende Beispiel zeigt dies.

Beispiel: Angenommen, Sie haben mehrere Briefe in einem Dokument. Sie verwenden außerdem eine eigene Anweisung, um in den Briefen einen Fragebogen zu setzen. Dabei werden die Fragen automatisch mit Hilfe eines Zählers nummeriert. Da scrlttr2 dieser Zähler nicht bekannt ist, würde er auch im Gegensatz etwa zur Seitenzahl am Anfang eines neuen Briefes nicht zurückgesetzt. Wenn jeder Brief zehn Fragen beinhaltet, hätte damit die erste Frage im fünften Brief die Nummer 41 statt der Nummer 1. Sie lösen das, indem Sie scrlttr2 mitteilen, dass am Anfang jeden Briefes der Zähler zurückgesetzt werden soll:

```
\newcounter{Frage}
\newcommand{\Frage}[1]{%
  \refstepcounter{Frage}\par
  \@hangfrom{\makebox[2em][r]{\theFrage:~}}{#1}}
\AtBeginLetter{\setcounter{Frage}{0}}
```

Damit hat dann auch die erste Frage im 1001. Brief wieder die Nummer 1. Selbstverständlich gehören die entsprechenden Definitionen und Anweisungen entweder mit `\makeatletter` und `\makeatother` geklammert (siehe [RNH02]) in den Vorspann des Briefdokuments (siehe Abschnitt 6.3.5 sowie Abbildung 6.2, Seite 215) oder in ein eigenes Paket oder eine `lco`-Datei (siehe Abschnitt 6.2.8).

6.4.4. Absenderergänzungen

Insbesondere bei Geschäftsbriefen reicht der Platz im Briefkopf und im Seitenfuß oftmals nicht aus, um alle Angaben des Absenders unterzubringen.

Für die zusätzlichen Informationen wird oft der Platz neben der Anschrift genutzt. In dieser Anleitung wird dieses Feld *Absenderergänzung* genannt.

`locwidth`

Diese Pseudolänge `locwidth` gibt die Breite der Absenderergänzung an. Ihr Wert wird in den vordefinierten `lco`-Dateien typischerweise auf 0 pt gesetzt. Dieser Wert nimmt eine Sonderstellung ein. Er bedeutet nicht, dass die Absenderergänzung die Breite Null besitzen soll. Vielmehr wird bei diesem Wert die tatsächliche Breite erst bei \opening an Hand der Breite des Papiers, der Breite des Anschriftfensters und dem Abstand des Anschriftfensters vom linken Rand gesetzt. Dabei findet auch die Option `locfield` (siehe Abschnitt 6.2.6, Seite 190) Berücksichtigung.

`location`

Der Inhalt der Absenderergänzung wird mit der Variablen `location` festgelegt. Für den Inhalt dieser Variablen dürfen auch Formatieranweisungen wie \raggedright verwendet werden. Es ist zu beachten, dass je nach Einstellung der Optionen `fromalign` und `fromlogo` ein Teil der Absenderergänzung bereits durch das Logo belegt wird (siehe Abschnitt 6.2.6, Seite 187 und Seite 189).

Beispiel: Angenommen, Sie wollen in der Absenderergänzung die Gesellschafter, den Geschäftsführer und den Gerichtsstand Ihrer Firma angeben. Dies kann beispielsweise wie folgt geschehen:

```
\KOMAoptions{locfield=wide}
\setkomavar{location}{\raggedright
  \textbf{Gesellschafter:}\\
  \quad Hugo Mayer\\
  \quad Bernd Müller\\[1ex]
  \textbf{Geschäftsführerin:}\\
  \quad Liselotte Mayer\\[1ex]
  \textbf{Gerichtsstand:}\\
  \quad Hinterdupfeldingen
}
```

Die Option `locfield=wide` setzen Sie, damit die ganzen Angaben horizontal auch wirklich passen. Solche Angaben können Sie übrigens auch zusammen mit den allgemeinen Absenderangaben in Ihre eigene `lco`-Datei packen.

6.4.5. Geschäftszeile

Insbesondere bei Geschäftsbriefen findet sich häufig eine Zeile mit Angaben wie Namenskürzeln, Durchwahl, Kunden- und Rechnungsnummer oder zur Bezugnahme auf ein früheres Schreiben. Diese Zeile wird in dieser Anleitung *Geschäftszeile* genannt. Die Geschäftszeile kann auch länger als eine Zeile sein und wird nur gesetzt, wenn mindestens eine der Variablen für die Geschäftszeile nicht leer ist. Es werden nur die Felder gesetzt, die nicht leer sind. Um ein scheinbar leeres Feld zu setzen, muss man der entsprechenden Variablen einen scheinbar leeren Inhalt, beispielsweise ein festes Leerzeichen oder \null, geben. Wird auf die Geschäftszeile verzichtet, so werden an ihrer Stelle Bezeichnung und Inhalt der Variablen `date` ausgegeben. Informationen, wie Variablen zur Geschäftszeile hinzugefügt oder entfernt werden, sind in Abschnitt 6.3.3, Seite 206 zu finden.

refvpos

Diese Pseudolänge gibt den Abstand der Geschäftszeile von der Oberkante des Papiers an. Ihr Wert wird in den vordefinierten `lco`-Dateien unterschiedlich eingestellt. Typische Werte liegen zwischen 80,5 mm und 98,5 mm.

refwidth
refhpos

Die Pseudolänge `refwidth` gibt die Breite an, die für die Geschäftszeile zur Verfügung steht. Ihr Wert wird in den vordefinierten `lco`-Dateien typischerweise auf 0 pt gesetzt. Dieser Wert hat eine besondere Bedeutung. Es wird damit keineswegs festgelegt, dass für die Geschäftszeile keine Breite zur Verfügung steht. Vielmehr bedeutet der Wert, dass die verfügbare Breite erst innerhalb von \opening ermittelt wird. Die dort ermittelte Breite richtet sich dann nach der Einstellung der Option `refline` (siehe Abschnitt 6.2.6, Seite 191). Gleichzeitig wird dann auch `refhpos` entsprechend der Option gesetzt. Bei `refline=wide` wird die Geschäftszeile zentriert, wohingegen sie bei `refline=narrow` am Satzspiegel links ausgerichtet wird.

Ist `refwidth` von Null verschieden, wird die Breite der Geschäftszeile also nicht von der Option `refline` bestimmt, so gibt `refhpos` den Abstand der Geschäftszeile von der linken Papierkante an. Ist dieser Abstand Null, so wird die Geschäftszeile so ausgerichtet, dass das Verhältnis zwischen ihrem Abstand von der linken Papierkante zu ihrem Abstand von der rechten Papierkante dem Verhältnis zwischen dem Abstand des Satzspiegels von der linken Papierkante zu seinem Abstand von der rechten Papierkante entspricht. Bei auf dem Papier horizontal zentriertem Satzspiegel wird also auch die Geschäftszeile zentriert.

In der Regel werden diese Sonderfälle für den normalen Anwender von geringem Interesse sein. Die einfachste Regel lautet hier: Entweder wird `refwidth` auf Null belassen und die Breite und Ausrichtung der Geschäftszeile über die Option `refline` überlassen, oder sowohl `refwidth` als auch `refhpos` werden vom Anwender vorgegeben.

---

refaftervskip

Diese Pseudolänge gibt den vertikalen Abstand an, der nach der Geschäftszeile eingefügt werden soll. Der Wert wird in den vordefinierten `lco`-Dateien eingestellt. Er wirkt sich unmittelbar auf die Höhe des Textbereiches der ersten Seite aus. Der typische Wert liegt zwischen einer und zwei Zeilen.

---

yourref
yourmail
myref
customer
invoice
date

Bei diesen Variablen handelt es sich um typische Felder der Geschäftszeile. Ihre Bedeutung entnehmen Sie bitte Tabelle 6.12 auf Seite 203. Jede dieser Variablen hat außerdem eine vordefinierte Bezeichnung, die in Tabelle 6.16 zu finden ist. Die Breite des Feldes, das zu jeder Variablen in der Geschäftszeile gehört, passt sich automatisch der Bezeichnung und dem Inhalt an.

Tabelle 6.16.: Vordefinierte Bezeichnungen der typischen Variablen der Geschäftszeile unter Verwendung sprachabhängiger Anweisungen

Name	Bezeichnung	bei deutscher Sprache
yourref	\yourrefname	Ihr Zeichen
yourmail	\yourmailname	Ihr Schreiben vom
myref	\myrefname	Unser Zeichen
customer	\customername	Kundennummer
invoice	\invoicename	Rechnungsnummer
date	\datename	Datum

```
place
placeseparator
```

Wie bereits in der Einleitung dieses Abschnitts erwähnt wurde, kann die Geschäftszeile auch entfallen. Dies geschieht, wenn alle Variablen der Geschäftszeile bis auf das Datum leer sind. In diesem Fall wird statt des Datums der Inhalt der Variablen für den Ort, place, und der Inhalt der Variablen für das Trennzeichens, placeseparator, gefolgt vom Inhalt der Variablen für das Datum, date, gesetzt. Der vordefinierte Inhalt des Trennzeichens ist dabei ein Komma gefolgt von einem nicht umbrechbaren Leerzeichen. Ist der Ort leer, so wird auch das Trennzeichen nicht gesetzt. Der vordefinierte Inhalt der Variablen date ist \today und hängt von der Einstellung der Option numericaldate ab (siehe Abschnitt 6.2.6, Seite 191).

6.4.6. Titel und Betreff

Geschäftsbriefe werden häufig mit einem Betreff versehen. Dieser Betreff beschreibt kurz den Vorgang oder den Aspekt, um den es sich handelt. In der Regel sollte ein Betreff möglichst kurz und prägnant sein und nicht über mehrere Zeilen gehen. Neben dem Betreff kann ein Brief auch noch mit einem Titel versehen werden. Von einem Titel wird normalerweise nur bei Mahnungen, Rechnungen und Ähnlichem Gebrauch gemacht.

```
title
```

Bei scrlttr2 kann ein Brief zusätzlich mit einem Titel versehen werden. Der Ti-

Tabelle 6.17.: Vordefinierte Bezeichnungen der Variablen für den Betreff

Name	Bezeichnung
subject	\usekomavar*{subjectseparator}% \usekomavar{subjectseparator}
subjectseparator	\subjectname

tel wird zentriert in der Schriftgröße \LARGE nach der Geschäftszeile ausgegeben. Die für das Element title als \normalcolor\sffamily\bfseries voreingestellte Schriftart kann mit Hilfe der Schnittstelle, die in Abschnitt 3.2.1 beschrieben ist, geändert werden. Dabei sind auch Größenangaben erlaubt.

Beispiel: Angenommen, Sie schreiben eine Mahnung. Sie setzen einen entsprechenden Titel:

> \setkomavar{title}{Mahnung}

Damit sollte der Empfänger die Mahnung auch als solche erkennen.

> ```
> subject
> subjectseparator
> ```

Soll ein Betreff gesetzt werden, so geschieht dies, indem man den Inhalt der Variablen subject entsprechend festlegt. Je nach Einstellung der Option subject kann dem Betreff eine Bezeichnung vorangestellt werden und die vertikale Position des Betreffs verändert werden (siehe Abschnitt 6.2.6, Seite 190). Die vordefinierte Bezeichnung ist Tabelle 6.17 zu entnehmen. Der vordefinierte Inhalt des Trennzeichens subjectseparator besteht aus einem Doppelpunkt, gefolgt von einem Leerzeichen.

Der Betreff wird in einer eigenen Schriftart gesetzt. Um diese zu ändern, verwenden Sie die Benutzerschnittstelle, die in Abschnitt 3.2.1 beschrieben ist. Für das Element subject ist \normalfont\normalcolor\bfseries die in der Klasse scrlttr2 voreingestellte Schrift.

Beispiel: Angenommen, Sie schreiben als Vereinsvorstand einen Brief an ein anderes Mitglied des Vorstands, in dem es um vereinsinterne

Angelegenheiten geht. Sie wollen dabei im Betreff deutlich machen, dass es sich um einen Betreff handelt, ohne dass Sie eine Bezeichnung mit Trennzeichen voranstellen. Sie könnten das wie folgt lösen:

```
\setkomavar{subject}[Betrifft ]{%
    vereinsinterne Angelegenheiten}
```

Sie können es sich aber auch einfach machen:

```
\setkomavar{subject}[]{%
    Betrifft vereinsinterne Angelegenheiten}
```

Außerdem wollen Sie, dass der Betreff nicht nur fett sondern auch in einer serifenlosen Schriftart erscheint:

```
\addtokomafont{subject}{\sffamily}
```

Wie Sie sehen, ist das alles ganz einfach zu lösen.

6.4.7. Andere Angaben

Sie finden hier Variablen und Einstellungen, die keinem anderen Bereich der Briefeinleitung zugeordnet werden konnten, die jedoch in diesen Abschnitt gehören.

```
tfoldmarkvpos
bfoldmarkvpos
```

Die Briefklasse scrlttr2 kennt insgesamt drei Faltmarken. Die mittlere Faltmarke dient der Halbierung der Seite und wird deshalb immer in der Mitte der Seitenhöhe ausgegeben. Die Position der oberen Faltmarke vom oberen Papierrand wird von der Pseudolänge tfoldmarkvpos bestimmt, die der unteren Faltmarke von der Pseudolänge bfoldmarkvpos. Diese beiden Faltmarken dienen nicht der exakten Drittelung des Papiers beim Falten. Stattdessen soll das Papier mit ihrer Hilfe so geknickt werden können, dass das Feld für die Anschrift in einem Fensterbriefumschlag zu sehen ist. Die Einstellungen sind daher in den vordefinierten lco-Dateien unterschiedlich gewählt. Eine Besonderheit stellt `DINmtext` dar. Hier wird zwingend von einem Briefumschlag im Format C6/5 (auch „C6 lang" genannt) ausgegangen. Briefe, die mit dieser Option erstellt wurden, sind weder für Umschläge im Format C5 noch für Umschläge im Format C4 geeignet.

foldmarkhpos

Diese Pseudolänge gibt den Abstand aller drei Faltmarken vom linken Papierrand an. Normalerweise sind das 3,5 mm. Sie können den Wert aber auch in Ihrer eigenen `lco`-Datei ändern, falls Sie einen Drucker verwenden, der einen breiteren unbedruckbaren linken Rand hat. Die obere und die untere Faltmarke sind übrigens 2 mm lang, während die mittlere Faltmarke 4 mm lang ist. Die Dicke aller drei Faltmarken ist mit 2 pt gleich groß. Derzeit ist es nicht vorgesehen, die Länge oder Dicke der Faltmarken zu ändern. Ob die Faltmarken überhaupt gesetzt werden, hängt außerdem von der Option `foldmarks` ab (siehe Abschnitt 6.2.6, Seite 191).

frombank

Diese Variable nimmt derzeit eine Sonderstellung ein. Sie wird intern bisher nicht verwendet. Sie kann jedoch beispielsweise vom Anwender verwendet werden, um die Bankverbindung in das Absenderergänzungsfeld oder den Fuß zu setzen.

\nexthead{Aufbau}
\nextfoot{Aufbau}

In den meisten Fällen werden die Möglichkeiten, die scrlttr2 über Optionen und Variablen für die Gestaltung des Seitenkopfes und -fußes auf Folgeseiten zur Verfügung stellt, vollkommen ausreichen. Dies umso mehr, als man zusätzlich mit `\markboth` und `\markright` die Möglichkeit hat, die Angaben zu ändern, die scrlttr2 in den Kopf setzt. Folgeseiten im Sprachgebrauch dieser Anleitung sind alle Briefseiten abgesehen von der ersten. Die Anweisungen `\markboth` und `\markright` können insbesondere mit dem Seitenstil `myheadings` verwendet werden. Bei Verwendung des Paketes scrpage2 gilt dies natürlich auch für den Seitenstil `scrheadings`. Dort steht außerdem die Anweisung `\markleft` zur Verfügung.

In einigen wenigen Fällen will man jedoch den Kopf oder Fuß der Folgeseiten ähnlich dem Briefbogen freier gestalten. In diesen Fällen muss auf die vordefinierten Möglichkeiten, die per Option pagenumber (siehe Abschnitt 6.2.4, Seite 183) auswählbar sind, verzichtet werden. Stattdessen gestaltet man sich den Kopf und Fuß der Folgeseiten frei. Dazu definiert man den gewünschten *Aufbau* mit der Anweisung \nexthead beziehungsweise \nextfoot. Innerhalb von \nexthead und \nextfoot können beispielsweise mit Hilfe der \parbox-Anweisung (siehe [Tea01a]) mehrere Boxen neben- und untereinander gesetzt werden. Einem versierten Anwender sollte es so möglich sein, eigene Seitenköpfe und -füße zu gestalten. Natürlich kann im Argument *Aufbau* mit Hilfe von \usekomavar auch auf Variablen zugegriffen werden.

6.5. Der Text

Im Gegensatz zu einem Artikel, einem Bericht oder einem Buch besitzt ein Brief normalerweise keine Kapitel- oder Abschnittseinteilung, keine Gleitumgebungen mit Tabellen und Abbildungen, weder Inhaltsverzeichnis noch Verzeichnisse für Gleitumgebung, Literatur, Index, Glossary oder Ähnliches. Der Brieftext besteht im wesentlichen aus einer Anrede und dem eigentlichen Text. Er wird gefolgt von einem Schlussgruß und eventuell einem Nachsatz und verschiedenen Auflistungen nach dem Gruß.

6.5.1. Anrede

Bei maschinell erstellten Briefen wurde früher häufig auf eine Anrede verzichtet. Das lag daran, dass die Möglichkeiten für individualisierte Serienbriefe noch kaum vorhanden waren. Heute sind persönliche Anreden auch bei massenhaft erzeugten Werbebriefen üblich.

```
\opening{Anrede}
```

Dies ist eine der wichtigsten Anweisungen in scrlttr2. Vordergründig wird damit die *Anrede* des Briefes, beispielsweise „Sehr geehrte Frau … ", gesetzt. Tatsächlich setzt diese Anweisung aber auch die Faltmarken, den Briefkopf, die Anschrift, die Absenderergänzung, die Geschäftszeile, den Titel, den

Betreff und den Seitenfuß, also die Mehrzahl der Felder, die mit Optionen und Variablen eingestellt werden. Kurz gesagt: ohne Anrede kein Brief.

6.5.2. Fußnoten

Fußnoten sollte man in Briefen noch sehr viel sparsamer verwenden als in anderen Dokumenten. Dennoch verfügt scrlttr2 bezüglich der Fußnoten über alle Mechanismen, die in Abschnitt 3.6.3 auch für die Hauptklassen beschrieben sind. Diese werden daher hier nicht erneut aufgeführt.

6.5.3. Listen

Listen haben in Briefen die gleiche Berechtigung wie in anderen Dokumenten auch. Deshalb verfügt scrlttr2 diesbezüglich über dieselben Möglichkeiten, die in Abschnitt 3.6.4 auch für die Hauptklassen beschrieben sind. Diese werden daher hier nicht erneut aufgeführt.

6.5.4. Randnotizen

Randnotizen sind in Briefen eher unüblich. Daher wird in scrlttr2 die Option `mpinclude` auch nicht aktiv unterstützt. Dennoch verfügt die Klasse bezüglich der Randnotizen über alle Mechanismen, die in Abschnitt 3.6.5 auch für die Hauptklassen beschrieben sind. Diese werden daher hier nicht erneut aufgeführt.

6.5.5. Textauszeichnung

Textauszeichnungen haben in Briefen denselben Stellenwert wie in anderen Dokumenten. Obwohl leider immer wieder das Gegenteil zu beobachten ist, empfehle ich daher auch in Briefen insbesondere mit aktiven Auszeichnungen eher sparsam umzugehen. Auch Briefe sollen gelesen werden. Ein Brief in dem jedes Wort in einer anderen Schrift erscheint, kann nicht gelesen werden.

Die Briefklasse scrlttr2 verfügt über dieselben Möglichkeiten der Textauszeichnung, die in Abschnitt 3.6.7 für die Hauptklassen beschrieben sind. Diese werden daher hier nicht erneut aufgeführt.

6.6. Der Schlussteil

Der Schlussteil eines Briefes besteht immer aus einer Grußfloskel. Selbst bei maschinell erstellten Briefen ohne Unterschrift findet sich diese in der Regel. Manchmal besteht sie dann aus einem Satz wie „Dieser Brief wurde maschinell erstellt und ist ohne Unterschrift gültig". Manchmal wird ein solcher Satz als Signatur verwendet. Auf die Grußformel können noch ein Nachsatz und verschiedene Auflistungen folgen.

6.6.1. Schlussgruß

Der Schlussgruß eines Briefes besteht aus mehreren Teilen. Neben der Grußformel selbst gibt es noch die Unterschrift und die Signatur, eine Art Erläuterung zur Unterschrift.

signature

Die Variable `signature` nimmt eine Art Erläuterung zur Unterschrift auf. Ihr Inhalt ist mit `\usekomavar{fromname}` vordefiniert. Eine solche Erläuterung kann auch mehrzeilig sein. Die einzelnen Zeilen sollten dann mit doppeltem Backslash voneinander getrennt werden. Absätze innerhalb der Erläuterung sind jedoch nicht gestattet.

\closing{*Grußfloskel*}

Mit der Anweisung `\closing` wird nicht nur die *Grußfloskel*, sondern auch der Inhalt der Variablen `signature` unter den Brief gesetzt. Die *Grußfloskel* kann auch mehrzeilig sein. Die einzelnen Zeilen sollten dann mit doppeltem Backslash voneinander getrennt werden. Absätze innerhalb der *Grußfloskel* sind jedoch nicht gestattet.

sigindent
sigbeforevskip
\raggedsignature

Grußfloskel und Erläuterung der Unterschrift werden innerhalb einer Box gesetzt. Die Breite dieser Box wird durch die längste Zeile innerhalb von Grußfloskel und Erläuterung bestimmt.

Die Box wird mit dem durch die Pseudolänge `sigindent` bestimmen Einzug gesetzt. In den vordefinierten `lco`-Dateien ist der Einzug auf 0 mm gesetzt.

Durch den Befehl `\raggedsignature` wird die Ausrichtung innerhalb der Box bestimmt. In den vordefinierten `lco`-Dateien ist die Anweisung entweder auf `\centering` (alle außer KOMAold) oder auf `\raggedright` (KOMAold) gesetzt. Um innerhalb der Box beispielsweise eine linksbündige oder rechtsbündige Ausrichtung zu erhalten, kann der Befehl in gleicher Weise umdefiniert werden wie `\raggedsection` (siehe das entprechende Beispiel in Abschnitt 3.6.2, Seite 99).

Zwischen Grußfloskel und Erläuterung wird ein vertikaler Abstand eingefügt, der mit der Pseudolänge `sigbeforevskip` festgelegt ist. In den vordefinierten `lco`-Dateien ist der Wert auf zwei Zeilen eingestellt. In diese Lücke setzen Sie dann Ihre Unterschrift.

Beispiel: Sie schreiben als Vorstand des Vereins „Rotkehlchen e. V." einen Brief an die Mitglieder. Dabei wollen Sie einerseits nochmals verdeutlichen, dass Sie im Namen des Vorstands schreiben, zum anderen wollen sie ihre Position im Vorstand mit angeben. Dies ist beispielsweise wie folgt möglich:

```
\setkomavar{signature}{Karl-Heinz zu Krähenfeld\\
  {\small (2. Vorsitzender "'Rotkehlchen e.\,V."')}}}
\closing{Mit freundlichen Grüßen\\
  (für den Vorstand)}
```

Natürlich können Sie das Setzen der Variablen `signature` auch in eine Ihrer privaten `lco`-Dateien aufnehmen. Ansonsten empfiehlt es sich, auch diese Variable in der Briefeinleitung (siehe Abschnitt 6.4) zu setzen.

6.6.2. Nachsatz, Verteiler und Anlagen

Nach dem Gruß können bei Briefen noch eine ganze Reihe von Angaben folgen. Neben dem Postskriptum gehören dazu vor allem Verteiler und ein Hinweis auf Anlagen.

`\ps`

Als Briefe noch von Hand geschrieben wurden, war das Postskriptum sehr beliebt. Es handelte sich bei diesen Nachsätzen ursprünglich um Angaben, die im eigentlichen Brief vergessen wurden. Bei Briefen, die mit LATEX geschrieben werden, ist es natürlich einfach, Vergessenes nachträglich in den Brief einzuarbeiten. Trotzdem ist das Postskriptum noch immer sehr beliebt, kann man damit doch sehr schön noch einmal auf ganz andere äußerst wichtige oder eigentlich ganz unwichtige Dinge hinweisen.

Diese Anweisung schaltet lediglich auf das Postskriptum um. Dazu wird ein neuer Absatz begonnen und ein vertikaler Abstand – in der Regel zur Signatur – eingefügt. Auf die Anweisung \ps kann beliebiger Text folgen. Dabei muss der Anwender auch selbst entscheiden, ob er den Nachsatz etwa mit der Abkürzung „PS:", die übrigens ohne Punkt gesetzt wird, beginnen will. Die Klasse scrlttr2 setzt diese Abkürzung weder automatisch noch optional.

`\cc{`*Verteiler*`}`
`ccseparator`

Ein *Verteiler* kann mit der Anweisung \cc gesetzt werden. Der *Verteiler* wird der Anweisung dabei als Argument übergeben. Wenn der Inhalt der Variablen ccseparator nicht leer ist, wird dem *Verteiler* die Bezeichnung und der Inhalt dieser Variablen vorangestellt. Der *Verteiler* selbst wird dann um die entsprechende Breite eingerückt ausgegeben. Es empfiehlt sich, den *Verteiler* \raggedright zu setzen und die einzelnen Angaben durch doppelten Backslash voneinander zu trennen.

Beispiel: Sie wollen angeben, dass Ihr Brief an alle Vereinsmitglieder und den Vorstand geht:

```
\cc{%
   der Vorstand\\
   alle Vereinsmitglieder}
```

Diese Anweisung schreiben Sie unter die \closing-Anweisung aus dem vorherigen Beispiel oder unter ein eventuelles Postskriptum.

239

Vor dem Verteiler wird automatisch ein Abstand eingefügt.

```
\encl{Anlagen}
enclseparator
```

Die *Anlagen* sind genauso aufgebaut wie der Verteiler. Der einzige Unterschied besteht darin, dass die Einleitung hier von der Bezeichnung und dem Inhalt der Variablen `enclseparator` bestimmt wird.

6.7. Unterstützung verschiedener Sprachen

Die Klasse scrlttr2 unterstützt viele Sprachen. Dazu zählen Deutsch (german für alte deutsche Rechtschreibung, ngerman für neue deutsche Rechtschreibung und austrian für Österreichisch), Englisch (english ohne Angabe ob amerikanisches oder britisches Englisch, american und USenglish für Amerikanisch, british und UKenglish für Britisch), Französisch, Italienisch, Spanisch, Holländisch, Kroatisch und Finnisch.

6.7.1. Sprachauswahl und -umschaltung

Zwischen den Sprachen wird bei Verwendung des babel-Paketes (siehe [Bra01]) mit der Anweisung \selectlanguage{*Sprache*} gewechselt. Andere Pakete wie german (siehe [Rai98a]) und ngerman (siehe [Rai98b]) besitzen diese Anweisung ebenfalls. In der Regel erfolgt eine Sprachumschaltung jedoch bereits aufgrund des Ladens eines solchen Paketes. Näheres entnehmen Sie bitte der jeweiligen Anleitung.

Erlauben Sie mir noch einen Hinweis zu den Sprachumschaltpaketen. Das Paket french (siehe [Gau03]) nimmt neben der Umdefinierung der Begriffe aus Abschnitt 6.7.2 weitere Änderungen vor. So definiert es etwa die Anweisung \opening um. Dabei geht es einfach davon aus, dass \opening immer wie in der Standardbriefklasse letter definiert ist. Dies ist bei scrlttr2 jedoch nicht der Fall. Das Paket french zerstört deshalb die Definition aus scrlttr2 und arbeitet nicht korrekt mir KOMA-Script zusammen. Ich betrachte dies als Fehler des Paketes french.

Wird das Paket babel für die Umschaltung auf die Sprache french verwendet und ist gleichzeitig das Paket french installiert, so ergeben sich eventuell genau dieselben Probleme, weil in diesem Fall Teile des Paketes french verwendet werden. Ist das Paket french nicht installiert, ergibt sich das Problem mit babel nicht. Ebenfalls existiert das Problem normalerweise nicht, wenn man bei babel an Stelle der Sprache french eine der Sprachen acadian, canadien, francais oder frenchb verwendet.

Mit Babel ab Version 3.7j tritt dieses Problem jedoch nur noch auf, wenn per Option explizit angegeben wird, dass babel das french-Paket verwenden soll. Kann nicht sicher gestellt werden, dass nicht eine alte Version von babel verwendet wird, so empfehle ich, mit

```
\usepackage[...,frenchb,...]{babel}
```

französische Sprache auszuwählen. Gegebenenfalls ist dann aber trotzdem mit \selectlanguage{french} auf Französisch umzuschalten.

Es ist nicht auszuschließen, dass mit anderen Sprachen und Paketen ähnliche Probleme auftreten. Für Deutsch sind solche Probleme jedoch nicht bekannt und treten weder mit den Paketen german oder ngerman noch mit babel auf.

```
\captionsenglish
\captionsUSenglish
\captionsamerican
\captionsbritish
\captionsUKenglish
\captionsgerman
\captionsngerman
\captionsaustrian
\captionsfrench
\captionsitalian
\captionsspanish
\captionsdutch
\captionscroatian
\captionsfinnish
```

Wird die Sprache eines Briefes gewechselt, so werden über diese Anweisungen die Begriffe aus Abschnitt 6.7.2 umdefiniert. Sollte das verwendete Sprachumschaltpaket dies nicht unterstützen, so können obige Anweisungen notfalls auch direkt verwendet werden.

Tabelle 6.18.: Sprachabhängige Ausgabeformate für das Datum

\dateenglish	1/12/1993
\dateUSenglish	12/1/1993
\dateamerican	12/1/1993
\datebritish	1/12/1993
\dateUKenglish	1/12/1993
\dategerman	1. 12. 1993
\datengerman	1. 12. 1993
\dateaustrian	1. 12. 1993
\datefrench	1. 12. 1993
\dateitalian	1. 12. 1993
\datespanish	1. 12. 1993
\datedutch	1. 12. 1993
\datecroatian	1. 12. 1993.
\datefinnish	1. 12. 1993.

```
\dateenglish
\dateUSenglish
\dateamerican
\datebritish
\dateUKenglish
\dategerman
\datengerman
\dateaustrian
\datefrench
\dateitalian
\datespanish
\datedutch
\datecroatian
\datefinnish
```

Je nach verwendeter Sprache werden auch die Datumsangaben des numme-rischen Datums (siehe Option numericaldate in Abschnitt 6.2.6) in unter-schiedlicher Form umgesetzt. Die genauen Angaben können der Tabelle 6.18 entnommen werden.

6.7.2. Sprachabhängige Begriffe

Bei scrlttr2 sind, wie bei LaTeX üblich, sprachabhängige Begriffe in Anweisungen abgelegt, die bei der Sprachumschaltung umdefiniert werden.

```
\yourrefname
\yourmailname
\myrefname
\customername
\invoicename
\subjectname
\ccname
\enclname
\headtoname
\headfromname
\datename
\pagename
\phonename
\faxname
\emailname
\wwwname
\bankname
```

Die aufgeführten Anweisungen enthalten die jeweiligen sprachtypischen Begriffe. Diese können für die Realisierung einer weiteren Sprache oder aber auch zur eigenen freien Gestaltung angepasst werden. Wie dies geht, wird in Abschnitt 6.7.3 erklärt. Von scrlttr2 werden die Begriffe erst nach der Präambel, also bei \begin{document} gesetzt. Sie sind daher vorher nicht verfügbar und können vorher auch nicht geändert werden. In Tabelle 6.19 sind die Voreinstellungen für english und ngerman zu finden.

6.7.3. Definieren und Ändern sprachabhängiger Begriffe

Normalerweise muss man zur Definition oder zur Änderung sprachabhängier Begriffe die Anweisungen aus Abschnitt 6.7.1 so umdefinieren, dass zusätzlich zu den bisherigen Begriffen auch die neuen oder geänderten definiert werden. Erschwert wird dieses Vorhaben dadurch, dass beim Laden eines Paketes wie german oder ngerman diese Anweisungen von den Paketen erneut definiert

Tabelle 6.19.: Voreinstellungen für die sprachabhängigen Begriffe bei Verwendung der Sprachen english und ngerman soweit nicht durch die Pakete zur Sprachumschaltung bereits definiert

Anweisung	english	ngerman
\bankname	Bank account	Bankverbindung
\ccname[1]	cc	Kopien an
\customername	Customer no.	Kundennummer
\datename	Date	Datum
\emailname	Email	E-Mail
\enclname[1]	encl	Anlagen
\faxname	Fax	Fax
\headfromname	From	Von
\headtoname[1]	To	An
\invoicename	Invoice no.	Rechnungsnummer
\myrefname	Our ref.	Unser Zeichen
\pagename[1]	Page	Seite
\phonename	Phone	Telefon
\subjectname	Subject	Betrifft
\wwwname	Url	URL
\yourmailname	Your letter of	Ihr Schreiben vom
\yourrefname	Your ref.	Ihr Zeichen

[1]Diese Begriffe werden normalerweise bereits von Sprachpaketen wie babel definiert und dann von scrlttr2 nicht überschrieben. Abweichungen im Wortlaut sind daher möglich und der Anleitung des verwendeten Sprachpakets zu entnehmen.

werden. Bei den genannten Paketen geschieht dies leider in einer Form, die alle zuvor gemachten Änderungen zunichte macht. Dies ist auch der Grund, warum scrlttr2 seine eigenen Änderungen mit Hilfe von \AtBeginDocument bis \begin{document}, also bis nach dem Laden aller Pakete, verzögert. Auch der Anwender muss entweder von \AtBeginDocument Gebrauch machen oder aber seine Änderungen nicht in die Dokumentpräambel, sondern hinter \begin{document} einfügen. Die Klasse scrlttr2 bietet ihm für die Definition selbst einige zusätzliche Anweisungen.

```
\providecaptionname{Sprache}{Begriff}{Inhalt}
\newcaptionname{Sprache}{Begriff}{Inhalt}
\renewcaptionname{Sprache}{Begriff}{Inhalt}
```

Mit Hilfe dieser drei Anweisungen ist es möglich, einem *Begriff* in Abhängigkeit der *Sprache* einen *Inhalt* zuzuweisen. Der *Begriff* ist dabei immer ein Makro. Die Arbeitsweise der drei Anweisungen unterscheidet sich je nachdem, ob eine *Sprache* und ein *Begriff* innerhalb der *Sprache* zum Zeitpunkt des Aufrufs bereits definiert ist.

Ist eine *Sprache* nicht definiert, so tut \providecaptionname nichts weiter, als dies in der log-Datei zu vermerken. Dabei wird für jede Sprache nur einmal eine entsprechende Information in die log-Datei geschrieben. Ist die Sprache definiert, enthält aber bisher keinen entsprechenden *Begriff*, so wird er mit dem angegebenen *Inhalt* definiert. Ist der *Begriff* hingegen in der *Sprache* bereits definiert, so wird er nicht umdefiniert, sondern ein entsprechender Hinweis in die log-Datei geschrieben.

Die Anweisung \newcaptionname verhält sich etwas anders. Ist bei ihr die *Sprache* nicht definiert, dann wird diese neu definiert, indem eine entsprechende Anweisung (siehe Abschnitt 6.7.1) definiert wird. Außerdem wird darüber auch in der log-Datei informiert. Ist die *Sprache* definiert, der *Begriff* in dieser *Sprache* aber noch nicht vorhanden, so wird er mit dem gewünschten *Inhalt* definiert. Ist der *Begriff* in der *Sprache* bereits vorhanden, so wird eine Fehlermeldung ausgegeben.

Noch einmal anders verhält sich die Anweisung \renewcaptionname. Ist die *Sprache* nicht definiert, so wird eine Fehlermeldung ausgegeben. Ist die *Sprache* definiert, der *Begriff* in dieser *Sprache* jedoch nicht, so wird ebenfalls eine Fehlermeldung ausgegeben. Ist der *Begriff* in der *Sprache* definiert, so wird er auf den gewünschten *Inhalt* umdefiniert.

Die Klasse scrlttr2 selbst verwendet \providecaptionname um die Begriffe aus Abschnitt 6.7.2 zu definieren.

Beispiel: Möchten Sie statt des Eintrags „Ihr Schreiben vom" lieber „Ihre Nachricht vom" in der Geschäftszeile stehen haben, müssen Sie den Begriff \yourmailname wie folgt umdefinieren.

```
\renewcaptionname{ngerman}{\yourmailname}{%
  Ihre Nachricht vom}
```

Da mit \renewcaptionname nur bereits vorhandene Begriffe in vorhandenen Sprachen umdefiniert werden können, müssen Sie diese Anweisung nach \begin{document} setzen oder mit Hilfe von \AtBeginDocument verzögern. Außerdem werden Sie eine Fehlermeldung erhalten, wenn Sie kein Paket zur Sprachumschaltung auf ngerman verwenden.

6.8. Adressdateien und Serienbriefe

Als besonders lästig wird bei Briefen immer das Eintippen der Adressen und das Erstellen von Serienbriefen betrachtet. Die Klasse scrlttr2 bietet hierfür wie schon die obsolete Klasse scrlettr eine gewisse Unterstützung. Eine stark verbesserte Serienbrieffunktion ist derzeit in Planung.

```
\adrentry{Name}{Vorname}{Adresse}{Tel.}{F1}{F2}{Kommentar}{Kürzel}
```

Mit der scrlttr2-Klasse können Adressdateien ausgewertet werden. Dies ist beispielsweise für Serienbriefe sehr nützlich. Eine Adressdatei muss die Endung .adr haben und besteht aus einer Reihe von \adrentry-Einträgen. Ein solcher Eintrag besteht aus acht Elementen und kann beispielsweise wie folgt aussehen:

```
\adrentry{Maier}
        {Herbert}
        {Wiesenweg 37\\ 09091 Blumental}
        {0\,23\,34 / 91\,12\,74}
        {Bauunternehmer}
        {}
        {kauft alles}
        {MAIER}
```

Die Elemente fünf und sechs, F1 und F2, können frei bestimmt werden. Denkbar wären neben Hinweisen auf das Geschlecht oder akademische Grade auch der Geburtstag oder das Eintrittsdatum in einen Verein. Um das Überschreiben von TeX- oder LaTeX-Anweisungen zu vermeiden, ist es empfehlenswert, für *Kürzel* ausschließlich Großbuchstaben zu verwenden.

Beispiel: Herr Maier gehört zu Ihren engeren Geschäftspartnern. Da Sie eine rege Korrespondenz mit ihm pflegen, ist es Ihnen auf Dauer zu mühsam, jedesmal alle Empfängerdaten aufs Neue einzugeben. scrlttr2 nimmt Ihnen diese Arbeit ab. Angenommen, Sie haben Ihre Kundenkontakte in der Datei `partner.adr` gespeichert und Sie möchten Herrn Maier einen Brief schreiben, dann sparen Sie sich viel Tipparbeit, wenn Sie folgendes eingeben:

```
\input{partner.adr}
\begin{letter}{\MAIER}
  Der Brief ...
\end{letter}
```

Achten Sie bitte darauf, dass Ihr TEX-System auch auf die `.adr`-Dateien zugreifen kann, da sonst eine Fehlermeldung von `\input` verursacht wird. Entweder Sie legen die Brief- und Adressdateien im selben Verzeichnis an, oder Sie binden ein Adressverzeichnis fest in Ihr TEX-System ein.

`\addrentry{`*Name*`}{`*Vorname*`}{`*Adresse*`}{`*Telefon*`}{`*F1*`}{`*F2*`}{`*F3*`}{`*F4*`}{`*Kürzel*`}`

Da über die Jahre hinweg immer wieder Klagen aufkamen, dass insgesamt nur zwei freie Felder zu wenig seien, verfügt scrlttr2 nun alternativ über die Anweisung `\addrentry`. Mit dem zusätzlichen „d" im Namen sind hier auch zwei weitere freie Felder hinzugekommen, dafür ist jedoch der Kommentar entfallen. Ansonsten kann die Anweisung genau wie `\adrentry` verwendet werden.

In einer adr-Datei können `\adrentry`- und `\addrentry`-Anweisungen nebeneinander verwendet werden. Ich weise jedoch darauf hin, dass Zusatzpakete wie das adrconv-Paket von Axel Kielhorn eventuell nicht auf die Verwendung von `\addrentry` ausgelegt sind. Hier muss der Anwender gegebenenfalls selbst entsprechende Erweiterungen vornehmen.

Neben dem vereinfachten Zugriff auf Kundendaten können die `.adr`-Dateien auch für Serienbriefe genutzt werden. So ist es ohne die komplizierte Anbindung an Datenbanksysteme möglich, solche Massenpostsendungen zu erstellen.

Beispiel: Sie wollen einen Serienbrief an alle Mitglieder Ihres Anglervereins schicken, um zur nächsten Mitgliederversammlung einzuladen.

```
\documentclass{scrlttr2}
\usepackage{ngerman}
\usepackage[utf8]{inputenc}

\begin{document}
\renewcommand*{\adrentry}[8]{%
  \begin{letter}{#2 #1\\#3}
    \opening{Liebe Vereinsmitglieder,}
    unsere nächste Mitgliederversammlung findet am
    Montag, dem 12.~August 2002, statt.

    Folgende Punkte müssen besprochen werden...
    \closing{Petri Heil,}
  \end{letter}
}

\input{mitglieder.adr}
\end{document}
```

Sind in Ihrer adr-Datei auch \addrentry-Anweisungen enthalten, müssen Sie dafür eine entsprechende Definition vor dem Einladen der Adressdatei ergänzen:

```
\renewcommand*{\addrentry}[9]{%
  \adrentry{#1}{#2}{#3}{#4}{#5}{#6}{#7}{#9}%
}
```

Bei diesem Beispiel wird kein Gebrauch von dem zusätzlichen freien Feld gemacht und deshalb \addrentry mit Hilfe von \adrentry definiert.

Natürlich kann der Briefinhalt auch von den Adressatenmerkmalen abhängig gemacht werden. Als Bedingungsfelder können die frei bestimmbaren Elemente fünf oder sechs eines \adrentry-Eintrages genutzt werden.

Beispiel: Angenommen, Sie verwenden das Element fünf, um das Geschlecht eines Vereinsmitgliedes zu hinterlegen (m/w) und das sechste Element weist auf einen Rückstand der Mitgliedsbeiträge hin. Wollen Sie nun alle säumigen Mitglieder anschreiben und persönlich anreden, so hilft Ihnen folgendes Beispiel weiter:

```
\renewcommand*{\adrentry}[8]{
  \ifdim #6pt>0pt\relax
    % #6 ist ein Betrag (Gleitkommazahl) größer 0.
    % Es werden also die Säumigen erfasst.
    \begin{letter}{#2 #1\\#3}
      \if #5m \opening{Lieber #2,} \fi
      \if #5w \opening{Liebe #2,} \fi

    Leider mussten wir feststellen, dass du mit
    der Zahlung deiner Mitgliedsbeiträge im
    Rückstand bist.

    Wir möchten Dich bitten, den offenen Betrag
    von #6~EUR auf das Vereinskonto einzuzahlen.
    \closing{Petri Heil,}
    \end{letter}
  \fi
}
```

Es ist also möglich, den Brieftext auf bestimmte Empfängermerkmale gezielt abzustimmen und so den Eindruck eines persönlichen Schreibens zu erwecken. Die Anwendungsbreite ist lediglich durch die maximale Anzahl von zwei freien \adrentry-Elementen beziehungsweise vier freien \addrentry-Elementen begrenzt.

```
\adrchar{Anfangsbuchstaben}
\addrchar{Anfangsbuchstaben}
```

Es ist auch möglich, die Informationen einer .adr-Datei in Adressverzeichnisse oder Telefonlisten umzuwandeln. Sie benötigen dazu zusätzlich das

adrconv-Paket von Axel Kielhorn (siehe [Kie99]). In diesem Paket sind interaktive LaTeX-Dokumente enthalten, mit deren Hilfe sehr einfach entsprechende Listen erstellt werden können.

Damit die Listen alphabetisch sortiert ausgegeben werden, muss bereits
die Adressdatei sortiert gewesen sein. Es empfiehlt sich dabei, vor jedem
neuen Anfangsbuchstaben eine Anweisung \adrchar mit diesem Buchstaben
als Argument einzufügen. scrlttr2 selbst ignoriert diese Anweisung.

Beispiel: Sie haben folgende, winzige Adressdatei:

```
\adrchar{E}
\adrentry{Engel}{Gabriel}
        {Wolke 3\\12345 Himmelreich}
        {000\,01\,02\,03}{}{}{Erzengel}
        {GABRIEL}
\adrentry{Engel}{Michael}
        {Wolke 3a\\12345 Himmelreich}
        {000\,01\,02\,04}{}{}{Erzengel}
        {MICHAEL}
\adrentry{Engel}{Raphael}
        {Wolke 3b\\12345 Himmelreich}
        {000\,01\,02\,05}{}{}{Erzengel}
        {RAPHAEL}
\adrchar{K}
\adrentry{Kohm}{Markus}
        {Fichtenstra\ss e 63\\
          68535 Edingen-Neckarhausen}
        {+49~62\,03~1\,??\,??}{}{}
        {\"Uberhaupt kein Engel}
        {KOMA}
\adrchar{T}
\adrentry{Teufel}{Luzifer}
        {Hinter der Flamme 1\\
          66666 H\"ollenschlund}
        {}{}{}{Gefallener Engel ohne Telefon}
        {LUZIFER}
```

Diese bearbeiten Sie nun unter Verwendung von `adrdir.tex` aus [Kie99]. Seite 3 des Ergebnisses sieht dann etwa so aus:

E

Engel, Gabriel
Wolke 3
12345 Himmelreich   GABRIEL
(Erzengel)   000 01 02 03
Engel, Michael
Wolke 3a
12345 Himmelreich   MICHAEL
(Erzengel)   000 01 02 04

Dabei wird der Buchstabe in der Kopfzeile von \adrchar erzeugt. Siehe dazu die Definition in `adrdir.tex`.

Näheres zum `adrconv`-Paket ist der zugehörigen Anleitung zu entnehmen. Dort finden Sie auch Angaben darüber, ob die aktuelle Version von `adrconv` bereits mit \addrentry und \addrchar umgehen kann. Frühere Versionen kannten nur \adrentry und \adrchar.

6.9. Von scrlettr nach scrlttr2

Bei der Umwandlung eines alten Briefes, der ursprünglich mit scrlettr gesetzt wurde, besteht der erste Schritt darin, die `lco`-Datei KOMAold als Option bei \documentclass anzugeben. Damit sollte die Mehrzahl der Anweisungen der alten Klasse bereits funktionieren. An einigen Stellen wird sich die Ausgabe mit der neuen Klasse trotzdem unterscheiden, weil nun einmal der Satzspiegel der alten Klasse nicht vollständig nachgebildet wird. Dies hat seine Ursache nicht zuletzt darin, dass in der Satzspiegelerstellung von scrlettr noch diverse Fehler enthalten waren. So war die Position der Faltmarken beispielsweise von der Höhe der Kopfzeile abhängig, die wiederum von der

Größe der Grundschrift abhängig war. Eindeutig ein Designfehler der Klasse scrlettr.

Keine Kompatibilität wird bezüglich der von scrlettr verwendeten Längen erreicht. Wer also in seinem Dokument den Satzspiegel von scrlettr verändert hatte, der sollte diese Änderungen entfernen oder auskommentieren. In einigen Fällen führt die Änderung einer Länge oder einer internen Anweisung von scrlettr auch zu einer Fehlermeldung, da die entsprechenden Längen oder Anweisungen in scrlttr2 nicht mehr definiert sind. Versuchen Sie in dem Fall ebenfalls diese Änderungen zu entfernen oder auszukommentieren.

Nach dem Wechsel von scrlettr zu scrlttr2 wird der alte Beispielbrief allein schon durch Setzen der Option KOMAold verarbeitbar:

```
\documentclass[10pt,KOMAold]{scrlttr2}
\usepackage{ngerman}

\name{\KOMAScript{}-Gruppe}
\address{Klassengasse 1\\
  12345 \LaTeX{}hausen}
\signature{Euer \KOMAScript{}-Team}

\begin{document}
  \begin{letter}{Die \KOMAScript{}-Nutzer\\
                 Irgendwo\\
                 weltweit}
    \opening{Liebe \KOMAScript{}-Nutzer,}
    das \KOMAScript{}-Team m"ochte Euch mit ein paar
    Informationen ...
    \closing{Viel Spa"s}
  \end{letter}
\end{document}
```

Der nächste Schritt kann dann darin bestehen, dass man trotz Verwendung der alten Anweisungen nicht mehr das Layout der alten Klasse nachbilden will. Soll beispielsweise das Layout der Letter-Class-Option DIN verwendet werden, so gibt man einfach diese Option zusätzlich und *nach* der Option KOMAold an:

```
\documentclass[10pt,KOMAold,DIN]{scrlttr2}
\usepackage{ngerman}

\name{\KOMAScript{}-Gruppe}
\address{Klassengasse 1\\
  12345 \LaTeX{}hausen}
\signature{Euer \KOMAScript{}-Team}

\begin{document}
  \begin{letter}{Die \KOMAScript{}-Nutzer\\
                 Irgendwo\\
                 weltweit}
    \opening{Liebe \KOMAScript{}-Nutzer,}
    das \KOMAScript{}-Team m"ochte Euch mit ein paar
    Informationen ...
    \closing{Viel Spa"s}
  \end{letter}
\end{document}
```

Durch weitere Optionen kann das Aussehen auch weiter beeinflusst werden. Ich empfehle, gleich noch einen Schritt weiter zu gehen.

Der letzte Schritt besteht dann darin, alle alten Anweisungen durch die neuen Entsprechungen zu ersetzen und die Option KOMAold zu entfernen. Bei der Ersetzung kann es nützlich sein, einen Blick in die Datei KOMAold.lco zu werfen. In dieser sind die alten Befehle mit Hilfe der neuen Variablen und Anweisungen nachgebildet.

```
\documentclass{scrlttr2}
\usepackage{ngerman}

\setkomavar{fromname}{\KOMAScript{}-Gruppe}
\setkomavar{fromaddress}{Klassengasse 1\\
                         12345 \LaTeX hausen}
\setkomavar{signature}{Euer \KOMAScript{}-Team}
\let\raggedsignature=\raggedright
```

```
\begin{document}
  \begin{letter}{Die \KOMAScript-Nutzer\\
                  Irgendwo\\
                  weltweit}
    \opening{Liebe \KOMAScript-Nutzer,}
    das \KOMAScript-Team m"ochte Euch mit ein paar
    Informationen ...
    \closing{Viel Spa"s}
  \end{letter}
\end{document}
```

In diesem Beispiel wurde außerdem von der Möglichkeit Gebrauch gemacht, die Anordnung des Schlussgrußes und der Signatur durch Änderung der Anweisung \raggedsignature zu beeinflussen. Dies ist immer dann empfehlenswert, wenn die Signatur erheblich breiter als die Grußfloskel ist.

7. Adressdateien mit scraddr erschließen

7.1. Überblick

Das Paket scraddr ist eine kleine Beigabe zur KOMA-Script-Briefklasse. Ziel ist, die Benutzung von Adressdateien zu vereinfachen und ihre Anwendung flexibler zu gestalten. Im Grunde stellt das Paket nur einen Lademechanismus für Adressdateien bereit, die aus \adrentry- und neueren \addrentry-Einträgen bestehen, wie sie im vorhergehenden Kapitel beschrieben sind.

```
\InputAddressFile{Dateiname}
```

Der Befehl \InputAddressFile ist der zentrale Ladebefehl von scraddr. Er erwartet als obligatorisches Argument den Namen der einzulesenden Adressdatei. Wird diese Datei nicht gefunden, wird ein Fehler ausgegeben.

Für jeden Eintrag dieser Adressdatei wird eine Reihe von Makros generiert, die es ermöglichen, auf die Daten der Adressdatei zuzugreifen. Es soll an dieser Stelle nicht verschwiegen werden, dass dies bei großen Adressdateien sehr viel TeX-Speicher kostet.

```
\adrentry{Name}{Vorname}{Adresse}{Tel.}{F1}{F2}{Kommentar}{Kürzel}
\addrentry{Name}{Vorname}{Adresse}{Tel.}{F1}{F2}{F3}{F4}{Kürzel}
\adrchar{Anfangsbuchstaben}
\addrchar{Anfangsbuchstaben}
```

Der Aufbau der Adresseinträge in der Adressdatei wurde in Abschnitt 6.8 ab Seite 246 ausführlich besprochen. Die ebenfalls dort erwähnte Unterteilung der Adressdatei mit Hilfe von \adrchar oder \addrchar hat für scraddr keine Bedeutung und wird vom Paket ignoriert.

Die Zugriffsbefehle sind mit englischen, den Argumenten entsprechenden, Bezeichnungen versehen.

```
\Name{Kürzel}
\FirstName{Kürzel}
\LastName{Kürzel}
\Address{Kürzel}
\Telephone{Kürzel}
\FreeI{Kürzel}
\FreeII{Kürzel}
\Comment{Kürzel}
\FreeIII{Kürzel}
\FreeIV{Kürzel}
```

Der Zugriff erfolgt anhand des Kürzels im letzten Argument eines Eintrags, das heißt Argument Nummer 8 für \adrentry-Einträge beziehungsweise Argument Nummer 9 für \addrentry-Einträge. Das bedeutet auch, dass dieses Argument nicht leer sein darf. Um eine sichere Funktionsweise zu garantieren, empfiehlt es sich, das Kürzel nur als Folge von Buchstaben aufzubauen, wobei jedoch keine Umlaute benutzt werden dürfen.

Weiterhin ist zu beachten, dass bei mehrmaligem Auftreten eines Kürzels in den Einträgen die Angaben beim letzten Auftreten die gültigen sind.

7.2. Benutzung

Um das Paket benutzen zu können, ist eine gültige Adressdatei zu erstellen. Diese, hier lotr.adr genannt, könnte beispielsweise folgendermaßen aussehen:

```
\addrentry{Beutlin}{Frodo}%
        {Der Bühl\\ Beutelsend/Hobbingen im Auenland}{}%
        {Bilbo Beutlin}{Rauchen von Pfeifenkraut}%
        {der Ringträger}{Bilbos Erbe}{FRODO}
\adrentry{Gamdschie}{Samweis}%
        {Beutelhaldenweg 3\\Hobbingen im Auenland}{}%
        {Rosie Kattun}{Knullen}%
        {des Ringträgers treuester Gefährte}{SAM}
\adrentry{Bombadil}{Tom}%
        {Im Alten Wald}{}%
        {Goldbeere}{trällern von Nonsensliedern}%
```

```
{Meister von Wald, Wasser und Berg}{TOM}
```

Das vierte Argument, die Telefonnummer, wurde hier leer gelassen. Erstens macht es in dem Zusammenhang keinen Sinn, und zweitens sollte dies ja auch möglich sein.

Mit dem oben beschriebenen Ladebefehl lesen wir die Adressdatei in unser Briefdokument ein:

```
\InputAddressFile{lotr}
```

Mit Hilfe der vorgestellten Makros können wir dann einen Brief an den alten TOM BOMBADIL schreiben, in dem wir ihn fragen, ob er sich noch an zwei Gefährten aus alter Zeit erinnern kann.

```
\begin{letter}{\Name{TOM}\\\Address{TOM}}
   \opening{Lieber \FirstName{TOM} \LastName{TOM},}

   oder \FreeIII{TOM}, wie Dich Deine geliebte
   \FreeI{TOM} nennt.
   Kannst Du Dich noch an einen Herrn \LastName{FRODO},
   genauer gesagt \Name{FRODO}, denn es gab ja auch noch
   den Herrn \FreeI{FRODO}, erinnern.
   Er war \Comment{FRODO} im dritten Zeitalter und
   \FreeIV{FRODO}.
   Begleitet wurde er von \Name{SAM}, \Comment{SAM}.

   Beider Vorlieben waren sehr weltlich.
   Der \FirstName{FRODO} genoss das \FreeII{FRODO}, sein
   Gefährte schätzte eine gute Mahlzeit mit \FreeII{SAM}.

   Weißt du noch? Mithrandir hat Dir bestimmt viel
   von ihnen erzählt.
  \closing{\glqq O Frühling und Sommerzeit
              und danach wieder Frühling!\\
           O Wind auf dem Wasserfall
              und Lachen des Laubes!\grqq}
\end{letter}
```

Die in \opening verwendete Zusammensetzung aus \FirstName{*Kürzel*} und \LastName{*Kürzel*} kann auch direkt mittels \Name{*Kürzel*} erhalten werden.

Das fünfte und sechste Argument von \adrentry und \addrentry steht zur freien Verfügung. Mit den Makros \FreeI und \FreeII kann auf diese Inhalte zugegriffen werden. Im vorliegenden Fall wurde das fünfte Argument für die Person benutzt, die der Person des Eintrags am nächsten steht. Das sechste Argument enthält im Beispiel die besondere Vorliebe der jeweiligen Person. Das siebente Argument ist ebenfalls ein freier Eintrag. Der Zugriff erfolgt per \Comment oder \FreeIII. Der Zugriff auf das vierte freie Argument mittels \FreeIV ist nur für \addrentry-Einträge gültig. Bei \adrentry-Einträgen ist seine Verwendung nicht zulässig. Näheres hierzu finde sich im nächsten Abschnitt.

7.3. Paketoptionen für Warnungen

Wie im vorherigen Abschnitt erwähnt, ist die Benutzung des Zugriffbefehls \FreeIV bei \adrentry-Einträgen nicht zulässing. Wie scraddr darauf reagiert, ist allerdings durch Paketoptionen konfigurierbar.

```
adrFreeIVempty
adrFreeIVshow
adrFreeIVwarn
adrFreeIVstop
```

Diese vier Optionen erlauben die Auswahl aus vier verschiedenen Reaktionen zwischen *Ignorieren* bis *Abbruch* falls bei einem \adrentry-Eintrag der Zugriffsbefehl \FreeIV verwendet wird:

adrFreeIVempty – Der Befehl \FreeIV wird einfach ignoriert.

adrFreeIVshow – Die Warnung „(entry FreeIV undefined at *Kürzel*)" wird in den Text geschrieben.

adrFreeIVwarn – In der Log-Datei erscheint eine Warnung.

adrFreeIVstop – Der LATEX-Lauf wird mit einer Fehlermeldung unterbrochen.

Zur Auswahl der gewünschten Reaktion wird die entsprechende Option beim Laden des Pakets im optionalen Argument des \usepackage-Befehls übergeben. Die standardmäßige Einstellung für das Paket scraddr ist die Option adrFreeIVshow.

8. Adressdateien aus Adressdatenbanken

In früheren Versionen von KOMA-Script war das Paket addrconv ein fester Bestandteil des KOMA-Script-Systems. Die hauptsächliche Verflechtung mit KOMA-Script bestand darin, dass mit Hilfe dieses Paketes aus Adressdatenbanken im BibTeX-Format Adressdateien für die KOMA-Script-Briefklasse oder für das scraddr-Paket erstellt werden konnten.

```
@address{HMUS,
    name =        {Hans Mustermann},
    title =       {Mag. art.},
    city =        {Heimstatt},
    zip =         01234,
    country =     {Germany},
    street =      {Mauerstra{\ss}e 1},
    phone =       {01234 / 5 67 89},
    note =        {Alles nur Erfindung},
    key =         {HMUS},
}
```

Aus Einträgen wie dem obenstehenden können mit Hilfe von BibTeX und verschiedenen BibTeX-Stilen die Adressdateien erstellt werden. Weiterhin gibt es spezielle LaTeX-Dateien, die es ermöglichen, aus den Adressdateien Telefon- und Adressverzeichnisse zu erstellen.

Das Paket addrconv war aber eigentlich ein eigenständiger Teil, der auch noch über die Belange von KOMA-Script hinaus Möglichkeiten bietet. Deshalb ist addrconv bereits seit einiger Zeit nicht mehr in KOMA-Script enthalten. Das Paket adrconv, nur ein „d", ersetzt addrconv vollständig. Es muss, falls nicht bereits in Ihrer TeX-Distribution enthalten, von [Kie99] separat bezogen und installiert werden.

9. Paketabhängigkeiten mit scrlfile beherrschen

Die Einführung von LATEX 2$_\varepsilon$ brachte 1994 eine Menge Neuerungen im Umgang mit LATEX-Erweiterungen. So stehen dem Paketautor heute eine ganze Reihe von Befehlen zur Verfügung, um festzustellen, ob ein anderes Paket oder eine bestimmte Klasse verwendet wird und ob dabei bestimmte Optionen zur Anwendung kommen. Der Paketautor kann selbst andere Pakete laden oder diesen Optionen mit auf den Weg geben für den Fall, dass sie später noch geladen werden. Es bestand daher die Hoffnung, dass es künftig unerheblich wäre, in welcher Reihenfolge Pakete geladen werden. Diese Hoffnung hat sich leider nicht erfüllt.

9.1. Die Sache mit den Paketabhängigkeiten

Immer häufiger definieren unterschiedliche Pakete den gleichen Befehl neu oder um. Dabei ist es dann sehr entscheidend, in welcher Reihenfolge die Pakete geladen werden. Manchmal ist das für den Anwender kaum zu überschauen. In manchen Fällen ist es auch notwendig, einfach nur in irgendeiner Form auf das Laden eines anderen Paketes zu reagieren. Auch das ist nicht immer ganz einfach.

Nehmen wir als einfaches Beispiel das Laden des longtable-Paketes bei Verwendung von KOMA-Script. Das longtable-Paket definiert seine eigene Form von Tabellenüberschriften. Diese passen perfekt zu den Tabellenüberschriften der Standardklassen. Sie passen aber überhaupt nicht zu den Voreinstellungen für die Tabellenüberschriften von KOMA-Script und reagieren auch nicht auf die entsprechenden Möglichkeiten der Konfiguration. Um dieses Problem zu lösen, müssen die Befehle von longtable, die für die Tabellenüberschriften zuständig sind, von KOMA-Script umdefiniert werden. Allerdings sind die KOMA-Script-Klassen bereits abgearbeitet, wenn das Paket geladen wird.

Bisher bestand die einzige Möglichkeit, dieses Problem zu lösen darin, die Umdefinierung mit Hilfe von \AtBeginDocument auf einen späteren Zeitpunkt zu verschieben. Will der Anwender die entsprechende Anweisung jedoch selbst umdefinieren, so sollte er dies eigentlich ebenfalls in der Präambel tun. Das kann er jedoch nicht, weil KOMA-Script ihm dabei in die Quere kommt. Er müsste die Umdefinierung also ebenfalls mit Hilfe von \AtBeginDocument durchführen.

Aber eigentlich müsste KOMA-Script die Abarbeitung gar nicht auf den Zeitpunkt von \begin{document} verschieben. Es würde genügen, wenn sie bis unmittelbar nach dem Laden von longtable verzögert werden könnte. Leider fehlen entsprechende Anweisungen im LATEX-Kern. Das Paket scrlfile bringt hier Abhilfe.

Ebenso wäre es denkbar, dass man vor dem Laden eines bestimmten Paketes gerne die Bedeutung eines Makros in einem Hilfsmakro retten und nach dem Laden des Paketes wieder restaurieren will. Auch das geht mit scrlfile.

Die Anwendung von scrlfile ist nicht auf die Abhängigkeit von Paketen beschränkt. Auch Abhängigkeiten von anderen Dateien können berücksichtigt werden. So kann beispielsweise dafür gesorgt werden, dass das nicht unkritische Laden einer Datei wie french.ldf automatisch zu einer Warnung führt.

Obwohl das Paket in erster Linie für andere Paketautoren interessant sein dürfte, gibt es durchaus auch Anwendungen für normale LATEX-Benutzer. Deshalb sind in diesem Kapitel auch für beide Gruppen Beispiele aufgeführt.

9.2. Aktionen vor und nach dem Laden

Mit scrlfile können vor und nach dem Laden von Dateien Aktionen ausgelöst werden. Bei den dazu verwendeten Befehlen wird zwischen allgemeinen Dateien, Klassen und Paketen unterschieden.

```
\BeforeFile{Datei}{Anweisungen}
\AfterFile{Datei}{Anweisungen}
```

Mit Hilfe von \BeforeFile kann dafür gesorgt werden, dass *Anweisungen* erst vor dem nächsten Laden einer bestimmten *Datei* ausgeführt werden. Vergleichbar arbeitet \AfterFile. Nur werden die *Anweisungen* hier erst nach dem Laden der *Datei* ausgeführt. Wird die Datei nie geladen, so werden die *Anweisungen* auch nie ausgeführt.

Um die Funktionalität bereitstellen zu können, bedient sich scrlfile der bekannten LATEX-Anweisung `\InputIfFileExists`. Diese wird hierzu umdefiniert. Falls die Anweisung nicht die erwartete Definition hat, gibt scrlfile eine Warnung aus. Dies geschieht für den Fall, dass die Anweisung in späteren LATEX-Versionen geändert wird oder bereits von einem anderen Paket umdefiniert wurde.

Die Anweisung `\InputIfFileExists` wird von LATEX immer verwendet, wenn eine Datei geladen werden soll. Dies geschieht unabhängig davon, ob die Datei mit `\include`, `\LoadClass`, `\documentclass`, `\usepackage`, `\RequirePackage`, oder vergleichbaren Anweisungen geladen wird. Lediglich

   `\input foo`

lädt die Datei foo ohne Verwendung von `\InputIfFileExists`. Sie sollten daher stattdessen immer

   `\input{foo}`

verwenden. Beachten Sie die Klammern um den Dateinamen!

`\BeforeClass{`*Klasse*`}{`*Anweisungen*`}`
`\BeforePackage{`*Paket*`}{`*Anweisungen*`}`

Diese beiden Befehle arbeiten vergleichbar zu `\BeforeFile` mit dem einen Unterschied, dass die *Klasse* beziehungsweise das *Paket* mit seinem Namen und nicht mit seinem Dateinamen angegeben wird. Die Endungen `.cls` und `.sty` entfallen hier also.

`\AfterClass{`*Klasse*`}{`*Anweisungen*`}`
`\AfterClass*{`*Klasse*`}{`*Anweisungen*`}`
`\AfterPackage{`*Paket*`}{`*Anweisungen*`}`
`\AfterPackage*{`*Paket*`}{`*Anweisungen*`}`

Die Anweisungen `\AfterClass` und `\AfterPackage` arbeiten weitgehend wie `\AfterFile` mit dem winzigen Unterschied, dass die *Klasse* beziehungsweise das *Paket* mit seinem Namen und nicht mit seinem Dateinamen angegeben wird. Die Endungen `.cls` und `.sty` entfallen hier also. Bei den Sternvarianten gibt es eine zusätzliche Funktionalität. Ist die entsprechende Klasse oder das entsprechende Paket bereits geladen, so werden die

Anweisungen nicht nach dem nächsten Laden, sondern unmittelbar ausgeführt.

Beispiel: Als Beispiel für Paket- oder Klassenautoren will ich zunächst erklären, wie KOMA-Script selbst Gebrauch von den neuen Anweisungen macht. Dazu findet sich in scrbook beispielsweise Folgendes:

```
\AfterPackage{hyperref}{%
  \@ifpackagelater{hyperref}{2001/02/19}{}{%
    \ClassWarningNoLine{scrbook}{%
      You are using an old version of hyperref
      package!\MessageBreak%
      This version has a buggy hack at many drivers%
      \MessageBreak%
      causing \string\addchap\space to behave
      strange.\MessageBreak%
      Please update hyperref to at least version
      6.71b}}}
```

Alte Versionen von hyperref definierten ein Makro von scrbook in einer Weise um, so dass es mit neueren Versionen von KOMA-Script nicht mehr funktioniert. Neuere Versionen von hyperref unterlassen dies, wenn sie eine neuere Version von KOMA-Script erkennen. Für den Fall, dass hyperref zu einem späteren Zeitpunkt geladen wird, sorgt also scrbook dafür, dass unmittelbar nach dem Laden des Paketes überprüft wird, ob es sich um eine verträgliche Version handelt. Falls dies nicht der Fall ist, wird eine Warnung ausgegeben.

An anderer Stelle findet sich in drei KOMA-Script-Klassen Folgendes:

```
\AfterPackage{caption2}{%
  \renewcommand*{\setcapindent}{%
```

Nach dem Laden von caption2 und nur falls das Paket geladen wird, wird hier die KOMA-Script-Anweisung \setcapindent umdefiniert. Der Inhalt der Umdefinierung ist für dieses Beispiel unerheblich. Es sei nur erwähnt, dass caption2 die Kontrolle über die \caption-Anweisung übernimmt und daher die normale Definition von \setcapindent keinerlei Wirkung mehr hätte. Die Umdefinierung verbessert dann die Zusammenarbeit mit caption2.

Es gibt aber auch Beispiele für den sinnvollen Einsatz der neuen Anweisungen durch normale Anwender. Angenommen, Sie erstellen ein Dokument, aus dem sowohl eine PS-Datei mit LaTeX und dvips als auch eine PDF-Datei mit pdfLaTeX erstellt werden soll. Das Dokument soll außerdem Hyperlinks aufweisen. Im Tabellenverzeichnis haben Sie Einträge, die über mehrere Zeilen gehen. Nun gibt es zwar mit pdfLaTeX bei der PDF-Ausgabe keine Probleme, da dort Links umbrochen werden können. Bei Verwendung des hyperref-Treibers für dvips oder hyperTeX ist dies jedoch nicht möglich. In diesem Fall hätten Sie gerne, dass bei hyperref die Einstellung linktocpage verwendet wird. Die Entscheidung, welcher Treiber geladen wird, wird bei Ihnen automatisch von hyperref.cfg erledigt. Dazu sieht die Datei beispielsweise wie folgt aus:

```
\ProvidesFile{hyperref.cfg}
\@ifundefined{pdfoutput}{\ExecuteOptions{dvips}}
                       {\ExecuteOptions{pdftex}}
\endinput
```

Alles weitere kann nun \AfterFile überlassen werden:

```
\documentclass{article}
\usepackage{scrlfile,ngerman}
\AfterFile{hdvips.def}{\hypersetup{linktocpage}}
\AfterFile{hypertex.def}{\hypersetup{linktocpage}}
\usepackage{hyperref}
\begin{document}
\listoffigures
\clearpage
\begin{figure}
```

```
      \caption{Dies ist ein Beispiel mit einer
         Abbildungsunterschrift, die etwas länglich ist
         und bei der trotzdem auf die Verwendung des
         optionalen Arguments verzichtet wurde}
   \end{figure}
   \end{document}
```

Egal, ob nun der hyperref-Treiber hypertex oder dvips zu Anwendung kommt, wird die dann nützliche Einstellung linktocpage verwendet. Wenn Sie jedoch mit pdfLATEX eine PDF-Datei erstellen, wird darauf verzichtet.

Übrigens können Sie das Laden von scrlfile und die obigen \AfterFile-Anweisungen auch in Ihre private hyperref.cfg einfügen. Verwenden Sie dabei jedoch zum Laden des Paketes besser \RequirePackage an Stelle von \usepackage (siehe [Tea99]). Die neuen Zeilen müssen in obigem Beispiel unmittelbar nach der \ProvidesFile-Zeile, also unbedingt vor der Ausführung der Optionen dvips oder pdftex, eingefügt werden.

Anhang

Die folgenden Kapitel enthalten Informationen, die nicht unmittelbar die Klassen und Pakete von KOMA-Script beschreiben. Sie enthalten teilweise Informationen, die sehr tief in die Grundlagen von KOMA-Script führen. Zum Teil sind es auch Informationen, die weit über die normale Anwenderdokumentation von KOMA-Script hinaus gehen. Diese Kapitel sind in erster Linie für diejenigen gedacht, die LaTeX und das bisher erworbene Wissen um KOMA-Script weitgehend beherrschen. Diesem erfahrenen KOMA-Script- und LaTeX-Anwender bieten sie zusätzliches Wissen.

A. Satzspiegelkonstruktionen im Vergleich[1]

In Kapitel 2 wurden bereits einige Grundlagen der Satzspiegelkonstruktion erwähnt. Dabei wurden die Konstruktionen, die in KOMA-Script implementiert sind, grob erläutert. Um besser zu verstehen, warum bei KOMA-Script genau diese Konstruktionen implementiert wurden, muss sehr viel weiter ausgeholt werden. Tatsächlich ist die Konstruktion von Satzspiegeln, also die Bestimmung des Textbereichs auf der Seite, eine Kunst, die seit dem Mittelalter von Profis gepflegt wird. Im Laufe der Zeit wurden viele unterschiedliche Verfahren ersonnen, verworfen, vergessen, aber auch weiterentwickelt und dokumentiert. Einige dieser Verfahren sind mit Schlagworten belegt, die sie legendär machen. Obwohl angeblich an jeder Legende auch etwas Wahres ist, birgt die Legendenbildung auch Gefahren. Es gilt daher, Legende und Wirklichkeit miteinander zu vergleichen.

A.1. Einleitung

Der Satzspiegel ist wie der Rahmen eines Bildes. Ein echter Rembrandt in einem schiefen, bunten, neonfarbenen PVC-Rahmen wird immer wie eine billige Kopie wirken. Ebenso wird ein inhaltlich perfektes Dokument mit verkorkstem Satzspiegel nicht die Geltung erfahren, die es verdient. Obwohl diese Tatsache unstrittig sein sollte, wagen sich Laien immer wieder daran, eigene Satzspiegel zu entwerfen. In einigen Fällen werden dabei Einstellungen aus Textverarbeitungsprogrammen übernommen, die kaum die Bezeichnung „Satzspiegel" verdienen, geschweige denn als Konstruktion zu bezeichnen sind.

Bei einigen Laien haben sich auch Schlagworte und Teile der damit verbundenen Konstruktionen festgesetzt. Leider sind den Ergebnissen, die dieses Halbwissen zeitigt, oft die nicht beachteten Voraussetzungen der Satzspiegelkonstruktion deutlich anzusehen. Aber auch wenn sie anderen Laien

---

[1]Dieses Kapitel ist in leicht veränderter Form erstmals in [Koh02] erschienen.

nicht auf den ersten Blick unangenehm auffallen, so können sie unterschwellig einen unerwünschten Eindruck erzeugen. Deshalb folgen nun zunächst einige grundsätzliche Überlegungen zu Satzspiegeln.

A.2. Harmonie als allen Satzspiegeln gemeinsamer Grundsatz

Jan Tschichold war unbestreitbar eine der schillerndsten Persönlichkeiten in der Typografie des 20. Jahrhunderts. Dies liegt sicher darin begründet, dass seine typografischen Aufsätze und Abhandlungen eine Sprache verwenden, die man eher in einem Roman als in einem wissenschaftlichen Werk vermuten würde. Einige behaupten, Tschichold sei der Begründer der modernen Typografie. Andere sehen in ihm im Gegenteil einen überholten Verfechter konservativen Denkens. Das Eigenartige am Typografen Tschichold ist, dass er sich anscheinend häufig widerspricht. In Wahrheit jedoch lassen seine Aufsätze bei zeitlicher Einordnung einen lernenden und wachsenden Geist erkennen. Die scheinbaren Widersprüche sind dabei keine sich wandelnden Grundsätze, sondern Neubewertungen an Hand fester Grundsätze.

Diese Grundsätze haben auch in der modernen Typografie ihre Berechtigung, wenn sie auch für den Profi kein zwingendes Korsett darstellen. Für den Laien jedoch haben diese Grundsätze den unschätzbaren Vorteil, dass sie ihm das Leben erleichtern. Wenn die Grundsätze eingehalten sind, ist die Wahrscheinlichkeit, dass das Ergebnis negativ bewertet werden muss, gering. Je mehr die Grundsätze verletzt sind, desto dünner wird das Eis. Während also der Profi weiß, was er tut, und Verletzungen der Grundsätze bewusst einsetzen kann, sollte der Laie sie meiden wie der Teufel das Weihwasser.

Der wichtigste Grundsatz in der Typografie, von dem viele anderen Regeln abgeleitet werden, lautet: Harmonie! Das menschliche Auge oder besser gesagt, die Sinne des Menschen streben ständig in gleicher Weise nach Harmonie wie das Universum nach Chaos strebt.[2] Was Harmonie im Einzelnen bedeutet, ist auch Bestandteil der Kultur. Da es hier um Typografie des Westens geht, bestimmt die westliche Kultur den zugrunde liegenden Harmoniebegriff.

---

[2]Nebenbei bemerkt gibt es in der Chaosforschung die Theorie, dass das Chaos letztlich zur perfekter Harmonie führt.

Es stellt sich damit die Frage, wann eine Seite harmonisch ist. Um diese Frage beantworten zu können, müssen zunächst die bestimmenden Größen einer Seite festgestellt werden. Der ungeübte Laie wird sagen: die Breite beziehungsweise Höhe der Ränder oder des Satzspiegels. Genau genommen hat er damit nicht Unrecht. Leider bieten aber die absoluten Größen wenig Möglichkeit einer schematischen Betrachtung. So lässt sich eine Frage, ob ein äußerer Rand von 2 cm besser ist als ein äußerer Rand von 3 cm, kaum beantworten, wenn man nicht weiß in welcher Beziehung oder welchem *Verhältnis* dieser Rand zu anderen Elementen der Seite steht. Schon allein, um eine Satzspiegelkonstruktion nicht allein für eine Papiergröße anwenden zu können, sind deshalb die Verhältnisse der Elemente und innerhalb der Elemente einer Seite die bestimmenden Größen.

Wir alle kennen aus dem Alltag Verhältnisse, die uns besonders harmonisch erscheinen. So gilt das Seitenverhältnis eines Fernsehgeräts oder Computermonitors mit 4 : 3 oder eines Breitformatbildes mit 16 : 9 als harmonisch. Auch andere Verhältnisse mit besonderen Eigenschaften gelten als sehr harmonisch. Der *goldene Schnitt* spielt dabei eine wichtige Rolle. Der goldene Schnitt ist die Lösung des folgenden Problems: Wie muss ein Ganzes geteilt werden, so dass zwei ungleiche Teile entstehen, bei denen das Verhältnis des kleineren Teils zum größeren Teil dem Verhältnis des größeren Teils zum Ganzen entspricht? Tabelle A.1 gibt zu einem gegebenen kleinen Teil a jeweils das errechnete größere Teil b und das Ganze c an. In der Typografie werden jedoch in der Regel die ganzzahligen Verhältnisse verwendet, die in Tabelle A.2 angegeben sind. Besonders interessant ist hier die fortlaufende Reihe 1 : 2 : 3 : 5 : 8 : 13 : 21 : 34 : 55 : 89..., die erstaunlich genau ist. Wir werden darauf noch zurückkommen. Diese Reihe entspricht übrigens – bis auf das erste fehlende Glied 1 – der Fibonacci-Reihe, bei der man ein Glied aus der Summe der beiden Vorgänger erhält. Dies ist eine starke Harmoniebeziehung.

Ein anderes bekanntes, ganzzahliges Verhältnis ist der Villardsche Teilungskanon. Bei diesem wird ein Ganzes so in zwei Teile zerlegt, dass das kleinere Teil halb so groß ist wie das Größere. Es beschreibt also das Verhältnis 1 : 2. Dieses passt auch zum *ganzzahligen goldenen Schnitt*.

Neben besonderen Verhältnissen spielt aber auch ein anderer optischer Eindruck eine wichtige Rolle. Betrachten wir einmal Abbildung A.1. Der äu-

Tabelle A.1.: Verhältnisse im goldenen Schnitt

a :	b :	c
1 :	1,6 :	2,6
2 :	3,2 :	5,2
3 :	4,9 :	7,9
4 :	6,5 :	9,5

Tabelle A.2.: Gerundete ganzzahlige Verhältnisse im goldenen Schnitt

a :	b :	c
1 :	2 :	3
2 :	3 :	5
3 :	5 :	8
4 :	6 :	10
5 :	8 :	13
6 :	10 :	16
7 :	11 :	18
8 :	13 :	21

ßere Rahmen soll eine Doppelseite in einem Buch symbolisieren. Die beiden dunkelgrauen Kästen sind die Satzspiegel auf den beiden Seiten. Die hellgrauen Kästen sind Elemente, die in unserem Gehirn unwillkürlich entstehen, obwohl sie auf der Seite normalerweise weiß bleiben. Der Eindruck dieser Kästen entsteht dadurch, dass im Gehirn die Kanten der optischen Ränder des Satzspiegels nach außen verlängert werden. Abhängig von der Größe und Position des Satzspiegels kann dieser Eindruck für einzelne oder alle Kästen stärker oder schwächer sein. Ein besonders harmonischer Eindruck entsteht nun, wenn nicht nur der Satzspiegel dasselbe Seitenverhältnis wie die Seite hat, sondern auch die Kästen A, B und C sowie die quasi liegenden Kästen a, b und c und die ebenfalls liegende Doppelseite. Damit haben praktisch alle optischen Elemente der Seite das gleiche Seitenverhältnis. Ein stärkerer Eindruck von Harmonie ist kaum möglich. Kaum schwächer ist der Eindruck, wenn die Doppelseite und die Kästen a, b und c dasselbe Seitenverhältnis haben, aber dieses Seitenverhältnis vom gemeinsamen Seitenverhältnis der einzelnen Seite, des Satzspiegels und der Kästen A, B und C abweicht. Dies kann wiederum dadurch verstärkt werden, dass die beiden Seitenverhältnisse ihrerseits in einem günstigen Verhältnis zueinander stehen.

Eine interessante Frage ist nun, ob sich die Harmonie besonderer Verhältnisse und die Harmonie der Elemente mit gleichem Seitenverhältnis in

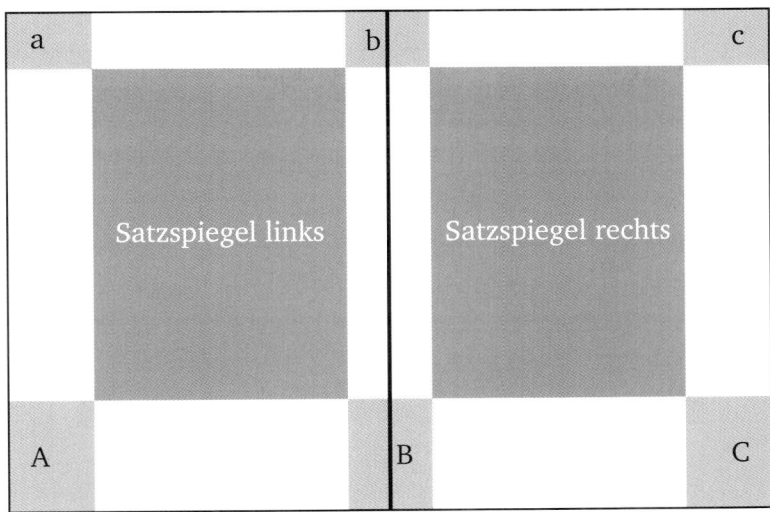

Abbildung A.1.: Harmonische Größen bei der Satzspiegelkonstruktion

Einklang bringen lassen. Ist dies der Fall, dann ist wirklich maximale Harmonie erreicht. Größt mögliche Harmonie lässt gleichzeitig auf eine günstige Satzspiegelkonstruktion schließen. Mindestvoraussetzung der Harmonie ist übrigens – und darüber sind sich alle Typografen einig – die Übereinstimmung des Seitenverhältnisses des Satzspiegels mit dem Seitenverhältnis der Buchseite [Rei].

Bei der Analyse mittelalterlicher Handschriften erkannte Jan Tschichold übrigens noch eine weitere Harmonie. Er stellte fest, dass bei wertvollen Handschriften der Satzspiegel und – lässt man die kunstvollen Illustrationen weg – der weiße Anteil der Seite ungefähr gleich groß sind. Es ist wenig überraschend, dass Ästheten, Typografen und altgelernte Buchdrucker an einem Großteil der heutigen Büchern vor allem bemängeln, dass die Ränder viel zu schmal und die Satzspiegel viel zu groß sind.

Es gibt noch einen Punkt, über den sich alle Typografen einig sind. Der Fußsteg muss immer größer als der Kopfsteg sein. Der Grund dafür ist einfach: Unser Auge sieht die Mitte des Papiers nicht in der Mitte sondern darüber, jedenfalls dann, wenn darauf eine grau wirkende Fläche liegt. Ähnlich verhält es sich mit dem sichtbaren Bundsteg und dem Außensteg. Wie es scheint ziehen sich die grauen Flächen gegenseitig an. Abbildung A.2

Abbildung A.2.: Negativbeispiel einer Satzspiegelkonstruktion

zeigt dieselbe Papierfläche und denselben Satzspiegel wie Abbildung A.1, allerdings vertikal und horizontal zentriert. In aller Regel werden Sie jedoch den Eindruck haben, dass der Bundsteg breiter ist als der Außensteg und der Kopfsteg breiter als der Fußsteg. Je dunkler die Fläche des Satzspiegels, desto stärker wird dieser Eindruck. Ich versichere jedoch, dass der Eindruck täuscht.

A.3. Vom Mittelalter bis zur Renaissance

Im Mittelalter wurden Bücher zwar entweder abgeschrieben oder in Reibetechnik gedruckt, aber Typografie gab es damals schon. Zwar war Typografie im Mittelalter weder Handwerk noch Wissenschaft, aber sie wurde von Schreibern und Druckern gepflegt. Dabei gingen im Idealfall die Fähigkeiten des Meisters auf den Lehrling über und wurden von diesem verbessert. Bekanntlich will die Jugend seit Urzeiten besser als die Alten sein. Doch was können wir von den alten Meistern lernen?

Wie bereits im vorigen Abschnitt erwähnt, war es im Mittelalter durchaus üblich, dass der Satzspiegel nur ungefähr die Hälfte einer Seite ausmachte. Das wurde dadurch erreicht, dass als Höhe des Satzspiegels oft die Breite des Papiers verwendet wurde. Das verwendete Papier hatte häufig ein Seitenverhältnis von 2 : 3 oder 3 : 4. Die Ränder wurden im Verhältnis Bundsteg : Kopfsteg : Außensteg : Fußsteg von 2 : 3 : 4 : 6 gewählt [Rot]. Aus Tabelle A.2 wissen wir, dass dabei das Verhältnis 2 : 3 des Seitenformats und von Bundsteg : Kopfsteg ebenso im goldenen Schnitt liegt, wie das Verhältnis 1 : 2 von Bundsteg : Außensteg beziehungsweise Kopfsteg : Fußsteg.

Nehmen wir das Beispiel aus Abbildung A.3. Es ergeben sich folgende Verhältnisse:

Papierbreite	: Papierhöhe	= 2 : 3
Satzspiegelbreite	: Satzspiegelhöhe	= 2 : 3
Bundsteg	: Kopfsteg	= 2 : 3
Außensteg	: Fußsteg	= 2 : 3
innerer Rand	: Fußsteg	= 2 : 3
Seitenhöhe	: Doppelseitenbreite	= 3 : 4
Kopfsteg	: Außensteg	= 3 : 4
Bundsteg	: Außensteg	= 1 : 2
Kopfsteg	: Fußsteg	= 1 : 2
Randhöhe	: Satzspiegelhöhe	= 1 : 2
Randbreite	: Satzspiegelbreite	= 1 : 2

Die letzten beiden Verhältnisse wurden bei der Konstruktion bewusst so gewählt. Ich komme später darauf zurück. Wie man sieht, genügen drei Verhältnisse, um die Konstruktion vollständig zu beschreiben.

Die dünnen, schwarzen Linien in der Abbildung sind diagonale Hilfslinien. Unabhängig von der Größe des Satzspiegels muss seine äußere obere Ecke immer auf der Diagonalen der Doppelseite und seine innere obere und äußere untere Ecke immer auf der Diagonalen der Einzelseite liegen. Wenn diese Bedingung erfüllt ist, dann ist auch das Verhältnis 2 : 3 : 4 : 6 sichergestellt. Die beiden dünnen Pfeile dienen einer Konstruktion, auf die ich noch zurückkomme.

Wie sieht das Ganze nun aus, wenn das Papier nicht das Seitenverhältnis 2 : 3, sondern 3 : 4 hat? Wie bereits erwähnt, erscheint uns dieses Seitenverhältnis ebenfalls harmonisch, auch wenn es im Gegensatz zu 2 : 3 nicht

A. *Satzspiegelkonstruktionen im Vergleich*

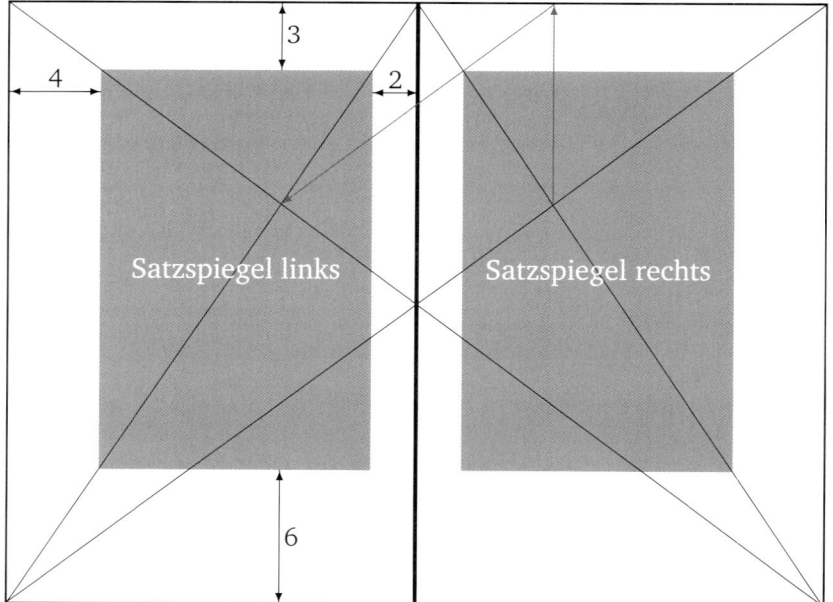

Abbildung A.3.: Mittelalterliche Satzspiegelkonstruktion für Octave-Papier mit dem
Verhältnis Bundsteg : Kopfsteg : Außensteg : Fußsteg = 2 : 3 : 4 : 6

in den goldenen Schnitt passt. Traditionell wird nun das Ränderverhältnis
3 : 4 : 6 : 8 gewählt.

Nehmen wir das Beispiel aus Abbildung A.4. Es ergeben sich folgende
Verhältnisse:

Papierbreite	: Papierhöhe	= 3 : 4
Satzspiegelbreite	: Satzspiegelhöhe	= 3 : 4
Bundsteg	: Kopfsteg	= 3 : 4
Außensteg	: Fußsteg	= 3 : 4
innerer Rand	: Fußsteg	= 3 : 4
Seitenhöhe	: Doppelseitenbreite	= 2 : 3
Kopfsteg	: Außensteg	= 2 : 3
Bundsteg	: Außensteg	= 1 : 2
Kopfsteg	: Fußsteg	= 1 : 2
Randhöhe	: Satzspiegelhöhe	= 1 : 2
Randbreite	: Satzspiegelbreite	= 1 : 2

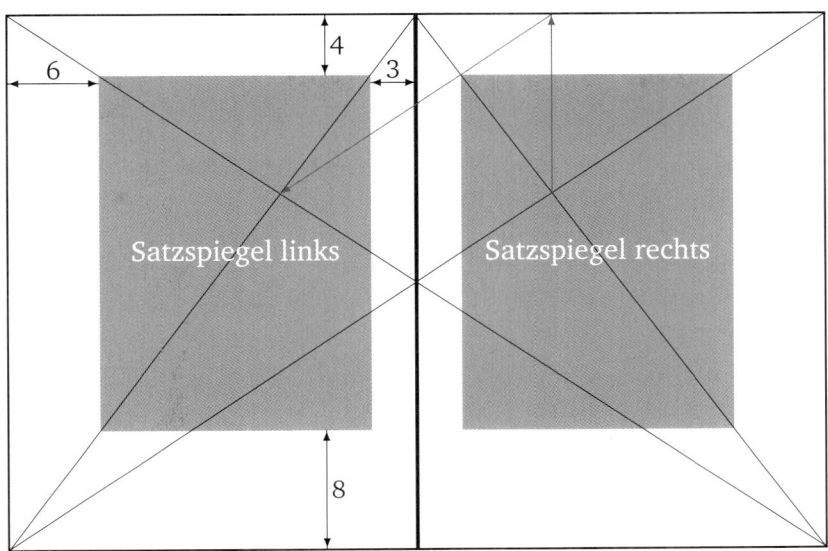

Abbildung A.4.: Mittelalterliche Satzspiegelkonstruktion für Quart-Papier mit dem Verhältnis Bundsteg : Kopfsteg : Außensteg : Fußsteg = 3 : 4 : 6 : 8

Auch dieses wirkt unbestreitbar sehr harmonisch. Und obwohl hier lediglich die Verhältnisse 2 : 3 mit 3 : 4 den Platz getauscht haben, muss man zugeben, dass das Schema von Abbildung A.4 noch etwas angenehmer wirkt als das von Abbildung A.3. Hier wirken nun nicht mehr allein die Verhältnisse, sondern auch die absoluten Größen. Dies gilt insbesondere für den unteren Rand. Aber auch insgesamt erscheint Octave-Papier gestreckter – ja geradezu härter – als Quart-Papier. Man erlaube mir die Anmerkung, dass ich mit Octave den Vater und mit Quart die Mutter des wohlgeratenen Layouts verbinde.

In der Renaissance erkannte man den langen, nackten Hals bei Octave offenbar ebenfalls. Als Lösung aus der Problematik griff man auf einen ebenso naheliegenden wie einfachen Kunstgriff zurück. Durch Änderung des Ränderverhältnisses von 2 : 3 : 4 : 6 in 2 : 3 : 4 : 5 verkleinerte man den Fußsteg und verlängerte gleichzeitig den Satzspiegel nach unten. Abbildung A.5 zeigt die Auswirkungen.

Dem geübten Auge und dem aufmerksamen Leser wird sofort auffallen, dass dieses Verhältnis einige Nachteile mit sich bringt. Betrachten wir auch

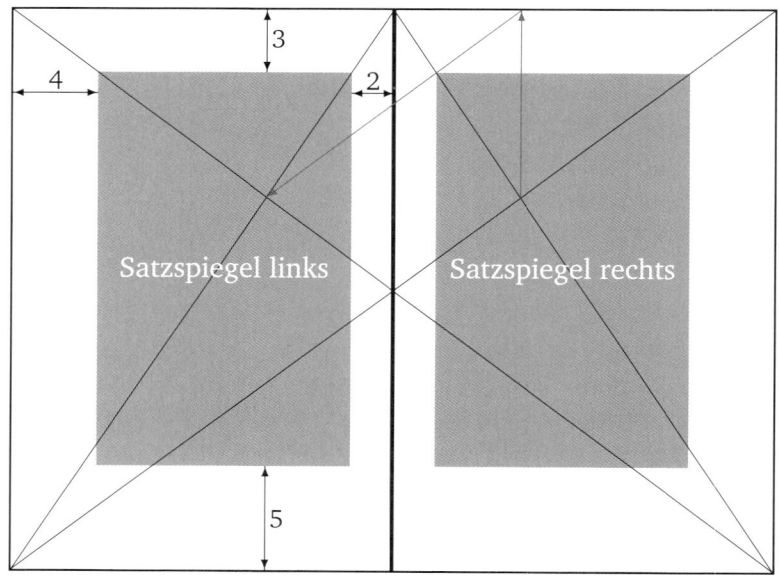

Abbildung A.5.: Renaissance-Satzspiegelkonstruktion für Octave-Papier mit dem Verhältnis Bundsteg : Kopfsteg : Außensteg : Fußsteg = 2 : 3 : 4 : 5

dazu die Verhältnisse wieder etwas genauer:

Papierbreite	: Papierhöhe	=	2 : 3
Satzspiegelbreite	: Satzspiegelhöhe	=	27 : 41
Bundsteg	: Kopfsteg	=	2 : 3
Außensteg	: Fußsteg	=	4 : 5
innerer Rand	: Fußsteg	=	4 : 5
Seitenhöhe	: Doppelseitenbreite	=	3 : 4
Kopfsteg	: Außensteg	=	3 : 4
Bundsteg	: Außensteg	=	1 : 2
Kopfsteg	: Fußsteg	=	3 : 5
Randhöhe	: Satzspiegelhöhe	=	8 : 19
Randbreite	: Satzspiegelbreite	=	1 : 2

Negativ fällt auf, dass das Seitenverhältnis des Satzspiegels nicht mehr mit dem Seitenverhältnis des Papiers übereinstimmt. In der Konstruktion ist das leicht daran zu erkennen, dass das linke untere Eck der linken Seite die Diagonale verlässt. Des Weiteren stehen Bundsteg und Außensteg mit 1 : 2

in einem anderen Verhältnis zueinander als Kopfsteg und Fußsteg mit 3 : 5. Vorteilhaft ist dabei nur, dass beide Verhältnisse dem ganzzahligen goldenen Schnitt entsprechen. Aus dem verletzten Seitenverhältnis resultiert dann natürlich auch, dass die horizontalen Ränder in einem anderen Verhältnis zum Satzspiegel stehen als die vertikalen. Bei idealer Konstruktion wie in den beiden Abbildungen gezeigt, wird dann aus 1 : 2 plötzlich 8 : 19. Dieses Verhältnis passt auch nicht so recht in eines der harmonischen Teilungsverhältnisse. Insgesamt ergibt sich nun ein Wirrwar vieler verschiedener Verhältnisse. Dies ist ein guter Hinweis auf eine gestörte Harmonie.

Einige Typografen lehnen die Renaissance-Konstruktion schon allein wegen des Verstoßes beim Satzspiegelverhältnis ab. Allerdings liegt die Abweichung bei weniger als einem Prozent. Mit Feingefühl kann ein Typograf selbst damit arbeiten. Dem Laien werden jedoch die wenigsten Typografen diese Konstruktion empfehlen, denn in der Praxis können zu dieser konstruktionsbedingten Abweichung weitere Abweichungen kommen.

In der Literatur konnte ich keinen Hinweis darauf finden, dass in der Renaissance diese Abweichung auch auf Quart-Papier übertragen wurde. Ich verzichte hier deshalb ebenfalls darauf, dies zu behandeln. Erwähnt sei jedoch, dass eine ähnliche Abweichung bei Quart beispielsweise durch das Verhältnis 3 : 4 : 6 : 7 erreicht werden könnte.

A.4. Die Moderne

In der Bauhauszeit wurde Ästhetik und die Suche danach zum Prinzip erklärt. Man möge zu dem, was diese Epoche als ästhetisch hervorgebracht hat, stehen wie man will, die Typografie erhielt in dieser Zeit neue und wiederentdeckte Impulse. Für die Satzspiegelkonstruktion von Bedeutung ist, dass zu dieser Zeit die Papiere der DIN-Reihen A, B, C und D bereits Verbreitung gefunden hatten. Es erschien wünschenswert, auf Konstruktionen zurückzugreifen, die unabhängig vom Papierformat funktionieren.

Vermutlich vom holländischen Typografen van de Graaf stammt die Konstruktion, die bereits in den Abbildungen der vorherigen Abschnitte skizziert ist [Sch02]. Man legt dabei zunächst in jede Einzelseite die Diagonale von außen unten nach innen oben. Dann fügt man die Diagonalen der Doppel-

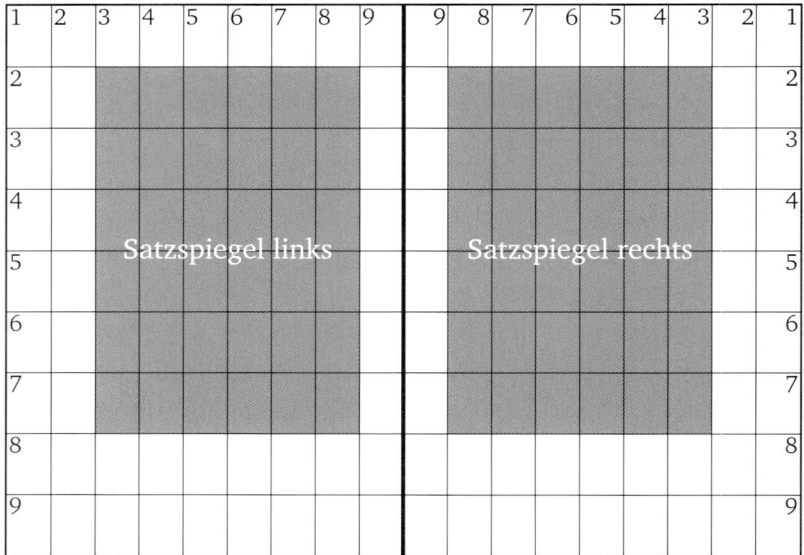

Abbildung A.6.: Neunerteilung am Beispiel von Papier der DIN-A-Reihe ohne Berücksichtigung von Bindekorrektur

seite hinzu. Vom Schnittpunkt der ansteigenden Doppelseitendiagonalen mit der Diagonalen der rechten Seite geht man senkrecht nach oben. Von diesem Punkt aus zieht man eine Linie zum Schnittpunkt der abfallenden Doppelseitendiagonalen mit der Diagonalen der linken Seite. Der Schnittpunkt dieser Linie mit der Diagonalen der rechten Seite ist die linke obere Ecke des Satzspiegels der rechten Seite. Die rechte obere Ecke des Satzspiegels ergibt sich dann aus dem Schnittpunkt einer horizontalen Linie von der linken oberen Ecke des Satzspiegels mit der ansteigenden Doppelseitendiagonalen. Der Schnittpunkt einer senkrechten Linie von dieser Ecke mit der Seitendiagonalen bringt dann die rechte untere Ecke. Die vierte Ecke ergibt sich durch die rechten Winkel des Satzspiegels von allein.

Jan Tschichold erkannte, dass diese Konstruktion genau zu der klassischen Einteilung führt, die in Abbildung A.3, Seite 278 und Abbildung A.4, Seite 279 bereits zu sehen war [Tsc92]. Des Weiteren entspricht sie einer Teilung der Papiervertikalen und der Papierhorizontalen in jeweils neun Teile wie sie in Abbildung A.6 zu sehen ist. Sie ist deshalb auch als Neunerteilung oder klassische Neunerteilung in der Literatur zu finden. Diese

Satzspiegelkonstruktion wurde vom Mittelalter bis in unser Jahrhundert für Literatur von Cicero bis zu Minnegesängen verwendet. Im Gegensatz zu festen Ränderverhältnissen funktioniert sie unabhängig vom Papierformat und führt dann zu den passenden Ränderverhältnissen. Unverwöhnten – ja: gequälten – Augen erscheinen die Ränder außerordentlich extravagant. Dem verwöhnten Auge erscheint die Seite überaus elegant. Kritische Leser nützen die großzügigen Ränder für ihre Anmerkungen.

Einige moderne Typografen bezweifeln, dass diese Konstruktion für lebende Kolumnentitel wirklich geeignet ist [Sch02]. Seien wir ehrlich: Der Platz, der für Text nach Abzug der Kolumnentitel bleibt, schwindet dabei. Lebende Kolumnentitel sind darüber hinaus ein Merkmal von wissenschaftlichen Werken, in denen auch häufig Konsultationselemente wie Tabellen und Abbildungen zu finden sind. Auch für diese wird oft viel Platz in der Höhe und auch in der Breite benötigt. Es ist daher wenig verwunderlich, dass schon Jan Tschichold im letzten Jahrhundert erkannte, dass für technische oder allgemeiner für wissenschaftliche Bücher eine Erweiterung gefunden werden muss. Er fand sie einfach, indem er eine Abweichung von der Verwendung von neun Teilen erlaubte und zum n-mal-n-Raster überging. Daraus resultiert die Rasterkonstruktion wie sie bereits in Abschnitt 2.2 skizziert wurde.

Bei der Rasterkonstruktion wird die Seite wie bei der Neunerteilung vertikal und horizontal in ein Raster eingeteilt. Dabei werden vertikal und horizontal gleich viele Teile verwendet. Dadurch wird erreicht, dass jedes Kästchen des Rasters dasselbe Seitenverhältnis besitzt wie die Seite. Für den Bundsteg wird eine Spalte, für den Kopfsteg eine Zeile, für den Außensteg zwei Spalten und für den Fußsteg zwei Zeilen des Rasters verwendet. Der Rest ist dann der Satzspiegel. Der einzige Unterschied zur Neunerteilung besteht damit in der Anzahl der Zeilen und Spalten, die verwendet werden. Die Neunerteilung ist also lediglich ein Sonderfall der Rasterkonstruktion.

Die Besonderheit der Rasterkonstruktion besteht darin, dass sie nicht mehr vom Papierformat abhängig ist. Das liegt daran, dass die Verhältnisse Bundsteg : Kopfsteg und Kopfsteg : Außensteg automatisch dem Seitenverhältnis von Satzspiegel und Seite folgen, also die Kästchen A, B, C und a, b, c aus Abbildung A.1 automatisch harmonisch sind.

Bedeutet dies nun, dass die Rasterkonstruktion immer ein perfektes Layout liefert? Diese Frage kann mit einem klaren Jain beantwortet werden. Zunächst sollte das Verhältnis Rand : Satzspiegelhöhe beziehungsweise Rand : Satzspiegelbreite in aller Regel nicht größer als 1 : 2 werden. Sonst werden die Ränder eindeutig zu groß. Umgekehrt sollte der kleinste sichtbare Rand nie kleiner als 12,5 mm sein. Dieser Wert erscheint willkürlich und ist es teilweise auch. Dieser Vorwurf trifft allerdings mehr oder weniger für alle Erfahrungswerte zu. Er sollte jedoch nicht als Ausrede dafür dienen, Erfahrungswerte zu ignorieren. Der kleinste sichtbare Rand ist in der Regel der Kopfsteg, da der Bundsteg auf Doppelseiten ja doppelt zu sehen ist. Ein kleinster Rand von 19 mm gilt als nahezu optimal und 25 mm sind elegant. Vermutlich hat letzteres auch irgendwann ein Programmierer gelesen und dann in seine Textverarbeitung als Voreinstellung eingebaut – leider für alle Ränder und leider wurde nie ein Typograf gefragt, ob das so korrekt ist.

Doch die Wahl minimaler oder maximaler Ränder ist nicht das einzige Kriterium. Ebenso wichtig wie ausreichende und nicht übermäßige Randbreiten ist die richtige Breite des Satzspiegels. Hier spielt jedoch der Wert in einem objektiven Maß zunächst eine untergeordnete Rolle. Zwar hat das menschliche Auge klar ein Problem, wenn es vom Ende einer 1 m langen Zeile an deren Anfang zurück soll. So lange man den Kopf beim Lesen aber nicht drehen muss – obwohl man das in der Regel trotzdem macht – ist das Problem der reinen Wegstrecke ein zweitrangiges. Wichtiger ist die Anzahl der Zeichen und die Anzahl der Worte in einer Zeile. Geübte Leser haben bei gut gewählter Schrift mit ordentlichem aber nicht übertriebenem Durchschuss kein Problem beim Verfolgen und Zurückspringen, wenn eine Zeile durchschnittlich nicht mehr als vierundsiebzig Zeichen hat. Angenehm und für ungeübte Leser wünschenswert sind jedoch 62–66 Zeichen. Da das Auge in Wirklichkeit nicht von Buchstabe zu Buchstabe, sondern von Wort zu Wort springt, sollten im allgemeinen nicht mehr als 10–12 Worte in jeder Zeile stehen. Das begünstigt scheinbar Sprachen mit langen Wörtern oder Wortgefügen. Dem ist nicht so, da das Auge dann wieder nicht mehr von Wort zu Wort, sondern von Teilwort zu Teilwort springt. Dabei spielen Buchstaben mit durchgehenden vertikalen Kanten eine große Rolle. Aber das ist ein anderes Thema.

Das Vorgehen sollte also so sein, dass man zunächst ausmisst, wie breit der Satzspiegel bei der gewählten Schrift maximal sein darf. Dann sucht man nach einem Raster, das zu dieser Breite passt. Als letztes überprüft man ob die Bedingungen bezüglich minimaler und maximaler Ränder eingehalten sind. Wenn die Ränder zu schmal sind, wählt man ein groberes Raster, denn kürzere Zeilen im Satzspiegel sind unproblematisch. Das ist genau das Vorgehen des typearea-Pakets, wenn man die Option DIVcalc (siehe Abschnitt 2.4, Seite 30) oder die Anweisung \typearea mit dem Wert calc für den Parameter *DIV* (siehe Abschnitt 2.4, Seite 31) verwendet. Dabei wird aber als absolutes Minimum nicht die oben erwähnten 12,5 mm, sondern nur 5 mm verwendet.

Was aber tun, wenn die Ränder zu breit sind? Als Notlösung kann man den Satzspiegel etwas breiter wählen und dafür den Durchschuss erhöhen. Dieses Vorgehen ist aber nur sehr beschränkt anwendbar, etwa bis zu Zeilenlängen von sechsundsiebzig Zeichen und einem Grundlinienabstand von Faktor 1,35 der Schriftgröße. Dabei darf die Schrift auch nicht zu leicht und nicht zu fett sein. Anderenfalls wird der Graueindruck der Seite zu streifig. Die beste Lösung besteht dann darin, entweder das Papierformat oder die Schrift zu wechseln. Dies ist auch die Maßnahme, die das typearea-Paket in solchen Fällen vorschlägt.

A.5. Seltene Alternativen

Wie wir bisher gesehen haben, findet man den goldene Schnitt in der einen oder anderen Form in vielen klassischen Satzspiegelkonstruktionen. Bei der Rasterkonstruktion ist das letztlich nur in Form des Verhältnisses 1 : 2, das quasi die unterste Stufe des ganzzahligen goldenen Schnitts bedeutet und gleichzeitig dem Villardschen Teilungskanon entspricht. Dieses Verhältnis findet sich bei der Rasterkonstruktion wie auch bei den anderen, vorgestellten Konstruktionen als Verhältnis von Bundsteg : Außensteg und eingeschränkt Kopfsteg : Fußsteg. Bei der Neunerteilung findet es sich ebenfalls beim Verhältnis der Anzahl der Zeilen beziehungsweise Spalten, die für den Rand verwendet werden, zu denen die für den Satzspiegel verwendet werden.

Manchmal liest man in der Literatur, dass der goldene Schnitt noch einen Schritt weiter in die Satzspiegelkontruktion Eingang findet. Dann wird als Verhältnis der Ränder 3 : 5 : 8 : 13 verwendet. Dies ist ein Vier-Zahlen-

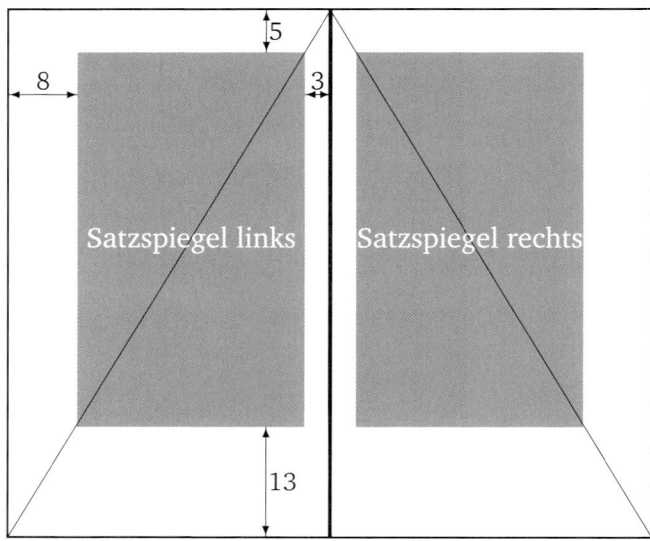

Abbildung A.7.: Goldener Schnitt für Papier und Satzspiegelkonstruktion

Ausschnitt aus der oben erwähnten Fibonacci-Reihe. Ein erstes Problem dabei ist, dass das Verhältnis von Bundsteg : Außensteg nun nicht mehr 1 : 2, sondern 3 : 8 ist. Das bedeutet, dass der gesamte innere Rand kleiner als jeder äußere Rand ist. Dies ist eine Störung der Harmonie [Rei]. Immerhin ist dabei der innere Rand 25 Prozent kleiner als jeder äußere. Dazu kommt, dass das Papier in der Mitte von Büchern häufig gewölbt ist und auch damit optisch eine zusätzliche Verkleinerung des Bundstegs eintreten kann, falls diese bei der Konstruktion nicht kompensiert wird (siehe hierzu Option BCOR in Abschnitt 2.4, Seite 26). Ein weiteres Problem besteht darin, dass das Verhältnis Bundsteg : Kopfsteg nicht dem Verhältnis Außensteg : Fußsteg entspricht. Die Kästen A und a aus Abbildung A.1 haben also unterschiedliche Seitenverhältnisse. Die Abweichung fällt mit etwa 2,5 Prozent aber tolerabel gering aus und ist letztlich darin begründet, dass der ganzzahlige goldene Schnitt eben nicht wirklich der goldene Schnitt ist. Dies gilt dann auch für die Möglichkeit, dass der Satzspiegel das Seitenverhältnis der Seite selbst besitzt. Wie inzwischen häufig erwähnt wurde, ist letzteres für die Harmonie sehr wichtig. Stellt sich also die Frage, wann dies beim goldenen Schnitt der Fall ist. Analog zu den Ränderverhältnissen 2 : 3 : 4 : 6 für Octave- und

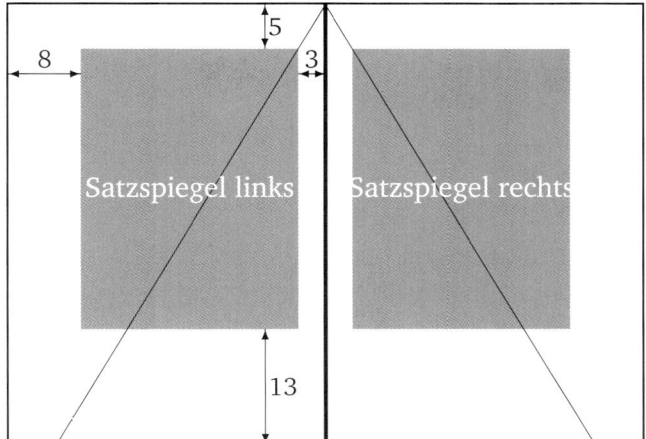

Abbildung A.8.: Goldener Schnitt für die Satzspiegelkonstruktion bei Verwendung von Papier der DIN-A-Reihe

3 : 4 : 6 : 8 für Quart-Papier sollte beim goldenen Schnitt mit dem Ränderverhältnis 3 : 5 : 8 : 13 das Seitenverhältnis des Papiers dem goldenen Schnitt also 3 : 5 oder 8 : 13 entsprechen. Abbildung A.7 zeigt ein Beispiel dafür. Abbildung A.8 zeigt hingegen, was passiert, wenn man diese Konstruktion auf Papier der DIN-A-Reihe anwendet. In beiden Abbildungen wirkt nach meiner persönlichen Auffasssung der Satzspiegel zu weit nach innen gedrängt. Die vertikale Ausrichtung erscheint eher brauchbar. Dies gilt umso mehr, wenn mit Kolumnentiteln gearbeitet wird. In Abbildung A.8 fällt das nicht passende Seitenverhältnis des Satzspiegels allerdings bereits deutlich auf. Für das ungeübte Auge habe ich den Eindruck durch eine Hilfslinie noch etwas verdeutlicht. Die Konstruktion ist für Papier der DIN-A-Reihe schlicht ungeeignet. Ihr Nutzen ist meiner Meinung nach aber auch sonst eher fraglich. Dem Laien kann ich nur raten: Finger weg!

A.6. Zusammenfassung

Nach all den Zahlen schwirrt der Kopf und der Verstand steht still. Daher sei nun noch einmal zusammengefasst, worauf der Laie bei der Beurteilung eines Satzspiegels achten soll. Oberstes Kriterium ist Harmonie.

Grundvoraussetzung für Harmonie ist, dass das Seitenverhältnis von Satzspiegel und Seite möglichst gut übereinstimmen. Um dies zu überprüfen, zeichnet man eine Diagonale von der oberen inneren zur unteren äußeren Ecke in Seite und Satzspiegel. Sind die Diagonalen parallel, so stimmt das Seitenverhältnis überein.

Günstig ist außerdem, wenn der innere Rand und der äußere Rand gleich groß sind, also der Bundsteg halb so groß wie der Außensteg. Dies ist gegeben, wenn die beiden oben erwähnten Diagonalen direkt aufeinander liegen. Gleichzeitig ist dann der Kopfsteg genau halb so groß wie der Fußsteg und die Kästen A, B, C und a, b, c haben ebenfalls das passende Seitenverhältnis. Überhaupt sollen möglichst wenig unterschiedliche Verhältnisse auftreten. Letztes Kriterium für den Laien ist dann, ob die Zeilenlänge günstig und der Graueindruck einheitlich ist. Geringe Abweichungen bei der Höhe des Satzspiegels und der Höhe des unteren Randes sollte der Laie tolerieren. Ebenso sollte er bei der Konstruktion die Höhe des unteren Randes eher ab- und die Höhe des Satzspiegels eher aufrunden, wenn es darum geht, Nebenbedingungen einzuhalten. Eine Nebenbedingung bei LaTeX ist, dass \texttheight abzüglich \topskip ein ganzzahliges Vielfaches von \baselineskip sein sollte. Dadurch muss bei einer ganz mit einem Absatz gefüllten Seite der Zeilenabstand nicht gedehnt werden.

Der Anwender kann sich das Leben auch erleichtern und das typearea-Paket aus Kapitel 2 verwenden. Bei Verwendung der Option DIVcalc (siehe Abschnitt 2.4, Seite 30) muss er dort in aller Regel auf gar nichts achten. Bei Vorgabe eines eigenen *DIV*-Wertes, also bei eigener Wahl des Teilungsfaktors für die Rasterkonstruktion, muss er lediglich die Zeilenlänge überprüfen, wobei typearea auch hier Unterstützung in Form einer Bewertung des Ergebnisses bietet.

Abschließend sei noch auf ein Zitat aus [Sch98] zurückgegriffen, wobei ich hoffe, das notwendige Rüstzeug vermittelt zu haben, damit auch Computerbenutzer ihre Bücher weniger willkürlich gestalten und auf Ränder mehr Wert legen:

> *Heute sind Milchsack und Tschichold fast vergessen. Jeder Computerbenutzer kann willkürlich ein Buch gestalten. Daher sind die meisten neuen Bücher hässlich. Grundsätzlich haben unsere Bücher*

folgende Mängel: Der Satzspiegel ist zu groß, die Verlage nutzen das Papier soweit wie nur möglich aus [. . .] Die Ränderverhältnisse sind zufällig, oft stehen die Kolumnen zu tief.

B. Farbige Kapitelmarkierungen am Papierrand

In einigen Büchern findet man am äußeren Rand schwarze oder bunte Felder mit der aktuellen Kapitelnummer. Diese Felder zeichnen sich auch bei geschlossenem Buch an den Papierkanten ab und erleichtern so das Auffinden eines bestimmten Kapitels. Bekannte sind solche Felder unter Namen wie „Daumenindex" oder „Kapitelindex". Je nach Anwendung haben nur die Seiten mit dem Kapitelanfang oder alle Seiten des laufenden Kapitels einen Kapitelindex.

Bei LaTeX gibt es verschiedene Möglichkeiten, einen solchen Kapitelindex zu erzeugen. Eine Möglichkeit wäre die geschickte Verwendung von eso-pic (siehe [Nie02]). Eine andere Möglichkeit besteht darin, diese Felder über die Kopfzeile zu setzen. Dazu müssen entsprechende Seitenstile definiert werden. Bei KOMA-Script bietet sich hierfür das Paket scrpage2 an.

B.1. Die Grundidee

Das in Kapitel 4 beschriebene Paket scrpage2 dient dazu, Seitenstile zu definieren oder vordefinierte Seitenstile entsprechend eigener Wünsche zu konfigurieren. Seitenstile kennen bei LaTeX zwei wesentliche Elemente: Kopfzeilen und Fußzeilen. Dabei wird jeweils nach geraden und ungeraden Seiten unterschieden.

Es stellt sich die Frage, wie man über die Definition einer Kopf- oder Fußzeile Material in den äußeren Rand einer rechten Seite bekommt. Zunächst einmal hat der Kopf der Seite die Eigenschaft, dass er eine feste vertikale und horizontale Position hat. Diese ist über verschiedene LaTeX-Längen bestimmt. Bei scrpage2 kommen weitere Größen hinzu, die zwar nicht offiziell für den Anwender dokumentiert, aber für Paketautoren freigegeben sind. Damit ist die horizontale und vertikale Position der Kopfzeile bestimmbar.

Die Kunst besteht nun lediglich darin, von dieser Position zur gewünschten Position für die Randmarkierung zu gelangen. Dabei soll natürlich LaTeX auch keine Meldungen der Art „`overfull \hbox`" ausgeben, weil der Bereich des Kopfes verlassen wird.

In Anhang C wird hierzu eine Methode unter Verwendung der `picture`-Umgebung vorgestellt werden. In diesem Anhang soll stattdessen geschickt mit Boxen gearbeitet werden.

Bevor mit der Implementierung begonnen wird, sind jedoch die Anforderungen an die Lösung zu formulieren:

- Am äußeren – also rechten – Rand von ungeraden Seiten soll die aktuelle Kapitelnummer ausgegeben werden.

- Die Ausgabe soll in einer konfigurierbaren Farbe erfolgen.

- Die Ausgabe soll in einem mit einer konfigurierbaren Farbe hinterlegten Kasten erfolgen.

- Die Ausgabe soll um 90° gegen den Uhrzeigersinn gedreht erfolgen.

- Schrift und Schriftgröße der Ausgabe soll konfigurierbar sein.

- Die Größe des Kastens soll konfigurierbar sein.

- Die vertikale Position des Kastens soll von der Kapitelnummer abhängen und konfigurierbar sein.

B.2. Die Umsetzung

Es bietet sich an, für die Realisierung ein L^AT_EX-Paket zu schreiben. Was auf den ersten Blick abschreckend erscheinen mag, ist in Wirklichkeit gar nicht so kompliziert. Wichtige Informationen finden sich in [Tea99].

Doch bevor mit der Implementierung begonnen wird noch eine organisatorische Anmerkung: Die folgenden Ausschnitte aus dem Listing des entwickelten Pakets sind mit Zeilennummern versehen. Diese Zeilennummern sind natürlich nicht Bestandteil des Pakets selbst, also auch keinesfalls einzugeben, sondern dienen lediglich der Orientierung.

Von einleitenden Kommentaren abgesehen, sollte ein Paket immer damit beginnen, dass es sich selbst identifiziert. Dazu dient die Anweisung

\ProvidesPackage. Als erstes Argument wird dabei der Paketname übergeben. Das zweite, optionale Argument besteht aus dem Versionsdatum und weiteren optionalen Informationen.

```
\ProvidesPackage{chapterthumb}%
  [2005/03/10 v0.1 unsupported LaTeX package]
```

Das Datum muss unbedingt in der Form „*Jahr/Monat/Tag*" angegeben werden. Anderenfalls können Versionüberprüfungen, die der LaTeX-Kern anbietet, nicht korrekt ausgeführt werden.

Als nächstes kämen nun alle Definitionen, die für die Ausführung von Optionen benötigt werden. Obwohl das Paket bisher keine Optionen hat, wird die letzte Anweisung aus diesem Bereich eingefügt.

```
\ProcessOptions\relax
```

Diese Anweisung führt Optionen aus, die beim Laden des Pakets als optionales Argument von \usepackage übergeben wurden. Dabei werden auch unbekannte Optionen gemeldet. Die Anweisung wird hier also benötigt, um alle fälschlicherweise geforderten Optionen als unbekannt zu melden. Die Anweisung führt auch globale Optionen aus, die bei \documentclass angegeben wurde. Dies gilt aber nur, wenn das Paket die entsprechenden Optionen auch kennt. Wenn, wie im vorliegenden Fall, keine Paket-Optionen definiert sind, ist das kein Problem.

Wichtig ist die Anweisung \relax nach \ProcessOptions. Näheres dazu ist [Tea99, Abschnitt 4.7] zu entnehmen.

In den Anforderungen wurde Farbe und Rotation vermerkt. Farbe bietet das Paket color. Rotation ist mit dem graphics möglich. Es wird nun also erklärt, dass diese beiden Pakete benötigt werden.

```
\RequirePackage{graphics,color}
```

Die Entscheidung für color hindern den Anwender nicht, auch das Paket xcolor zu verwenden, da xcolor selbst ebenfalls color voraussetzt. Ebenso hindert die Entscheidung für graphics den Anwender nicht daran, graphicx zu verwenden. In der Regel kommen diese Pakete auch ohne Optionen aus, da sie normalerweise über ihre Konfigurationsdateien (siehe [Tea01b]) konfiguriert werden.

Beim ebenfalls benötigten Paket scrpage2 sieht die Sache allerdings anders aus. Wird dieses nun ohne Optionen geladen:

```
\RequirePackage{scrpage2}
```

so kann der Anwender es nicht selbst beispielsweise mit der Option automark laden. Es hätte dann nur noch die Möglichkeit, dem Paket vorab Optionen per \PassOptionsToPackage zu übergeben. Da dies sehr unpraktisch ist, bietet sich noch eine andere Lösung an. Wie wäre es, wenn das Paket chapterthumb selbst die Optionen für scrpage2 annehmen und an dieses Paket weiterleiten würde? Dazu muss nun doch einige Zeilen zurück vor \ProcessOptions eine Art Generaloption eingefügt werden.

```
\DeclareOption*{%
    \PassOptionsToPackage{\CurrentOption}{scrpage2}}
```

Dies geschieht mit \DeclareOption*. Diese Anweisung hat im Gegensatz zu \DeclareOption als Argument keinen Optionennamen. Stattdessen reagiert sie auf alle unbekannten Optionen, die bei \usepackage übergeben wurden. Der Name der Option wird dabei in \CurrentOption übergeben. Dieser wird per \PassOptionsToPackage an das scrpage2-Paket übergeben. Ein Nebeneffekt soll nicht verschwiegen werden: Übergibt man so eine Option an scrpage2, die dieses Paket nicht versteht, so meldet LaTeX auch eine unbekannte Option für dieses Paket und nicht eine unbekannte Option für chapterthumb. Dies erfolgt, obwohl der Anwender die Option ja eigentlich selbst nicht an scrpage2 übergeben, sondern beim Laden von chapterthumb angegeben hat. Ob dies ein Nachteil ist, ist die Frage. Immerhin weiß er so, dass er weniger in der Anleitung zu chapterthumb als vielmehr in der Anleitung von scrpage2 nachschauen muss.

Der Anwender hat aber noch eine weitere Möglichkeit, die Optionen für scrpage2 einzustellten. Wie bereits erwähnt, werden globale Optionen an alle Pakete weitergereicht, die diese Optionen verstehen. Damit können Optionen für scrpage2 auch direkt als optionale Argumente von \documentclass angegeben werden.

Nachdem nun alle Optionen abgearbeitet und alle benötigten Pakete geladen sind, wird es Zeit, die Randmarkierungen in Angriff zu nehmen. Damit später die Definition des Seitenstils übersichtlich bleibt, wird eine neue Anweisung für das Setzen der Markierungen definiert.

```
\newcommand*{\putchapterthumb}{%
  \begingroup
```

Die Gruppe wird hier geöffnet, weil später einige Berechnungen mit internen Längen des LaTeX-Kerns durchgeführt werden. Diese sollten grundsätzlich nur lokal verändert werden. Außerdem sollte man immer damit rechnen, dass sie beim Aufruf von LaTeX-Anweisungen vom Kern selbst verwendet werden und damit Änderungen unterworfen sind.

Die erste entscheidende Frage ist, was denn nun die aktuelle Position ist und wie von dieser der rechte Rand erreicht werden kann. Dazu muss zunächst festgelegt werden, dass `\putchapterthumb` grundsätzlich am linken Rand des Kopfes aufgerufen werden muss. Damit ist festgelegt, dass von diesem linken Rand aus nach rechts vorgerückt werden muss. Allerdings ist zu beachten, dass diese Entfernung in der Regel größer sein wird als die Breite des Kopfes. Dennoch soll keine „overfull \hbox" gemeldet werden. Dies kann mit einem kleinen Trick erreicht werden.

```
\makebox[0pt][l]{%
```

Hier wird behauptet, es würde eine Box der Breite Null gesetzt. Ist der Inhalt der \makebox-Anweisung tatsächlich breiter, so stört sich TeX nicht weiter daran. Wichtig ist noch, dass der Inhalt der Box linksbündig gesetzt wird. Er ragt dann nach rechts aus der Box hinaus. Wird die Box später geschlossen, so hat sich die aktuelle, horizontale Position aufgrund der angegebenen Breite Null auch nicht verändert.

Für eine korrekte Ausgangsposition soll jedoch zunächst der linke Rand des Papiers erreicht werden. Das ist deshalb einfacher, weil dieser durch LaTeX-Längen bestimmt ist. Da hier eine ungerade Seite betrachtet wird, ist `\oddsidemargin` relevant.

```
\hspace{-\oddsidemargin}\hspace{-1in}%
```

Allerdings liegt der tatsächliche linke Rand bei LaTeX noch ein Inch weiter links. Dies wurde oben bereits berücksichtigt.

Bei scrpage2 kommt allerdings erschwerend hinzu, dass der linke Rand für den Kopf nicht mit dem linken Rand für den Satzspiegel übereinstimmen muss. Wie in Abschnitt 4.1.3, Seite 153 erklärt wird, kann man auch eine vom Satzspiegel abweichende Breite für den Kopf definieren. Dabei kann der Kopf gleichzeitig nach links oder rechts gegenüber dem Satzspiegel verschoben werden. Die Länge dieser Verschiebung wird in der internen Anweisung \@oddheadshift gespeichert. Auf ungeraden Seiten – und wir betrachten hier eine ungerade Seite – bedeutet ein positiver Wert eine Verschiebung nach rechts und ein negativer Wert eine Verschiebung nach links.

```
\hspace{-\@oddheadshift}%
```

Es muss also auch hier eine Bewegung in die Gegenrichtung, also mit umgekehrtem Vorzeichen erfolgen.

Vom linken Rand geht es nun in einem Schritt an den rechten Rand.

```
\hspace{\paperwidth}%
```

Würde an dieser Position nun etwas gesetzt werden, so würde dies normalerweise rechts neben dem Papier ausgegeben. Dies wird später noch zu berücksichtigen sein.

Ebenso, wie nun der rechte Rand erreicht ist, soll auch der obere Rand erreicht werden. Dazu wird ein ganz ähnlicher Trick verwendet.

```
\parbox[t][0pt][t]{0pt}{%
```

Hier wird LaTeX nicht nur angewiesen eine Box der Breite Null, sondern auch der Höhe Null zu setzen. Diese soll außerdem auf der aktuellen Grundlinie unten ausgerichtet sein.

Für den oberen Rand ist dabei \topmargin entscheidend.

```
\vspace{-\topmargin}%
\vspace{-1in}%
```

Wie beim linken Rand ist aber auch hier ein zusätzlicher Abstand von einem Inch zu berücksichtigen. Dazu kommt, dass der Kopf eine definierte Höhe \headheight besitzt und bei scrpage2 normalerweise der Kopf unten in einer Box entsprechender Höhe ausgerichtet wird.

```
\vspace{-\headheight}%
\vspace{\dp\strutbox}%
```

Mit \dp\strutbox werden zusätzlich die Unterlängen einberechnet.

Ein Problem ergibt sich nun allerdings, falls mit mehrzeiligen Köpfen gearbeitet wird. Im Zusammenhang mit dem Seitenstil *scrheadings* kommt es dann zu einer Zentrierung der einzelnen Felder. Dadurch verschiebt sich eventuell die Grundlinie und die Position stimmt nicht mehr. Es wird deshalb ein zusätzlicher Korrekturabstand eingefügt.

```
\vspace{\firstchapterthumbskip}%
```

Dass \firstchapterthumbskip bisher noch nicht definiert ist, stört nicht weiter. Dies muss erst geschehen sein, wenn \putchapterthumb das erste Mal expandiert wird.

Damit ist nun also die Startposition erreicht. Die tatsächliche Ausgabeposition soll aber abhängig von der Kapitelnummer sein. Die aktuelle Kapitelnummer ist im Zähler chapter abgelegt. Die Position des zugehörigen Kastens wäre auf den ersten Blick (*Kapitelnummer* − 1) × *Versatz*, wobei der *Versatz* der Abstand zwischen den Kästen aufeinanderfolgender Kapitel ist. Dieser Wert kann aber auch so groß werden, dass der Kasten dann nicht mehr auf die Seite passt. Deshalb muss zunächst ermittelt werden, wieviele Kästen des Daumenindex auf eine Seite passen.

```
\setlength{\@tempdima}{\paperheight}%
\addtolength{\@tempdima}{-\chapterthumbwidth}%
\addtolength{\@tempdima}{1pt}%
\setlength{\@tempdimb}{\chapterthumbskip}%
\divide\@tempdima by\@tempdimb
\@tempcnta=\@tempdima
\advance\@tempcnta by 1
```

Hier werden nun die internen Längen \@tempdima und \@tempdimb, sowie der interne Zähler \@tempcnta des LaTeX-Kerns für Berechnungen verwendet. Die Zugabe von 1 pt dient dabei allein dazu, Rechenungenauigkeiten auszugleichen. Sollte deshalb am Ende ein Kasten des Daumenindex um 1 pt unter den unteren Seitenrand ragen, so wird dies als unkritisch betrachtet. Bei der Division wurde automatisch auf ganze *Scaling Points* abgerundet. Dementsprechend gibt dann \@tempcnta darüber Auskunft wieviele Kastenpositionen es am rechten Papierrand gibt.

Eine einfache Modulo-Rechnung führt nun zu der Nummer der Position, die für das aktuelle Kapitel zu verwenden ist.

```
\@tempcntb=\value{chapter}%
\advance\@tempcntb by -1
\divide\@tempcntb by \@tempcnta
\multiply\@tempcntb by -\@tempcnta
\advance\@tempcntb by \value{chapter}%
\advance\@tempcntb by -1
```

Im Gegensatz zu den mit `\newcounter` angelegten L^AT_EX-Zählern, deren Änderungen mit `\setcounter`, `\addtocounter` und `\stepcounter` immer global wirken, sind Zuweisung und Änderung eines T_EX-Zählers wie `\@tempcnta` oder `\@tempcntb` mit Primitiven wie `\devide` und `\multiply` nur dann global, wenn dem Primitiv explizit `\global` vorangestellt wird.

Jetzt muss die Nummer der Position nur noch in einen entsprechenden vertikalen Abstand umgesetzt werden.

```
\setlength{\@tempdima}{\chapterthumbskip}%
\vspace{\@tempcntb\@tempdima}%
```

An dieser Stelle muss nicht explizit multipliziert werden. Stattdessen kann der Länge `\@tempdima` der Zähler `\@tempcntb` direkt als Faktor vorangestellt werden. Die temporäre Länge wird an dieser Stelle überhaupt nur verwendet, weil beabsichtigt ist, den Versatz nicht in einer Länge, sondern in einem Makro zu speichern.

Die gewünschte Position ist also erreicht. Was nun fehlt, ist die Ausgabe. Es sei nochmal daran erinnert, dass eine Ausgabe nun eigentlich rechts vom Papier erfolgen würde. Um stattdessen links von der aktuellen Position auszugeben, wird erneut der bereits erläuterte Trick mit einer Box der Breite Null verwendet.

```
\makebox[0pt][r]{%
```

Diesmal wird aber rechtsbündig ausgegeben, also links von der aktuellen Position.

Auszugeben ist nun eine um 90° nach links gedrehte Box. Dazu dient die Anweisung `\rotatebox` aus dem geladenen graphics-Paket.

298

```
\rotatebox{90}{%
```

Eine Drehung nach links, wie sie gewünscht wird, wird dabei als positive Zahl angegeben. Es wird das Gradmaß verwendet.

Gedreht soll ein farbig hinterlegter Kasten werden. Boxen mit farbigem Hintergrund werden durch die Anweisung \colorbox des color-Pakets ermöglicht.

```
\colorbox{\chapterthumbboxcolor}{%
```

Um die Farbe später konfigurieren zu können, würde es genügen, einen neuen Farbnamen zu definieren und als Farbargument zu verwenden. Allerdings kann damit nicht automatisch die Farbe von Kapitel zu Kapitel geändert werden. Die Verwendung eines Makros, wie hier \chapterthumbboxcolor, ist daher flexibler.

Eine mit \colorbox gesetzte Box hat genau wie eine \mbox die Größe ihres Inhalts. Laut Anforderungen soll jedoch sowohl die Breite als auch die Höhe definierbar sein. Höhe und Breite sind bei einer \parbox einstellbar.

```
\parbox[t][\chapterthumbheight][c]%
        {\chapterthumbwidth}{%
\centering
```

Durch Verwendung aller drei optionalen Argumente kann außerdem erreicht werden, dass der Inhalt vertikal in der Box der angegebenen Höhe zentriert wird. Die horizontale Zentrierung muss explizit aktiviert werden. Hierzu wird \centering und nicht die center-Umgebung verwendet, weil die Umgebung zusätzliche vertikale Abstände verursachen würde.

Nun muss noch die gewünschte Farbe und die gewünschte Schrift für den Text eingestellt und dieser ausgegeben werden.

```
\color{\chapterthumbcolor}%
\chapterthumbfont{\chapterthumbformat}}}}}%
```

Für die Farbe wird aus dem oben erwähnten Grund kein Farbname, sondern das Makro \chapterthumbcolor verwendet. Ebenso wird für die Schrift das Makro \chapterthumbfont verwendet, so dass diese später leicht geändert werden kann. \thechapter wird ebenfalls nicht direkt verwendet. So wie

die KOMA-Script-Klassen Formate für die Kapitelnummer in der Gliederungsüberschrift und im Kolumnentitel definieren (siehe Abschnitt 3.6.2, Seite 99
und Seite 102), so wird mit \chapterthumbformat ein umdefinierbares Format für den Kapitelindex verwendet. Natürlich müssen im Anschluss an die
Definition von \putchapterthumb die hier verwendeten Anweisungen auch
wirklich definiert werden.

Doch zunächst sind noch ein paar Boxen zu schließen, und die lokale
Gruppe ist zu beenden.

```
        }%
      }%
    \endgroup
  }
```

Damit ist die zentrale Anweisung fertig.

Was jetzt fehlt, sind die Voreinstellungen für all die Makros, die bei der
Definition von \putchapterthumb verwendet wurden. Diese sind rasch definiert.

```
\newcommand*{\firstchapterthumbskip}{0pt}
\newcommand*{\chapterthumbheight}{2em}
\newcommand*{\chapterthumbwidth}{.2\paperheight}%
\newcommand*{\chapterthumbskip}{.1\paperheight}%
\newcommand*{\chapterthumbboxcolor}{black}%
\newcommand*{\chapterthumbcolor}{white}
\newcommand*{\chapterthumbformat}{\@chapapp~\thechapter}
\newcommand*{\chapterthumbfont}{\normalfont\Large\sffamily}
```

Möglicherweise wäre es schön, wenn bei Verwendung einer KOMA-Script-
Klasse die Schriftänderungsanweisungen aus Abschnitt 3.2.1 ebenfalls für
das Element chapterthumb anwendbar wäre. Dafür muss lediglich eine
weitere Anweisung definiert werden.

```
\newcommand*{\scr@fnt@chapterthumb}{\chapterthumbfont}
```

Ganz zum Schluss sollte das Einlesen der Paketdatei noch beendet werden.
Damit weiß dann jeder – und auch LaTeX –, dass die Paketdefinitionen hier
ihr Ende gefunden haben.

```
\endinput
```

Diese Anweisung ist nicht zwingend aber sinnvoll.

Bei der Definition eigener Seitenstile kann nun \putchapterthumb an erster Stelle links in Köpfen für die ungerade Seite eingefügt werden. Bei Verwendung der Seitenstile scrheadings und scrplain muss diese Anweisung als erstes im optionalen und im obligatorischen Argument von \lohead (siehe Abschnitt 4.1.1) angegeben werden.

B.3. Das Ergebnis

Nehmen wir als Beispiel eine Datei mit zehn Kapiteln und beliebigem Text:

```
\documentclass{scrbook}
\usepackage{ngerman}
\usepackage{chapterthumb}
\pagestyle{scrheadings}
\lohead[\putchapterthumb]{\putchapterthumb}
\addtokomafont{chapterthumb}{\bfseries}
\begin{document}
\chapter{Am Anfang beginnt es}\dots
\chapter{Weiter}\dots
\chapter{Und weiter}\dots
\chapter{Und noch weiter}\dots
\chapter{Und immer weiter}\dots
\chapter{Geht die Reise}\dots
\chapter{Hinaus}\dots
\chapter{Und weiter hinaus}\dots
\chapter{Immer weiter hinaus}\dots
\chapter{Bis zum Ende}
\end{document}
```

Abbildung B.1 zeigt die zehn Kapitelanfangsseiten leicht versetzt hintereinander gelegt.

Selbstverständlich ist es nicht erforderlich, dieses Paket aus dem Buch abzutippen. Es steht auf [KDP] zum Download bereit.

B. Farbige Kapitelmarkierungen am Papierrand

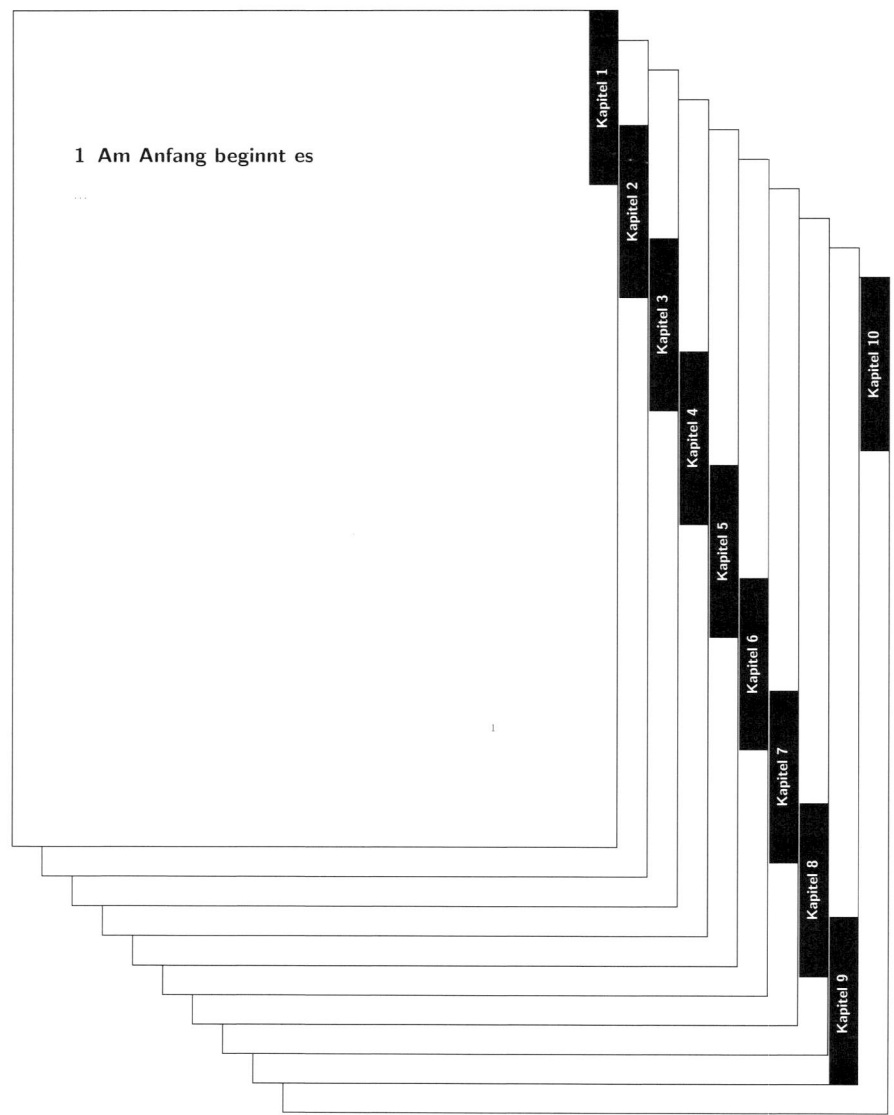

Abbildung B.1.: Zehn Beispielseiten mit Kapitelindex

C. Umsetzung moderner Briefe mit KOMA-Script[1]

Einige KOMA-Script-Anwender haben den falschen Eindruck gewonnen, der Satzspiegel wäre bei Briefen gegenüber der Anschrift und dem übrigen Briefkopf eingerückt. Dieser Eindruck entsteht manchmal, obwohl in Abschnitt 6.2.3, Seite 181 deutlich erklärt ist, dass in Wirklichkeit Satzspiegel und der Briefbogen voneinander losgelöst sind. Der Briefkopf ist Bestandteil des Briefbogens.

In diesem Anhang wird nun nicht nur gezeigt, wie man diese wieder aneinander koppeln kann. Es soll dabei auch ein sinnvoller Satzspiegel und ein modernes Layout entstehen. Gleichzeitig wird die Trennung zwischen Form und Inhalt mit der Unterscheidung zwischen Briefbogen, Personalisierung des Briefbogens und Brieftext konsequent ausgeführt.

C.1. Einleitung

Eines der größten Probleme bei Briefen ist, dass an ihren Satzspiegel genau genommen die gleichen Anforderungen zu stellen sind wie an andere Dokumente auch (siehe hierzu Kapitel 2 und Anhang A). Inbesondere sollten auch bei Briefen die Zeilen nicht übermäßig lang sein. Andererseits muss die Anschrift an einer bestimmten Stelle stehen. Diese ist sowohl durch verschiedenen Vorschriften, etwa nach DIN, als auch durch technische Umstände, etwa Durchsichtfenster in Briefumschlägen, vorgegeben.

Bei KOMA-Script besteht der Lösungsansatz nun darin, dass der Satzspiegel aller Briefseiten einheitlich nach typografischen Regeln festgelegt wird. Hierzu dient – wie bei KOMA-Script üblich – das Paket typearea. Die Anschrift darf jedoch den Satzspiegel verlassen und wird stattdessen mit Hilfe einiger Längenangaben absolut positioniert (siehe Abschnitt 6.4.3, ab Seite 223). Da der Briefkopf als Bestandteil des Briefbogens ebenfalls weniger vom Satzspiegel abhängt als vielmehr von der Position der Anschrift,

---

[1]Dieses Kapitel basiert auf einem Artikel aus [Koh03]

kann man auch die Breite und vertikale Position des Kopfes unabhängig vom Satzspiegel einstellen (siehe Abschnitt 6.4.1, ab Seite Seite 217). Die Absenderergänzung, die im Freiraum neben der Anschrift gesetzt wird, richtet sich nach der Platzierung der Anschrift. Für die Geschäftszeile, das sind die bei Geschäftsbriefen häufig zu findenden Angaben wie „Ihr Zeichen", „Unser Zeichen" und ähnliche sowie das Datum, kann gewählt werden, ob sie nach dem Satzspiegel oder nach der Anschrift ausgerichtet werden soll (siehe Abschnitt 6.2.6, Seite 191).

Bei Briefen nach Schweizer Norm (siehe Abschnitt 6.2.8, Tabelle 6.10, Seite 197) fällt erst richtig auf, dass Anschrift und Satzspiegel nicht die gleichen Ränder besitzen, wenn die Absenderergänzung verwendet wird. Ansonsten fällt allenfalls auf, dass der Briefkopf selbst überraschend breit ist. In der Anleitung ist jedoch angegeben, wie man die Breite des Briefkopfes ändern kann (siehe Abschnitt 6.4.1, Seite 218). Dies ist also kein Problem. Abbildung C.1 zeigt einen Schweizer Brief, der unter Verwendung der folgenden Letter-Class-Option-Datei, `SNslhead.lco`, erstellt wurde:

```
\ProvidesFile{SNslhead.lco}%
   [2003/01/24 v0.1 unsupported letter-class-option]
\LoadLetterOption{SN}
\@setplength{firstheadwidth}{\textwidth}
\endinput
```

Wie zu sehen ist, werden die Einstellungen von `SN.lco` geladen und lediglich die Breite des Briefkopfes (Pseudo-Länge `firstheadwidth`) auf die Breite des Satzspiegels (Länge `\textwidth`) beschränkt.

Bei Briefen, die `DIN.lco` wie in Abbildung C.2 oder `DINmtext.lco` verwenden, fallen die unterschiedlichen Randeinstellungen von Kopf und Anschrift gegenüber dem Brieftext jedoch häufig auf. Anzumerken ist, dass der Kopf und die Anschrift ebenso wie die Absenderergänzung und gegebenenfalls die Geschäftszeile konsultiert werden. Der Brieftext wird hingegen fortlaufend gelesen. Da es sich also um zwei gänzlich unterschiedliche Textarten handelt, sollten die unterschiedlichen Ränder eigentlich auch kein Problem sein. Es ist zumindest gerechtfertigt und typografisch vertretbar. So wäre es beispielsweise auch legitim, Abbildungen oder Tabellen in normalen Texten in den breiten Rand ragen zu lassen. Dennoch: Es geht auch anders.

Abbildung C.1.: Brief mit `SNslhead.lco`
nach Schweizer Norm

Abbildung C.2.: Brief mit `DIN.lco`

C.2. Satzspiegeländerungen zwischen den Seiten

Ein trivialer Ansatz wäre zu sagen, pfeifen wir bei der ersten Seite auf einen guten Satzspiegel und ordentliche Zeilenlängen und wählen den Satzspiegel einfach so breit, dass er horizontal zentriert linksbündig mit der Anschrift abschließt. Den richtigen Satzspiegel setzen wir dann erst ab der zweiten Seite.

Bei LATEX ergibt sich das Problem, dass man den Satzspiegel zwischen zwei Seiten nicht so einfach ändern kann. Wird ein Absatz umbrochen, so ist seine Breite fixiert und kann nur noch mit erheblichem Aufwand geändert werden. Der Anteil des Absatzes, der auf der Folgeseite ausgegeben wird, wird also mit der gleichen Breite ausgegeben wie der Anteil, der noch auf die aktuelle Seite passt. Ein Wechsel der Breite des Satzspiegels für die Folgeseite bleibt also für Absatzreste unbeachtet. Der Absatzrest ragt damit in den Rand oder füllt umgekehrt die Breite des Satzspiegels nicht aus, je nachdem, ob der Satzspiegel schmaler oder breiter wird.

Davon abgesehen: Briefe sind ein Aushängeschild. Wenn man es dem Leser schwer macht, das Aushängeschild zu lesen, ist das besonders nachteilig. Daher wollen wir diesen Versuch schnell wieder vergessen und stattdessen nach einer Lösung suchen, bei der Text der ersten Briefseite eine angenehme Zeilenlänge besitzt.

C.3. Verzicht auf Fensterbriefumschläge

Ein anderer einfacher Ansatz besteht darin, auf Fensterbriefumschläge zu verzichten. Sicher, diese erleichtern uns das Leben, weil wir keine Umschläge mehr beschriften und keine Adressaufkleber mehr drucken müssen. Andererseits entsteht das ganze Problem doch erst damit, dass die Anschrift im Fenster sichtbar sein muss. Ohne Fenster entfällt der Zwang und die Anschrift kann zumindest horizontal beliebig angeordnet werden.

Bei KOMA-Script wird mit KOMAold.lco bereits eine Letter-Class-Option-Datei mit entsprechenden Einstellungen mitgeliefert. Allerdings dient diese Datei in erster Linie dazu, die Kompatibilität mit der obsoleten Briefklasse scrlettr zu erhöhen. Daher ist sie in ihren Einstellungen sehr konservativ und geht weit über das hinaus, was tatsächlich gefragt ist.

Zunächst soll die Anschrift rechts oder links bündig mit dem Satzspiegel gesetzt werden. Dazu muss lediglich die Pseudolänge toaddrhpos (siehe Abschnitt 6.4.3, Seite 223) angepasst werden. Dabei ist wichtig, dass die Pseudolänge von der linken Papierkante aus gemessen wird. Der linke Rand der ersten Seite eines LaTeX-Dokuments, \oddsidemargin, ist jedoch um einen Inch kleiner.

Der rechte Rand neben der Absenderergänzung (Variable location) ist automatisch mit dem linken Rand neben der Anschrift identisch (siehe Abbildung 6.1, Seite 210). Steht die Anschrift rechts, gilt das Entsprechende nur jeweils für den anderen Rand.

Der eigentliche Briefkopf sollte in diesem Fall wohl ebenfalls genau wie der Satzspiegel angeordnet werden. So lange der Satzspiegel horizontal auf dem Papier zentriert ist, kann das einfach dadurch erreicht werden, dass der Briefkopf wie im Beispiel mit SNslhead.lco dieselbe Breite wie der Satzspiegel erhält. Gemäß Tabelle 6.13 wird der Kopf ja automatisch horizontal zentriert.

Daraus folgt dann die Letter-Class-Option-Datei nowindow.lco:

```
\ProvidesFile{nowindow.lco}%
   [2003/01/24 v0.1 unsupported letter-class-option]
\@setplength{firstheadwidth}{\textwidth}
\@setplength{toaddrhpos}{\oddsidemargin}
```

Abbildung C.3.: Brief unter Verzicht auf Fensterumschläge mit `nowindow.lco`

Abbildung C.4.: Brief unter Verzicht auf Fensterumschläge mit `nowindow.lco` und `dateup.lco`

```
\@addtoplength{toaddrhpos}{1in}
\KOMAoptions{backaddress=false}
\endinput
```

Eine Rücksendeadresse ist natürlich sinnlos, wenn kein Fensterbriefumschlag verwendet wird. Daher wurde sie abgeschaltet (Option backaddress, Abschnitt 6.2.6, Seite 189). Abbildung C.3 zeigt das Ergebnis.

Die Einstellungen von nowindow.lco sind zwar nur für Anschriften links korrekt, für Anschriften rechts genügt aber die bereits vorgestellte Datei SNslhead.lco. Sollte dennoch jemand mit einem rechtsbündig gesetzten Anschriftenfeld experimentieren wollen, so sei darauf hingewiesen, dass in Abschnitt 6.4.3 die notwendigen Informationen zu finden sind. Insbesondere kann auf Seite 223 nachgelesen werden, dass mit negativer toaddrhpos der Abstand der Anschrift von der rechten statt der linken Kante des Papiers eingestellt wird.

Einige Anwender sind zusätzlich mit der Position des Datums nicht einverstanden. Zwar ist es relativ unstrittig, dass das Datum so richtig platziert ist, wenn eine vollständige Geschäftszeile verwendet wird. Gibt es aber keine Angaben wie „Ihr Zeichen" und „Unser Zeichen", so soll das Datum nach dieser Ansicht ungefähr auf Höhe der Anschrift gesetzt werden. Bei

KOMA-Script kann man die Position der Geschäftszeile einstellen (siehe Abschnitt 6.4.5, Seite 229). Setzt man diese nach oben, wird allerdings auch der Briefanfang nach oben verschoben. Doch auch das ist kein Problem, denn der Abstand zwischen Geschäftszeile und Briefanfang ist ebenfalls einstellbar (siehe Seite 230). Abbildung C.4 zeigt das Ergebnis unter Verwendung sowohl von nowindow.lco als auch der folgenden Letter-Class-Option-Datei dateup.lco:

```
\ProvidesFile{dateup.lco}%
  [2003/01/24 v0.1 unsupported letter-class-option]
\@setplength{refvpos}{\useplength{toaddrvpos}}
\@addtoplength{refaftervskip}{\useplength{toaddrheight}}
\endinput
```

Leider ist diese Änderung nicht ganz unproblematisch. Da die Absenderergänzung ebenfalls neben der Anschrift gesetzt wird. Es muss also gegebenenfalls beim Setzen der Variablen location am Anfang mit Hilfe von \vspace* Platz für das Datum gelassen werden. Andererseits sollte man bei Verwendung einer Absenderergänzung ohnehin besser auf dateup.lco verzichten.

Wie gesagt, diese Lösungen setzen voraus, dass auf den Einsatz von Fensterbriefumschlägen verzichtet wird. Es gibt aber auch Lösungen, die ohne dieses Zugeständnis auskommen.

C.4. Verzicht auf Randsymmetrie

Während die Lösungen aus dem vorherigen Abschnitt laut [WF00, Seite 80] eher zur ästhetisch anspruchsvollen und individuellen Kategorie zählen, kommen wir nun zu etwas Bewusstem, Entschiedenem. Ohne Wechsel zu einer sehr breiten Schrift und ohne Missachtung günstiger Zeilenlängen gibt es mit fester Anschriftenposition links nur noch eine Lösung für eine durchgehende linke optische Kante: Der Satzspiegel rückt aus der Mitte. Diese Lösung wird sowohl in [WF00] als auch in [Kup00] skizziert.

Moment, werden nun einige rufen. In Anhang A war zu lesen, dass Symmetrie wichtig ist. Durch Verschiebung des Satzspiegels geht die Symmetrie

Abbildung C.5.: Verschiebung des Satzspiegels

Abbildung C.6.: Verschiebung des Satzspiegels sowie Datum im Rand

aber verloren. Das ist vollkommen richtig, aber wie heißt es so schön: Wer die Regeln kennt, darf sie verletzen.

Um den Satzspiegel nach links zu verschieben, muss lediglich das Vorgehen von `nowindow.lco` umgekehrt werden:

```
\setlength{\oddsidemargin}{\useplength{toaddrhpos}}
\addtolength{\oddsidemargin}{-1in}
```

Abbildung C.5 zeigt das Ergebnis.

Doch wohin mit diesen Zeilen? Eine Letter-Class-Option-Datei (siehe Abschnitt 6.2.8) wäre dafür wieder ideal. Doch solche Dateien können an beliebiger Stelle zwischen zwei Briefen beziehungsweise vor `\opening` geladen werden. Nun steht in Abschnitt C.2, dass man den Satzspiegel nicht so einfach an beliebiger Stelle ändern kann. In Kapitel 2 wird erklärt, dass entsprechende Änderungen eigentlich nur in der Dokumentpräambel vor `\begin{document}` erlaubt sind. Tatsächlich kann aber `\oddsidemargin` jederzeit geändert werden und gilt dann ab der nächsten rechten Seite, die neu begonnen wird.

Ganz ideal erscheint diese Art Brief aber noch nicht. Irgendwie stört der breite leere rechte Rand. Abbildung C.6 zeigt deshalb eine Erweiterung, bei der das Datum, rechts neben der Anrede im Rand steht. Bei dieser Version ist nun zwar das Problem mit dem weißen Balken nicht mehr so stark, aber so richtig gut sieht das noch immer nicht aus. Dass der Satzspiegel zu dicht am Datum steht, ist noch relativ einfach zu beheben. Dazu sei verraten, dass alle bisherigen Beispielbriefe mit *DIV*-Wert von 10 gesetzt wurden. Mit einem *DIV*-Wert von 9 wird der Abstand bereits größer.

Noch besser wäre es allerdings, wenn das Datum in einer kleineren Schriftart gesetzt würde. Natürlich kann man den Rand dann auch gleich noch für andere Informationen nutzen. Ich nenne diesen Teil des Randes daher im folgenden Abschnitt *Infospalte*.

C.5. Briefbogen mit Infospalte

Durch mehr Text in der Infospalte wird der Spaltencharakter verstärkt und das Gleichgewicht der Seite verbessert. In [Kup00] wird empfohlen, als Schriftgröße dieser Spalte 7 bis 9 pt zu wählen. Als Text bieten sich sämtliche Absenderangaben an. Da der eigentliche Kopf dadurch leer wird, kann man die Anschrift und die Falzmarken sehr schön entsprechend DIN 676 B (siehe `DINmtext`, Tabelle 6.10, Seite 197) setzen. Dadurch erhält man dann automatisch mehr Platz für den Brieftext.

Nun kann man die einzelnen Elemente natürlich nicht einfach aus dem Sack auf das Papier streuen, um ein ordentliches Layout zu erhalten. Ein Plan in Form festgelegter Eigenschaften für die erste Briefseite, den Briefbogen, muss her. Ein solcher kann beispielsweise wie folgt aussehen:

- Die vertikale Einteilung soll an DIN 676 B angelehnt sein.

- Der Satzspiegel wird links bündig mit der Anschrift gesetzt.

- Der Kopf des Briefes bleibt leer.

- Die Absenderergänzung wird nicht verwendet.

- Die Anrede erfolgt oberhalb der obersten Faltmarke (siehe [WF00]).

- In der Infospalte wird eine serifenlose Schrift von 7 pt verwendet.

- Ein Logo wird in der Infospalte neben der Anschrift gesetzt.

- Ort und Datum werden in der Infospalte zweizeilig auf Höhe der Anrede gesetzt.

- Name, Firma, Anschrift, Telefon-, Faxnummer, E-Mail-Adresse und Adresse der Homepage werden mit sechs bis zehn Zeilen Abstand unter das Datum gesetzt. Diese Angaben werden mit Leerzeilen sinnvoll gruppiert.

- Die Bankverbindung wird auf Fußhöhe in die Infospalte gesetzt.

- Der Fuß des Briefes bleibt unter dem Satzspiegel leer.

Mit diesen Vorgaben kann nun die Letter-Class-Option-Datei in Angriff genommen werden.

Begonnen wird mit generellen Informationen über die Datei:

```
\ProvidesFile{asymTypB.lco}%
          [2005/03/09 v0.2 unsupported LCO-file]%
```

Dann wird als Basis DINmtext.lco verwendet. Diese Datei liegt KOMA-Script bei und ist für die Grundeinteilung nach DIN 676 B zuständig:

```
\LoadLetterOption{DINmtext}%
```

Danach wird der Satzspiegel nach links verschoben. Die dafür notwendige Berechnung wurde bereits für die Datei nowindow.lco in Abschnitt C.3, Seite 306 erläutert.

```
\setlength{\oddsidemargin}{\useplength{toaddrhpos}}%
\addtolength{\oddsidemargin}{-1in}%
```

Obwohl der Kopf des Briefes leer bleibt, wird er an den oberen Papierrand verschoben und auf die gesamte Papierbreite ausgedehnt. Dies wird bei der Definition der Infospalte von Nutzen sein.

```
\@setplength{firstheadvpos}{0pt}%
\@setplength{firstheadwidth}{\paperwidth}%
```

Der leere Briefkopf erstreckt sich nun also vom oberen Papierrand bis zur Anschrift. Für den Fuß wird in gleicher Weise verfahren. Der Abstand des

Satzspiegels vom unteren Rand ist damit automatisch größer als vom oberen Rand, da zwischen Satzspiegel und unterem Rand auf der ersten Seite zusätzlich ein Abstand von \footskip eingehalten wird (siehe Abschnitt 6.4.2, Seite 221). Dennoch ist dieses Vorgehen nicht zwingend, sondern eher grob über den Daumen gepeilt. Das Ergebnis wird die Entscheidung aber bestätigen.

```
\@setplength{firstfootvpos}{\paperheight}%
\@addtoplength[-]{firstfootvpos}{\useplength{toaddrvpos}}%
```

Um die Anrede über die erste, oberste Faltmarke zu heben, muss die Geschäftszeile ungefähr 5 mm nach oben verschoben werden. Da der Wert jedoch bei gesetzter Geschäftszeile auch größer ausfallen kann, habe ich beschlossen, stattdessen eineinhalb Zeilen anzusetzen.

```
\@addtoplength{refvpos}{-1.5\baselineskip}%
```

Bevor nun die Infospalte kommt, wird noch eine neue Variable definiert. Hintergrund dieser Variablen ist, dass scrlttr2 ein Problem bekommen kann, wenn die Variable fromname (siehe Abschnitt 6.4.1, Seite 218) mehrzeilig ist. Beim Setzen der Signatur (siehe Abschnitt 6.6) wird dieser Umstand nämlich nicht erkannt. Eine Lösung besteht nun darin, den Inhalt der Variablen signature (siehe Seite 237) ebenfalls zu setzen – auch mehrzeilig. Besser ist jedoch keinen mehrzeiligen Eintrag in fromname zu verwenden. Daher wird hier für einen Firmennamen eine eigene Variable definiert.

```
\newkomavar{company}%
```

Auf eine Bezeichung für die Variable wird an dieser Stelle verzichtet. Wie eine solche bei Bedarf definiert werden kann, ist Abschnitt 6.3.3 ab Seite 206 zu entnehmen.

Nun sollte überlegt werde, wie die Infospalte gesetzt wird. Alle vertikalen Abstände in der Infospalte sind entweder relativ zu vorherigen Einträgen oder beziehen sich auf solche Elemente, deren absoluter Abstand vom oberen Papierrand bei scrlttr2 bekannt ist. Also ist es vorteilhaft, wenn die Infospalte ebenfalls mit einem bekannten Abstand vom oberen Papierrand gesetzt wird. Dies erreicht man am Einfachsten, indem man die Infospalte im Briefkopf setzt. Das geht bei scrlttr2 sehr einfach mit \firsthead. Doch welchen

Platz am rechten Rand soll die Spalte einnehmen? Rein aus dem Bauch heraus, erscheint ein Sechstel der Papierbreite als angemessen. Das Ergebnis wird zeigen, ob diese Entscheidung gut war. Um dies im Nachhinein leicht ändern zu können, wird dafür jedoch eine Pseudolänge definiert (siehe dazu Abschnitt 6.3.4).

```
\@newplength{infocolwidth}%
\@setplength{infocolwidth}{0.1667\paperwidth}%
```

Weiter oben wurde der Kopf an den oberen Papierrand verschoben und auf die Papierbreite ausgedehnt. Die Infospalte muss also jetzt nur an den rechten Rand verschoben werden. Davor wird aber im Kopf noch die gewünschte Schrift eingestellt.

```
\firsthead{%
  \fontsize{7}{8}\sffamily
  \hspace*{\fill}%
```

Die hierzu verwendete Anweisung \fontsize ist in [Tea00] erklärt. Die Aktivierung der ausgewählten Schriftgröße geschieht automatisch mit Wahl und Aktivierung der gewünschten Schriftfamilie \sffamily.

Man könnte jetzt einfach mit einer \parbox und darin mit \vspace ans Werk gehen. Doch leider haben wir mehrere Elemente, die absolut vom oberen Rand aus gesetzt werden sollen. LATEX bietet eine einfache Möglichkeit, um Elemente absolut zu platzieren, nämlich die picture-Umgebung. Diese bietet gleichzeitig die Möglichkeit, „overfull \vbox"-Meldungen zu vermeiden. Dieses Problem würde normalerweise entstehen, da die Infospalte so hoch ist wie das Papier, der Kopf jedoch nicht so hoch werden darf. Eine picture-Umgebung ist für LATEX jedoch immer nur so hoch, wie per Parameter angegeben. Trotzdem darf der Inhalt darüber hinausragen und wird trotzdem ausgegeben. Da der Ursprung einer picture-Umgebung immer unten links liegt, wird hier für die Höhe 0 gewählt. Der Ursprung liegt also auf der oberen Papierkante.

Die Frage nach der Breite der picture-Umgebung ist ebenso einfach zu beantworten. Zwar wäre es trickreich möglich aus der Pseudolänge infocolwidth eine von \unitlength abhängende Breitenangabe für die picture-Umgebung zu gewinnen. Es geht aber auch einfacher. Als Breite wird ebenfalls 0 gewählt und der Abstand vom rechten Rand wird mit einem Leerraum der gewünschten Größe nach dem Ende der `picture`-Umgebung geschaffen.

```
\begin{picture}(0,0)%
```

Es folgt das Logo. Hier könnte man zwar wieder aus `toaddrvpos` eine von \unitlength abhängige Koordinate berechnen. Es geht aber einfacher, indem man eine oben ausgerichtete \parbox verwendet und den Abstand dann erst darin setzt.

```
\put(0,0){\parbox[t]{\useplength{infocolwidth}}{%
    \vspace{\useplength{toaddrvpos}}%
    \usekomavar{fromlogo}%
  }%
}%
```

In gleicher Weise werden Datum und Absenderinformationen gesetzt. Einzige Ausnahme ist der Firmenname, der nur dann gesetzt werden soll, wenn die entsprechende Variable einen Inhalt hat (siehe Abschnitt 6.3.3, Seite 208).

```
\put(0,0){\parbox[t]{\useplength{infocolwidth}}{%
    \raggedright
    \vspace{\useplength{refvpos}}%
    \vspace{\useplength{refaftervskip}}%
    \usekomavar{place}\usekomavar{placeseparator}\\
    \usekomavar{date}\\[10\baselineskip]
    \usekomavar{fromname}
    \ifkomavarempty{company}{}{%
      \\
      \usekomavar{company}%
    }\\[\baselineskip]
    \usekomavar{fromaddress}\\
    \usekomavar*{fromphone}\usekomavar{fromphone}\\
    \usekomavar*{fromfax}\usekomavar{fromfax}%
    \\[\baselineskip]
```

```
    \usekomavar{fromemail}\\
    \usekomavar{fromurl}\\
  }%
 }%
```

Zum Schluss wird noch die Bankverbindung in den Fuß gesetzt. Statt dafür jedoch \firstfoot mit einer weiteren Infospalte zu verwenden, wird dieser Teil ebenfalls über den Kopf definiert. Damit der eigentliche Fuß leer bleibt, wird der Fuß der Infospalte um \footskip nach oben versetzt.

```
    \put(0,0){\parbox[t]{\useplength{infocolwidth}}{%
      \raggedright
      \vspace{\useplength{firstfootvpos}}%
      \vspace{-\footskip}%
      \usekomavar{frombank}\\%
    }%
   }%
  \end{picture}%
```

Jetzt nur nicht vergessen, wie oben erwähnt, den Leerraum, der für die horizontale Anordnung der Infospalte verantwortlich ist, zu setzen. Da Leerraum mit \hspace am Absatzende normalerweise ignoriert wird, muss hier \hspace∗ verwendet werden.

```
    \hspace*{\useplength{infocolwidth}}%
 }%
```

Nach all diesen Bemühungen bleibt ein Problem: Wie soll das automatisch von scrlttr2 gesetzte Datum unterdrückt werden. Die beste Lösung dafür ist, die Variable date mit einem leeren Inhalt zu versehen. Allerdings wird diese Variable auch in obiger Definition verwendet. Deshalb darf die Variable erst gelöscht werden, wenn der Kopf gesetzt ist. Um dies automatisch zu erreichen, greife ich hier tief in die Trickkiste und mache Gebrauch von zwei internen Anweisungen von scrlttr2.

```
\l@addto@macro\@firstheadfootfield{\setkomavar{date}{}}
```

Eigentlich sollte man so etwas nicht tun. Schließlich können sich inter-

Abbildung C.7.: Moderner Brief an [Kup00] angelehnt

ne Anweisungen jederzeit ändern, wodurch die Funktion der Letter-Class-Option-Datei gefährdet ist. Bei Updates muss man also ein Auge darauf behalten. Dies betrifft jedoch nur die Anweisung \@firstheadfootfield. Für \l@addto@macro ist sichergestellt, dass die Anweisung in scrlttr2 auch zukünftig existieren wird.

Abbildung C.7 zeigt einen Brief, der mit diesen Einstellungen gesetzt ist. Das Ganze kann so sicher genutzt werden. Offen bleibt jedoch, wie man weitere Briefseiten setzt.

Abbildung C.8.: Vorder- und Rückseite ohne Änderung des Satzspiegels

C.6. Zweitbogen und Rückseiten

Schreibt man einen mehrseitigen Brief, gilt es zunächst zu entscheiden, ob man die Rückseite des Briefbogens bedruckt oder nicht. Bei weißem Papier unter $100\,\text{g/m}^2$ rate ich dringend davon ab. Der Text der Rückseite wird dann nämlich in aller Regel sehr stark durch das Papier zu sehen sein. Das sieht inbesondere hinter dem Kopf einfach nicht gut aus. Bei Geschäftsbriefen ist es häufig auch besser, wenn der Leser die Bogen gegebenenfalls nebeneinander legen kann. Doppelseitige Briefe tragen immer den Makel des Papiersparens an sich.

Entscheidet man sich dennoch für die Briefrückseite, stellt sich die Frage, wie man diese passend zur Vorderseite des Briefbogens setzt. Grundsätzlich ist es möglich, auch die Rückseite mit dem verschobenen Satzspiegel zu bedrucken. Das sieht dann beispielsweise wie in Abbildung C.8 aus. Alternativ dazu kann man aber auch mit der Klassenoption `twoside` arbeiten und `\evensidemargin` unverändert lassen. Der Satzspiegel der Rückseite wird dann wieder horizontal zentriert, wie in Abbildung C.9 zu sehen ist. Ich bevorzuge aufgrund der angenehmen Symmetrie diese Lösung.

Als Zweitbogen verwendet man üblicherweise Papier, das nur noch ein Erkennungszeichen, beispielsweise das Logo trägt. In der Regel ist das Logo

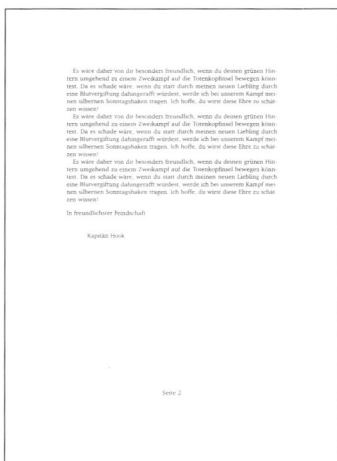

Abbildung C.9.: Vorder- und Rückseite mit Änderung des Satzspiegels

dann auch an der gleichen Position zu finden wie beim Briefbogen selbst. Dies ist allerdings nicht zwingend. Aber auch, wenn das Logo beispielsweise kleiner oder etwas weiter oben platziert wird, so wird es doch in der Regel möglich sein, mit der Satzspiegelposition der ersten Seite zurecht zu kommen. Auch hier kann die Platzierung über die Kopfzeile erfolgen. Allerdings kann diese nicht einfach an den oberen Papierrand verschoben werden. Es muss also gegebenenfalls berücksichtigt werden, dass sich über dem Kopf noch der obere Rand befindet.

Eine zusätzliche Erschwernis besteht darin, dass \nexthead auch im doppelseitigen Satz für rechte und linke Seiten gilt. Das Logo soll aber dann natürlich nur auf der Vorderseite der Zweitbögen gesetzt werden. Es muss daher abgefragt werden, ob doppelseitig gesetzt wird und die Seitenzahl nicht ungerade ist. In allen anderen Fällen wird die Logospalte gesetzt.

```
\nexthead{%
  \begingroup
    \@tempswatrue
    \if@twoside\ifodd\value{page}
      \else\@tempswafalse\fi\fi
    \if@tempswa
```

Hier wird das Wissen verwendet, dass LATEX mit `\if@tempswa` einen internen Schalter besitzt, der mit `\@tempswatrue` auf *wahr* und mit `\@tempswafalse` auf *falsch* gesetzt werden kann. Da man den zeitweilig benutzten Schalter von LATEX vorsichtshalber nur lokal ändern sollte, wird hier außerdem mit `\begingroup` eine Gruppe geöffnet. Diese wird am Ende mit `\endgroup` wieder geschlossen werden. Darüber hinaus sollte man wissen, das mit dem internen Schalter `\if@twoside` abgefragt werden kann, ob zweispaltig gesetzt wird. `\ifodd` schließlich ist ein TEX-Primitiv, das prüft, ob eine Zahl gerade oder ungerade ist. Da wir uns im Kopf einer Seite befinden, gibt `\value{page}`, also der Wert des Zählers page, tatsächlich die aktuelle Seitenzahl an. Es muss also hier nicht mit `\ifthispageodd` (siehe Abschnitt 3.2.2, Seite 78) gearbeitet werden.

Das Setzen der Spalte soll die Position nicht verändern. Dazu ist es vorteilhaft, wenn die Spalte für TEX keine horizontale Ausdehnung hat. So wird verhindert, dass eine „overfull \hbox"-Meldung ausgegeben wird. Dies würde normalerweise geschehen, weil die Spalte rechts über den Satzspiegel hinausragt.

```
\makebox[0pt][l]{%
```

Wird jedoch wie hier eine Box der Breite Null gesetzt, innerhalb der der Text linksbündig ausgerichtet wird, so stört sich LATEX nicht weiter daran, dass der Text die Box in Wirklichkeit nach rechts verlässt.

Jetzt soll die Logospalte wieder am rechten Papierrand platziert werden. In diesem Fall geht das nicht ganz so einfach wie bei der Infospalte, da sich der Kopf des Zweitbogens nicht über die gesamte Papierbreite erstreckt. Also wird die aktuelle Position zunächst an den linken Papierrand, dann davon ausgehend an den rechten Papierrand und schließlich relativ dazu wieder nach links an die endgültige Position verlegt.

```
\hspace*{-\oddsidemargin}\hspace{-1in}%
\hspace{\paperwidth}%
\hspace{-\useplength{infocolwidth}}}%
```

Es darf nicht vergessen werden, die gewünschte Schriftart für die Logospalte zu setzen. Dabei muss zunächst die Schriftart zurückgesetzt werden, um von der Einstellung headfont unabhängig zu sein. Da die Infospalte

Bestandteil des Briefbogens ist, soll die Schriftgröße nicht von der gewählten Grundschriftgröße des Briefes abhängen.

```
\normalfont\fontsize{7}{8}\sffamily
\begin{picture}(0,0)
```

Nach der Fontauswahl ist alles bereit für die `picture`-Umgebung.

Innerhalb der `picture`-Umgebung wird wiederum eine `\parbox` verwendet. Allerdings ist die korrekte vertikale Position noch nicht erreicht. Also wird die aktuelle Position zunächst an den oberen Papierrand verlegt. Erst dann kann die vertikale Ausrichtung relativ dazu erfolgen.

```
\put(0,0){\parbox[t]{\uselength{infocolwidth}}{%
    \vspace*{-\topmargin}\vspace{-1in}%
    \vspace{-\headheight}%
    \vspace{\uselength{toaddrvpos}}%
```

Häufig wird gewünscht, dass zentriert unter dem Logo der Firmenname gesetzt wird. Vorausgesetzt, dass der Firmenname hierbei nicht in irgend einer Weise automatisch umbrochen werden soll, kann das einfach mit einer einspaltigen Tabelle erreicht werden.

```
\begin{tabular}{@{}c@{}}
    \usekomavar{fromlogo}\\
    \usekomavar{company}\\
\end{tabular}%
    }%
  }%
\end{picture}%
      }%
    \fi
  \endgroup
}%
```

Da `\nextpage` nur beim Seitenstil *headings* zum Einsatz kommt, wird dieser nun noch aktiviert.

```
\pagestyle{headings}%
```

Abbildung C.10.: Der Zweitbogen

Damit ist die Letter-Class-Option-Datei an ihrem Ende angelangt. Das wird ebenfalls dokumentiert.

`\endinput`

Abbildung C.10 zeigt den Zweitbogen. Mit der Klassenoption `twoside` entspricht die Rückseite des Zweitbogens der des Briefbogens. Ohne die Option oder mit `twoside=false` gibt es keine Rückseiten.

Es soll hier nicht verschwiegen werden, dass man statt `\nextpage` auch das scrpage2-Paket verwenden könnte. Dabei könnte man dann die Entscheidung, ob es sich um die Vorderseite des Zweitbogens oder um eine Rückseite handelt, dem Paket überlassen werden. Darüber hinaus kann man bei scrpage2 die Kopfbreite ebenfalls auf die Seitenbreite ausdehnen. Dadurch würde die horizontale Positionierung genau wie bei der Infospalte auf dem Briefbogen funktionieren. Näheres zur Verwendung dieses Paketes ist Kapitel 4 zu entnehmen. Wie man oben sieht, geht es aber auch ohne fremde Hilfe.

C.7. Modifikationen

Mir selbst ist der Textblock in den gezeigten Beispielen zu breit. In der Regel genügt mir eine Briefseite auch vollkommen. Ich bevorzuge daher die Einstellung `DIV=8` mit `fontsize=11pt` und einer Infospaltenbreite von

Abbildung C.11.: Briefbogen und Zweitbogen mit Flattersatz

0.22222\paperwidth. Die Entscheidung, welche Infospaltenbreite verwendet wird, treffe ich dabei an Hand der Satzspiegelbreite:

```
\ifdim \textwidth<0.666\paperwidth
  \@setplength{infocolwidth}{.22222\paperwidth}%
\else
  \@setplength{infocolwidth}{0.1667\paperwidth}%
\fi
```

Verwendet man einen Zweitbogen, lässt aber die Rückseiten frei, so kann man ebenfalls mit dem schmaleren Satzspiegel arbeiten. Hat man die Möglichkeit jedoch nicht, will aber dem Satzspiegel etwas an Wucht nehmen, so kann man alternativ auch den Blocksatz durch Rausatz ersetzen. Dabei sollte man aber nicht vollkommen auf Trennung verzichten. Man wird also ein Paket wie [Sch03] zum Einsatz bringen. Während Martin Schröder in der Anleitung dieses Pakets von Absatzeinzug bei Verwendung von \RaggedRight abrät, weil es nicht gut aussähe, bezeichnen Hans Peter Willberg und Friedrich Forssman den Eindruck eines solchen Briefes als „ruhiger und geschlossener, damit wohl auch sympathischer" und skizzieren solche Briefe in [WF00, Seite 80, Beispiel 2]. Allerdings scheint mir notwendig, dabei den Einzug mindestens doppelt so groß anzusetzen, wie bei Blocksatz üblich wäre. Abbildung C.11 zeigt einen solchen Brief.

Die vorgestellte Letter-Class-Option-Datei `asymTypB.lco` berücksichtigt in dieser Form nicht die in Abschnitt 6.2.6 beschriebenen Klassenoptionen zur Auswahl der Elemente des Briefkopfes wie beispielsweise `fromphone` und `fromfax`. Stattdessen werden die entsprechenden Felder immer gesetzt. Natürlich kann man die zugehörigen Fallunterscheidungen aus scrlttr2 übernehmen, so dass die Optionen auch von der Letter-Class-Option-Datei ausgewertet werden. Ebenso kann man das Setzen leerer Variablen mit Hilfe von `\ifkomavarempty` vermeiden, wenn dies gewünscht ist.

All diese Modifikationen sind für das hier vorgestellte Grundprinzip jedoch unerheblich. Zu Gunsten der Verständlichkeit wurde daher darauf verzichtet, dies im Detail vorzuführen. Der fortgeschrittene Anwender kann die dafür notwendigen Informationen den Dateien `scrlttr2.cls` und `scrclass.dtx` des KOMA-Script-Pakets entnehmen.

Von Bedeutung ist noch, dass die Letter-Class-Option-Datei wie sie hier abgedruckt ist, nur nach der letzten Satzspiegelneuberechnung funktioniert. Eine neuerliche Satzspiegelberechnung würde die Linksverschiebung natürlich wieder aufheben. Darüber hinaus gibt es in scrlttr2 bis einschließlich Version 2.9n einen Fehler. Dadurch wird bei Satzspiegelneuberechnungen die Option `twoside` falsch ausgewertet. Die Optionen DIV, BCOR und `twoside` sollten bei diesen Versionen von scrlttr2 daher nur als Klassenoptionen angegeben werden. Dass die Anweisungen anderer Pakete, beispielsweise typearea, auf die Option `twoside` anders reagieren als scrlttr2 selbst, ist hingegen korrekt.

C.8. Zusammenfassung

In diesem Anhang wurde gezeigt, wie man mit LaTeX und KOMA-Script moderne Briefbogen und Zweitbogen entwerfen und setzen kann. In vielen Fällen werden stattdessen aber vorhandene Bogen nachzubilden sein. Die Mittel dazu sind jedoch exakt die Gleichen. Der Unterschied besteht lediglich darin, dass man die Positionen der einzelnen Elemente zunächst ausmessen muss. Danach erfolgt eine Platzierung entsprechend der gemessenen Vorgaben. Das Prinzip dafür bleibt dabei das Gleiche, das auch in diesem Artikel vorgestellt wurde.

In anderen Fällen soll lediglich ein vorhandener Brief- und Zweitbogen verwendet werden. Auch dann ist das Prinzip das hier Vorgestellte. Der einzige Unterschied besteht in diesem Fall darin, dass die vorgedruckten Elemente nicht gesetzt werden.

Manchmal existieren Brief- und Zweitbogen selbst als Grafik und sollen hinter die Seite gelegt werden. Dies kann nach dem vorgestellten Prinzip in der Kopfzeile erledigt werden. Alternativ kann auch ein Paket wie [Nie02] zusätzlich verwendet werden. Wie dem auch sei, der Rest entspricht dem Satz auf vorgedruckte Bogen.

Alle hier vorgestellten lco-Dateien sind auf [KDP] zu finden. Sie stehen dort im Download-Bereich zur Verfügung, müssen also für eigene Experimente nicht erst mühsam abgetippt werden.

Glossar

In diesem Glossar werden die wichtigsten typografischen Begriffe erklärt, die in diesem Buch Verwendung finden. Ich habe mir dabei die Freiheit genommen, nicht die Erklärungen aus irgendwelchen Lexika abzuschreiben, sondern meine eigenen Erklärungen und Kommentare abzugeben. Wenn in den Erklärungen ein *logischer Ort* erwähnt wird, so ist damit ein Ort gemeint, der zum einen mit einem einzigen Begriff bezeichnet werden kann, zum anderen auf linken und rechten Seiten symmetrisch zum Satzspiegel ausgerichtet ist. Beispiele für logische Orte sind: „oben, innen“, „unten, außen“, „mittig, außen“ usw.

Außensteg Der Außensteg ist der Bereich zwischen der rechten oder linken, äußeren Kante der Seite und dem *Satzspiegel*. Er wird auch als *äußerer Rand* bezeichnet.

Bindeanteil Der Bindeanteil ist der Teil des Papiers, der durch die Bindung verloren geht. Er muss als *Bindekorrektur* von der verfügbaren Seitenbreite abgezogen und dem *Bundsteg* hinzugefügt werden.

Bindekorrektur siehe *Bindeanteil*.

Bundsteg Der Bundsteg ist der innere Rand einer Seite. Der Bundsteg der linken Seite bildet mit dem Bundsteg der rechten Seite den inneren Rand. Ob ein Teil des Bundstegs bei der Bindung also durch den Bund verloren geht, oder ob dieser Verlust durch den übergroßen Papierbogen zu kompensieren ist, ist strittig. Unstrittig ist jedoch, dass optische und harmonische Eigenschaften des Bundstegs nur für den sichtbaren Bundsteg angegeben werden können.

Durchschuss Der Durchschuss ist der Abstand zwischen zwei Textzeilen. Gemessen wird der Durchschuss normalerweise von der Unterkante der *Unterlängen* der einen zur Oberkante der *Oberlängen* der nächsten

Zeile. In einigen Lexika wird der Durchschuss auch mit dem *Grundlinienabstand* gleich gesetzt. Historisch dürfte dies aber nicht korrekt sein, da man im Bleisatz das Einfügen zusätzlicher Bleistücke, den sogenannten Regletten, zwischen den Zeilen als Durchschuss bezeichnet. Wie dem auch sei, bedingt eine Veränderung des Durchschuss natürlich auch eine Veränderung des Grundlinienabstandes und umgekehrt.

Fußsteg Der Fußsteg ist der Bereich zwischen der unteren Kante der Seite und dem *Satzspiegel*. Er wird auch als *unterer Rand* bezeichnet.

Grundlinie Die Grundlinie ist die gedachte Linie auf der Buchtaben ohne Unterlänge, beispielsweise „x", „m" und in der Regel alle lateinischen Versalien, stehen.

Grundlinienabstand Der Grundlinienabstand ist die Entfernung zwischen den Grundlinien zweier aufeinanderfolgender Textzeilen.

Kolumnentitel Man unterscheidet zwischen *lebendem* und *totem* Kolumnentitel. Der *tote Kolumnentitel* ist normalerweise identisch auf jede Seite am gleichen logischen Ort zu finden. Er ist nicht Teil des *Satzspiegels*. In der Regel ist der tote Kolumnentitel im oberen oder unteren Rand positioniert, wird klein gesetzt und sollte kurz sein. In jedem Fall sollte ein toter Kolumnentitel optisch unauffällig bleiben und so die Harmonie von Satzspiegel und Ränder nicht stören.

Der *lebende Kolumnentitel* wiederholt Elemente der Gliederung des Dokuments. Er ist Teil des Satzspiegels. In der Regel werden Kapitel- und Abschnittsüberschriften für den lebenden Kolumnentitel verwendet. Er ist auf jeder normalen Textseite am gleichen logischen Ort zu finden. Auf besonderen Seiten, beispielsweise wenn Kolumnentitel und Überschrift mit identischem Text untereinander stehen würden, entfällt der lebende Kolumnentitel. Üblich ist, dass der lebende Kolumnentitel in der ersten Zeile des Satzspiegels positioniert wird.

Kopfsteg Der Kopfsteg ist der Bereich zwischen der oberen Kante der Seite und dem *Satzspiegel*. Er wird auch als *oberer Rand* bezeichnet.

Marginalien Die Marginalien sind Hinweise, Symbole, Ergänzungen und ähnliche Elemente, die neben dem eigentlichen Text angebracht sind und diesen in der Regel unterstützen. Dünn besetzte Marginalien sind solche, die nur vereinzelt auftreten und optisch nur wenig Platz beanspruchen. Sie befinden sich in der Regel im *Außensteg*, selten im *Bundsteg*. Der *Bundsteg* wird zum einen aufgrund seiner Wölbung ausgespart, zum anderen weil er beim Blättern im Buch nicht ins Auge fällt. Damit können Marginalien im *Bundsteg* nur eine geringere Wirkung hervorrufen.

Dicht besetzte Marginalien sind solche, die gehäuft auftreten oder optisch sehr viel Platz beanspruchen. Sie würden den optischen Eindruck des Randes und damit die Harmonie der Seite stören. Deshalb sind sie ganz oder teilweise Bestandteil des *Satzspiegels*.

Mittellänge Die Mittellänge ist die Oberkante von Kleinbuchstaben wie „a", „x", „m".

Oberlänge Die Oberlänge ist derjenige Teil eines Buchstabens oder Zeichens oder einer Textzeile, der über die *Mittellänge* hinausragt. Beispiele für Buchstaben mit Oberlänge sind „b", „t", „l" und „f".

Octave Octave ist ein Papierformat mit dem Seitenverhältnis 2 : 3.

Paginierung Die Paginierung ist die Ausgabe und Positionierung der Seitennummer auf der Seite. Es ist durchaus möglich und statthaft ein Layout zu entwerfen, bei dem auf einer Seite die Seitennummer mehrfach ausgegeben wird. Allerdings sollte die Seitennummer innerhalb eines Dokuments nicht ihren logischen Ort wechseln. Nur so findet der Leser die Seitennummer leicht. Eine Seitennummer, die der Leser nicht leicht findet, ist nutzlos. Die Paginierung ist nicht Teil des *Satzspiegels*. Es ist jedoch möglich, die Paginierung als Teil des *lebenden Kolumnentitels* innerhalb des Satzspiegels zu positionieren.

Punkt Ein Punkt ist das typografische Grundmaß. Die Größe eines Punktes ist dabei vom verwendeten Maßsystem abhängig. So hat ein Inch beispielsweise 72 BigPoints (in TeX sind das 72 bp) aber 72,27 pt im

Maßsystem von TEX. Während also ein BigPoint 0,353 mm entspricht, hat ein TEX-Punkt 0,351 mm. Ein Pica sind bei TEX 12 pt also 4,218 mm, während in der Literatur 6 Pica häufig als 1 Inch definiert sind, also ein Pica 4,233 mm entspricht. Im nach dem französischen Typografen Didot benannten System entspricht ein Didot-Punkt 0,376 mm. Ein Cicero wiederum sind 12 Didot-Punkt, also 4,512 mm. Textverarbeitungen bedienen sich häufig der BigPoints. Sie sind auch das PostScript-Grundmaß.

Quart Quart ist ein Papierformat mit dem Seitenverhältnis 3 : 4.

Satzspiegel Unter dem Satzspiegel versteht man die gedachte graue Fläche, die sich ergibt, wenn man um den bedruckten Textbereich einen Rahmen zieht. Paginierung, tote Kolumnentitel und dünn besetze Marginalien gehören nicht zum Satzspiegel.

Der Laie denkt oft, dass diese Erklärung den Satzspiegel von den Rändern loslöst, so dass er einen einmal gewählten Satzspiegel frei auf der Seite positionieren kann. Das ist falsch, denn ein Satzspiegel sollte immer Ergebnis einer schematischen Konstruktion sein. Nur so sind wiederholbare und für Laien bewertbare Ergebnisse möglich. Damit ist aber auch die Position des Satzspiegels festgelegt.

Schriftlinie Die Schriftlinie ist eine andere, in der typografischen Literatur weit häufiger anzutreffende Bezeichnung für die *Grundlinie*.

Unterlänge Die Unterlänge ist der Teil eines Buchstabens oder Zeichens, der unter die Grundlinie der Zeile ragt. Beispiele für Buchstaben mit Unterlängen sind „p" und „g".

Versalhöhe Die Versalhöhe ist die Höhe der *Oberlänge* über der Grundlinie. Bei einigen Schriften unterscheidet sich diese von der tatsächlichen Höhe der Versalien. Deshalb wird in manchen Lexika die Versalhöhe als die Oberkante der Versalien definiert.

Vorschub Der Vorschub ist eine andere Bezeichnung für den *Grundlinienabstand*. Er ist hingegen nicht mit dem *Durchschuss* identisch.

Zeilenabstand Der Zeilenabstand ist eine der am wahllosesten verwendeten Begriffe in der Typografie. In typografischer Literatur wird darunter häufig *Durchschuss* verstanden. Demgegenüber wird in Computerliteratur häufig der Zeilenabstand mit dem *Grundlinienabstand* gleich gesetzt. In diesem Buch wird der Ausdruck deshalb nur verwendet, wenn diese Unterscheidung keine Rolle spielt.

Literaturverzeichnis

Sie finden im Folgenden eine ganze Reihe von Literaturangaben. Auf all diese wird im Text verwiesen. In vielen Fällen handelt es sich um Dokumente oder ganze Verzeichnisse, die im Internet verfügbar sind. In diesen Fällen ist statt eines Verlages eine URL angegeben. Wird auf ein LaTeX-Paket verwiesen, so findet der Verweis in der Regel in der Form „CTAN://*Verweis*" statt. Der Präfix „CTAN://" steht dabei für das TeX-Archiv eines jeden CTAN-Servers oder -Spiegels. Sie können den Präfix beispielsweise durch `ftp://ftp.dante.de/tex-archive/` ersetzen. Bei LaTeX-Paketen ist außerdem zu beachten, dass versucht wurde, die Version anzugeben, auf die im Text Bezug genommen wurde. Bei einigen Paketen war es mehr ein Ratespiel, eine einheitliche Versionsnummer und ein Erscheinungsdatum zu finden. Auch muss die angegebene Version nicht immer die neueste verfügbare Version sein. Wenn Sie sich ein Paket neu besorgen und installieren, sollten Sie jedoch zunächst immer die aktuelle Version ausprobieren. Bevor Sie ein Dokument oder Paket von einem Server herunterladen, sollten Sie außerdem überprüfen, ob es sich nicht bereits auf Ihrem Rechner befindet.

[Bra01]   JOHANNES BRAAMS: *Babel, a multilangue package for use with LaTeX's standard document classes*, Februar 2001.
            `CTAN://macros/latex/required/babel/`

[Car98]   DAVID CARLISE: *The longtable package*, Mai 1998.
            `CTAN://macros/latex/required/tools/`

[Car99a]   DAVID CARLISLE: *The ifthen package*, September 1999.
            `CTAN://macros/latex/base/`

[Car99b]   DAVID P. CARLISLE: *Packages in the 'graphics' bundle*, Februar 1999.
            `CTAN://macros/latex/required/graphics/`

Literaturverzeichnis

[Dal99]   PATRICK W. DALY: *Natural Sciences Citations an References*,
            Mai 1999.
            `CTAN://macros/latex/contrib/natbib/`

[DUD96]   DUDEN: *Die deutsche Rechtschreibung*, DUDENVERLAG,
            Mannheim, 21. Auflage, 1996.

[Fai99]   ROBIN FAIRBAIRNS: *topcapt.sty*, März 1999.
            `CTAN://macros/latex/contrib/misc/topcapt.sty`

[Gau03]   BERNARD GAULLE: *Les distributions de fichiers de francisation
            pour LaTeX*, Dezember 2003.
            `CTAN://language/french/`

[KDP]   *KOMA-Script Homepage.*
            `http://www.komascript.de`

[Kie99]   AXEL KIELHORN: *adrconv*, November 1999.
            `CTAN://macros/latex/contrib/adrconv/`

[Kil99]   JAMES KILFIGER: *extsizes, a non standard LaTeX-package*,
            November 1999.
            `CTAN://macros/latex/contrib/extsizes/`

[Koh02]   MARKUS KOHM: *Satzspiegelkonstruktionen im Vergleich*, Die
            TeXnische Komödie, Band 4 (2002): Seiten 28–48, DANTE e. V.

[Koh03]   MARKUS KOHM: *Moderne Briefe mit KOMA-Script*, Die TeXnische
            Komödie, Band 2 (2003): Seiten 32–51, DANTE e. V.

[Kup00]   INDRA KUPFERSCHMID: *Buchstaben kommen selten allein: Ein
            typografisches Werkstattbuch*, Universitätsverlag Weimar, 2000,
            ISBN 3-86068-140-0.

[Lin01]   ANSELM LINGNAU: *An Improved Environment for Floats*,
            Juli 2001.
            `CTAN://macros/latex/contrib/float/`

[Mit00] FRANK MITTELBACH: *An environment for multicolumn output*, Juli 2000.
`CTAN://macros/latex/required/tools/`

[Nie02] ROLF NIEPRASCHK: *The eso-pic package*, LaTeX-Paket in Version 1.1b, November 2002.
`CTAN://macros/latex/contrib/eso-pic/`

[Oos00] PIET VAN OOSTRUM: *Page layout in LaTeX*, Oktober 2000.
`CTAN://macros/latex/contrib/fancyhdr/`

[Rah01] SEBASTIAN RAHTZ: *Hypertext marks in LaTeX: the hyperref package*, Februar 2001.
`CTAN://macros/latex/contrib/hyperref/`

[Rai98a] BERND RAICHLE: *german package*, Juli 1998.
`CTAN://language/german/`

[Rai98b] BERND RAICHLE: *ngerman package*, Juli 1998.
`CTAN://language/german/`

[Rei] AXEL REICHERT: *Typografie – Gestaltung einer Beispielklasse*, Tutorium auf der Tagung DANTE'99.
`CTAN://info/german/typografie/`

[RNH02] BERND RAICHLE, ROLF NIEPRASCHK et al.: *DE-TeX-/DANTE-FAQ*, Mai 2002.
`http://www.dante.de/faq/de-tex-faq/`

[Rot] HERMANN ROTERMUND: *Gute Typographie auf Papier und im Web*.
`http://www.weisses-rauschen.de/hero/Typographie.htm`

[Sch98] MARTIN Z. SCHRÖDER: *Die Anmut des Unscheinbaren*, Berliner Zeitung, 10. Oktober 1998.
`http://www.berlinonline.de/wissen/berliner_zeitung/archiv/1998/1010/magazin/0003/`

[Sch02] JÜRGEN F. SCHOPP: *Blätter (und Tipps) zur Typografie*, 2. Version, September 2002.
`http://www.uta.fi/~trjusc/typoblatt.htm`

Literaturverzeichnis

[Sch03] MARTIN SCHRÖDER: *The Ragged2e package*, Januar 2003.
CTAN://macros/latex/contrib/ms/

[SKPH99] WALTER SCHMIDT, JÖRG KNAPPEN et al.:
LATEX 2$_\varepsilon$-Kurzbeschreibung, April 1999.
CTAN://info/lshort/german/

[Som04] HARALD AXEL SOMMERFELDT: *caption package*, Juli 2004.
CTAN://macros/latex/contrib/caption/

[SU03]   TOM SGOUROS und STEFAN ULRICH: *The mparhack package*,
Mai 2003.
CTAN://macros/latex/contrib/mparhack/

[Tea99] LATEX3 PROJECT TEAM: *LATEX 2$_\varepsilon$ for class and package writers*,
März 1999.
CTAN://macros/latex/doc/clsguide.pdf

[Tea00] LATEX3 PROJECT TEAM: *LATEX 2$_\varepsilon$ font selection*, September 2000.
CTAN://macros/latex/doc/fntguide.pdf

[Tea01a] LATEX3 PROJECT TEAM: *LATEX 2$_\varepsilon$ for authors*, Juli 2001.
CTAN://macros/latex/doc/usrguide.pdf

[Tea01b] LATEX3 PROJECT TEAM: *Configuration options for LATEX 2$_\varepsilon$*,
August 2001.
CTAN://macros/latex/doc/cfgguide.pdf

[Tob00] GEOFFREY TOBIN: *setspace LATEX package*, Dezember 2000.
CTAN://macros/latex/contrib/setspace/

[Tsc87] JAN TSCHICHOLD: *Ausgewählte Aufsätze über Fragen der Gestalt
des Buches und der Typographie*, Birkhäuser Verlag, Basel, 2.
Auflage, 1987.

[Tsc92] JAN TSCHICHOLD: *Willkürfreie Maßverhältnisse der Buchseite und
des Satzspiegels*, in *Schriften 1925-1974*, Brinkmann & Bose,
Berlin, 1992 .

[Ume00]   HIDEO UMEKI: *The geometry package*, Juni 2000.
CTAN://macros/latex/contrib/geometry/

[WF00]   HANS PETER WILLBERG und FRIEDRICH FORSSMAN: *Erste Hilfe in
Typografie*, Verlag Hermann Schmidt, Mainz, 2000.

Index

Fett hervorgehobene Zahlen geben die Seiten der Erklärung zu einem Stichwort wieder. Normal gedruckte Zahlen verweisen hingegen auf Seiten mit zusätzlichen Informationen zum jeweiligen Stichwort.

Allgemeiner Index

Index der Befehle, Umgebungen und Variablen

Index

343

Index der Längen und Zähler

Index der Elemente mit Möglichkeit zur Schriftumschaltung

Index der Dateien, Klassen und Pakete

Index der Klassen- und Paketoptionen

DANTE, Deutschsprachige Anwendervereinigung TeX e.V.
- Postfach 10 18 40, 69008 Heidelberg • Tel.: 0 62 21 / 2 97 66 (Mo, Mi–Fr: 10–12 Uhr)
- Fax: 0 62 21 / 16 79 06 • E-Mail: dante@dante.de • http://www.dante.de/

Edition dante

im Verlag der

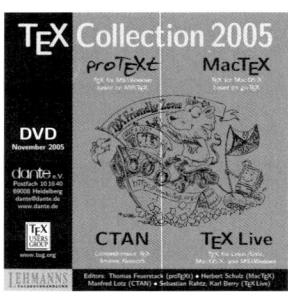

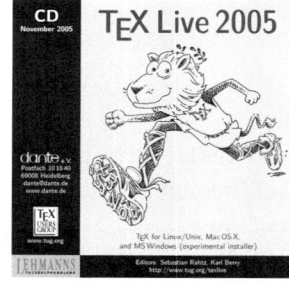